監修 大山 正 / 編著 山口真美・金沢 創

心理学研究法 4

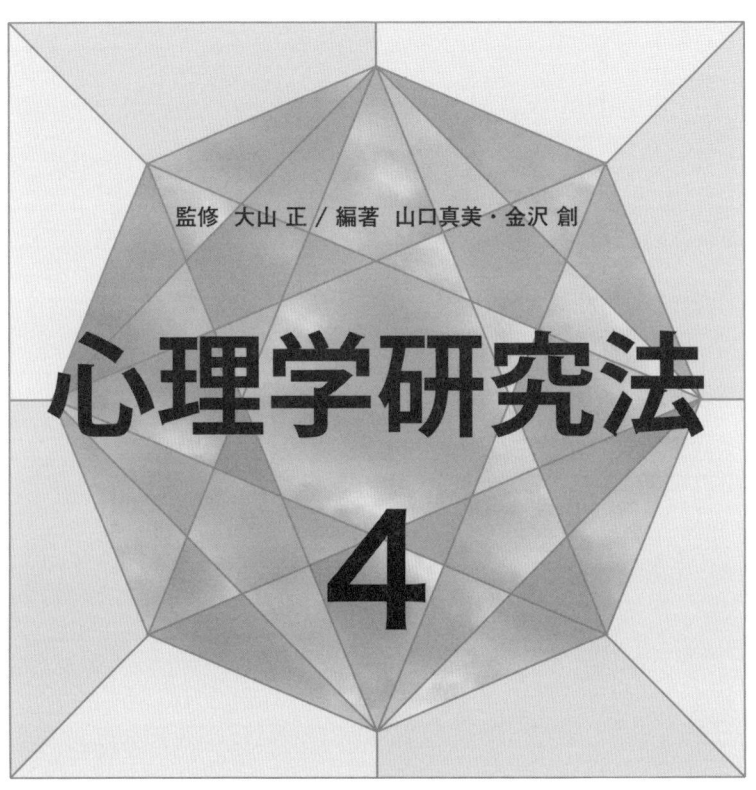

Methods of Psychology

発 達

誠信書房

序　文

*

　心理学の特色は，その研究法にあると言っても過言ではない。人間の主観的体験や個人によって異なる傾向などを，できるだけ客観的に量的にとらえるために，心理学の先人たちは努力を重ねてきた。自然科学とも，人文科学とも異なる，独自の研究法を開発し，さらに現在も発展させつつある。これは心理学者が誇りにしてよいことと思う。

　現代の心理学はこの心理学独自の研究法の成果と言える。したがって，心理学の研究を専門的に実施する人はもちろん，心理学の研究成果を正当に理解するためにも，その研究法を知らなければならない。

　心理学の専門課程の学生は，実験実習などの授業で研究法に接し，学習しているが，卒業論文などで自ら実験や調査を企画する段階においては，それぞれのテーマに即した研究法を正確に学び，それらを有効に利用して独自の研究を進めていく必要がある。研究法の不十分な理解の上に研究を実施すると，曖昧なデータしか得られず，せっかくの努力が水泡に帰す場合もある。

　幸い我が国の心理学研究法の教育水準は比較的高く，我が国で心理学の教育を受けた人々が，海外で研究に従事する場合や，国際学会で研究発表をする場合に，研究法において遜色を感じることは少ないと思う。

　かつて1970年代に続 有恒・八木 冕両教授監修で『心理学研究法』17巻が東京大学出版会から刊行され，当時の学生・大学院生・若手研究者に愛読され，学界に大いに貢献した。本シリーズはその伝統を継ぐもので，その21世紀版とも言える。

　本シリーズでは，心理学の各分野における標準的な研究法と，最新の方法を，細部の手続きや注意点なども含め，それぞれの研究領域の最前線で活躍中の方々が，具体例を挙げながら，心理学専攻生や大学院生を対象に，解説している。本シリーズをもって我が国のよき伝統を，次世代に伝えたいと念願している。

大　山　　正

編著者まえがき

*

　「心理学研究法」シリーズの第4巻『発達』では，心理学研究法としては伝統があり説得力のある実験法を駆使した発達研究を集めている。基本的な知覚から言語獲得，概念や社会性，運動発達につながる空間認知など，発達に関わる基本的な領域を網羅したつもりである。伝統的な発達心理学で扱われたトピックについても，新しい手法での研究法が記されている。

　発達や比較の実験対象は，私たちとは異なる世界をもつことが基本である。その意味で私たちの理解を超える，未知の対象を扱う分野とも言える。そうした対象を扱う際の鉄則は，実験者が望む実験参加者像を投影しないこと，勝手な憶測で判断しないこと，「利口な馬ハンス」の場合のように，観察者が知らぬ間に対象に影響を与えることのないようにすること，などが挙げられよう。

　そもそも大人のように満足に言葉を操ることのできない発達途上の心を，どのようにしたら理解できるのだろうか。日常の観察から探ろうとしても，それは心の表面にわずかに触れる程度のものにすぎないのが現実である。首も据わらず抱かれるだけの乳児は，受動的で弱い姿として映る。一方で親の目からすれば，親の方を向こうとする姿を発見し，隠された素晴らしい能力があるかのように見えることもあろう。

　意思の通じない対象であればこそ，また何ものにも換え難い対象でもある乳幼児を対象とすればこそ，こうした先入観をなくし，客観的な指標を使用したデータ収集が必要とされるのである。表面的な観察では決して明かすことのできない能力は，緻密な実験計画による複数の実験によって，初めて明らかにすることができる。

　発達心理学や比較心理学は対象が身近であることから，神話を生み出しやすい危険と常に直面している。実験者のわずかな動きから答えを察知したハンスの馬もそうだが，オオカミに育てられたというアマラとカマラのように教科書に記載され続ける，誤った事実の歴史もある。ついつい親と同じ目線で走ってしまう危険，見知ったことを確かめずに信じこんでしまう危険，数々

の危険と隣り合わせの領域でもある。

　そうであればこそ，発達の領域は，心理学研究法のテクニックをしっかりと学ばねばならない分野なのである。乳幼児や動物や発達障害の子どもたちといったような，意図や言葉が満足に通じない対象の心理的なメカニズムを客観的に解明するテクニックこそ，心理学が最も得意とするところである。

　心理学の基本である実験を行うことによって，こうした対象の心の奥深さを知ることができる。現に，緻密に構成された複数の実験によって，乳幼児や動物の心の奥まで探索は進んできた。聴覚や視覚は胎児や新生児の段階から鋭敏に発達していることがわかってきた。社会性の基盤である視線や顔の認知も，生まれたばかりのときからすでにわずかな萌芽が見られる。一方でヒトとまったく異なる種の動物で，ヒトと極めて似た機能をもつことが発見されつつある。とはいえこれらの能力には限界もあり，それぞれの世界は私たち大人の世界とはまったく違った形で成り立っている。

　はかなげにも見える幼い乳児が，やがて言葉を発し，身近な人たちと積極的にコミュニケーションをとるようになり，外界の環境に合わせて自らの身体を運動させることができるようになる。その心の発達をどうやって解明するのか，本書がその手法を習得する手助けとなれば幸いである。本書で紹介した技法を生かし，新たな研究に果敢にチャレンジしてもらえれば本望である。日本発の新たな発達研究・比較研究を，心から望んでいる。また，私たちとは異なる対象の心理状態を客観的に知る方法を学ぶことにより，身近な動物や乳幼児や発達障害児・障害者の現在の心理状態をより正確に知る一助になれば幸いである。さまざまな人々の世界の違いを冷静に客観的に理解する心がけをもつことが，医療や教育現場やそれぞれの家庭での他者の理解に役立つことになればとてもうれしい。

　それでは，発達・比較に関する最新の知識に触れながら，研究法を学んでいきましょう。

山口 真美

目次 ● contents

序文 / i
編著者まえがき / ii

第1章　概観　1

第1節　乳児の注視時間を測る —— 選好注視法とその展開　2
1. 選好注視法 / 2
2. 強制選択選好注視法 / 8
3. 選好注視法の具体的な研究例 —— 視力を測る / 11

第2節　選好注視法を超えて　13
1. 馴化–脱馴化法 —— 注視時間を試行間で比較する / 13
2. その他の実験方法 —— 心拍，眼球などの測定と脳科学的方法 / 17

第3節　社会的な自己と心の理論 —— チンパンジーと自閉症児の実験　21

第2章　運動視の発達　31

第1節　動きが見えるということ　32
第2節　皮質下での運動視 —— 皮質下制御の運動視　34
第3節　皮質制御の運動視　36
1. 脳波を指標とした運動視の発達 / 36
2. 選好注視行動を指標とした運動視の発達 / 38
3. 3カ月から5カ月齢への運動視の発達 / 42

第4節　運動視から3次元世界へと至る　45
1. 運動透明視の知覚発達 / 45
2. 動きから遮蔽関係を知覚する / 46
3. まとめ —— 重なりのある世界とない世界 / 50

第3章　乳児期の音声知覚発達　53

第1節　乳児の音声知覚の研究手法　54
1. 行動実験 / 54
2. 脳機能計測 / 59

第2節　乳児期の音声知覚発達の道筋　62
1. 胎児から新生児までの音声知覚 / 62
2. 音韻知覚の発達 / 63
3. 単語抽出能力の発達 / 66

第4章　注意機能の発達と障害　73

第1節　成人における注意機能　74
1. 選択的注意／74
2. 先行手がかり課題／75
3. 視覚探索課題／76

第2節　乳児における注意機能　78
1. 眼球運動と注意／78
2. 先行手がかり課題を用いた乳児の注意機能／79
3. 視覚探索課題を用いた乳児の注意機能／81

第3節　発達障害児における注意機能の障害　84
1. 定型発達児との比較／84
2. 先行手がかり課題を用いた発達障害児の注意機能／85
3. 視覚探索課題を用いた発達障害児の注意機能／86

第4節　乳幼児と注意機能　88

第5章　空間知覚の成立　93

第1節　視覚的奥行き手がかりは複数存在する　94
第2節　運動性奥行き手がかり　95
第3節　両眼奥行き手がかり　97
第4節　絵画的奥行き手がかり　99
1. 絵画的奥行き手がかりに対する感受性／99
2. 複数の絵画的奥行き手がかりから同じ形状を知覚する能力の発達／100
3. リーチング応答を指標とした実験／104

第5節　まとめ　106

第6章　顔認知の発達　111

第1節　乳児の顔選好　112
1. 新生児の顔選好を検討する際の問題／112
2. 顔選好の指標・実験手続き／113
3. 乳児の顔選好は顔に特異的な反応か？／116
4. 顔選好に対する経験の影響／118

第2節　顔の識別能力の発達　120
1. 馴化法と慣化法／120
2. 顔識別に対する経験の影響／122
3. 倒立効果／123
4. 表情の識別／126
5. 運動する顔の認識／128

v

第7章　親子関係の比較発達 …… 139

第1節　霊長類の母子関係　140
1. 社会性の基礎としての母子関係／140
2. 霊長類研究──その背景／140

第2節　親子関係の発達的変化　144
1. マカクザルの親子関係の発達的変化／144
2. マーモセットの親子関係の発達的変化／146

第3節　親子の相互認識と接近　147
1. マカクザルの母子認識の発達／147
2. マーモセットの親子認識の発達／151

第4節　隔離実験　152

第5節　養育者による虐待　155

第6節　養育行動における生理学的基盤と影響　157
1. 養育行動の発現／157
2. 養育行動の個体差／160
3. 養育環境が与える影響／161

第8章　幼児の初期語彙発達 …… 169

第1節　自然発話データと親の報告による子どもの語彙獲得過程　170
1. 初期に獲得される語／170
2. 語彙の構成／172
3. 初期の獲得語彙は名詞か動詞か／174

第2節　語学習のメカニズム解明に向けての実験的研究　179
1. 動詞学習の実験的研究／179
2. 語意学習モデル──動詞学習の困難さ／184

第9章　数の認知発達 …… 193

第1節　数とは何か？　194
1. はじめに／194
2. いろいろな数／194
3. 心理学での数／195

第2節　乳児期における数の認知　196
1. 研究の背景──ピアジェから乳児研究へ／196
2. 基数の弁別／196
3. 序数の同定／201
4. 数の抽象性／202
5. 初歩的計算／206

6. 順序性の理解 ／ 210
　第3節　数の認知処理モデル　211
        1. カウンティングとスービタイジング ／ 211
        2. ニューメロン・リスト仮説 ／ 211
        3. オブジェクト・ファイル仮説 ／ 212
        4. アキュミュレータ仮説 ／ 213
        5. 統合モデル ／ 214
　第4節　数の認知発達と今後の展開　214
        1. 乳児期から幼児期へ ／ 214
        2. 今後の展開 ／ 215

第10章　知覚・認知の種間比較　223

　第1節　種間比較の意義　224
　第2節　知覚的補完の比較研究　225
        1. 知覚的補完とは何か？ ／ 225
        2. 見本合わせ課題 ／ 226
        3. プローブ試行と統制条件 ／ 228
        4. ハトとの比較 ／ 232
        5. go / no-go 型継時弁別課題 ／ 235
        6. 条件性位置弁別課題 ／ 237
        7. 視覚探索 —— 反応時間を指標とする方法 ／ 239
        8. 知覚的補完における訓練の効果 ／ 242
        9. チンパンジー以外の動物を対象とした知覚的補完 ／ 245
　第3節　発達研究との接点　246

人名索引 ／ 250

事項索引 ／ 254

第1章

山口真美 *Masami K. Yamaguchi*・金沢 創 *So Kanazawa*

概 観

第1節 乳児の注視時間を測る
　　　　── 選好注視法とその展開
　1. 選好注視法
　2. 強制選択選好注視法
　3. 選好注視法の具体的な研究例
　　　── 視力を測る

第2節 選好注視法を超えて
　1. 馴化-脱馴化法
　　　── 注視時間を試行間で比較する
　2. その他の実験方法
　　　── 心拍,眼球などの測定と脳科学的方法

第3節 社会的な自己と心の理論
　　　　── チンパンジーと自閉症児の実験

発達研究において実験手法が最も洗練された対象は乳児である。言葉を話すことのできないこの年齢の子どもを対象に，特殊な実験手法は編み出されていったからだ。ここでは，乳児を対象とした実験から，発達研究の概要について概観していこう。

　言葉を話すことのできない乳児で，何を指標とするかというと「注視」である。ヒト乳児は興味のあるものを注視するという天性の素質をもち，この傾向を利用して，実験は行われる。

第1節 乳児の注視時間を測る
―― 選好注視法とその展開

1. 選好注視法

A. ファンツの発見

　成人を対象として知覚を調べる場合は，言語を用いたやりとりが主たる方法となる。しかし，乳児の知覚・認知を調べることは，言葉が通じない相手を対象にすることから，何らかの工夫が必要となる。

　当然であるが，言語を用いて「何色に見えているか」などの内観を，乳児にたずねることはできない。と当時に，こちらの方がより大きな壁であるが，言語教示がきかないため，意図した実験課題を遂行してもらうことが容易ではない。そこで，乳児の知覚・認知に関するある性質を利用し，行動を観察することで乳児の知覚・認知を調べることになる。その性質とは，乳児は自らの興味に基づき，ある対象を別の対象よりもよく見る，という「注視」である。

　最もよく知られた方法は，「選好注視法」(preferential looking) である。1960年代にロバート・ファンツ (Fantz, R. L.) により報告された手続きで (Fantz, 1958[7], 1961[8], 1963[9], 1964[10])，生後46時間から6カ月までの乳児を

対象に調べたところ，その発達月齢に応じて，適切な視覚パターンを選好することが見出された。おおまかに言うと，顔に似たもの，一様ではなく縞などのパターンのあるもの，大きいもの，数が多いもの，頂点などの数が多いもの，輪郭のはっきりしたもの，などのパターンを，乳児はより好んで注視すると言われている。この選好注視行動を手がかりに，彼は乳児の視覚弁別を調べることができると考えた。その論理は以下のようになる。

たとえば①顔のようなパターンと②同じようなパーツで構成されてはいるが，顔の配置となっていないようなパターンを用意し，この二つの図形を乳児の目の前に呈示したとする。すると，乳児は顔のようなパターンを好んで注視することが知られているので，①の顔パターンへのより長い注視時間が観察されることが予想される。このとき，少なくとも乳児は，この①と②の図形を区別していたということは明らかであろう。というのも，もし区別できていなければ，一方を他方よりも長く見るという「選好」そのものが成立しないからだ。もちろん，選好がないことは必ずしも区別できないことを意味していない。区別はできるのだけれど，好きでも嫌いでもない視覚パターンというものも存在するだろう。しかし，選好には，区別できることが前提となる。したがって，二つの刺激を呈示し選好を調べることによって乳児が何と何とを区別しているかを知ることができる。

B. 選好される具体的な図形

ファンツらは **図1-1**にあるような15セットのパターンそれぞれについて，生後7日以下の新生児の選好を測定した（Fantz & Yeh, 1979）[11]。**図1-1**には各セットの左側の図形への選好値が示されているが，

　　A．一様なものよりもパターン化されたもの
　　B．コントラストが高くはっきりしたもの
　　C．大きなもの
　　D．数が多いもの
　　E．曲がっているもの

などが選好の特徴として挙げられる。

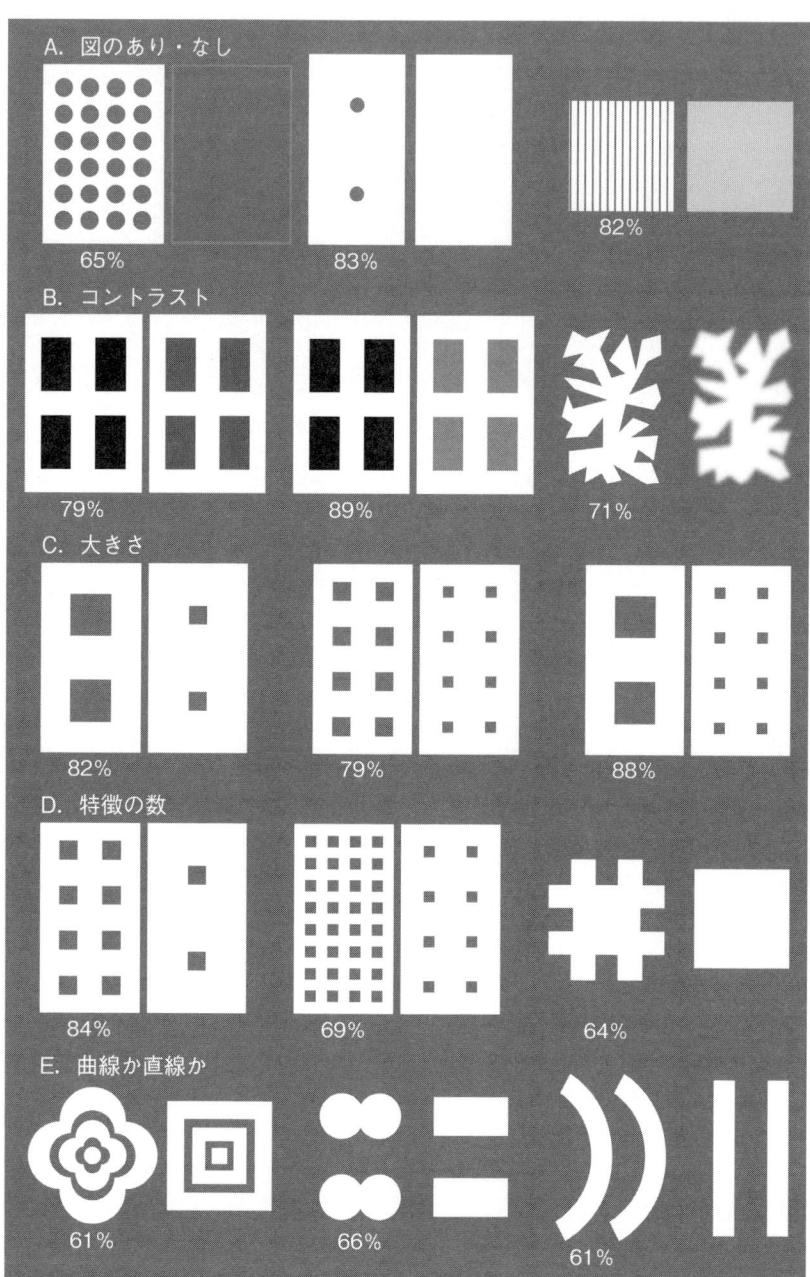

図 1-1　新生児の図形パターンへの好みを調べたセット　（Fantz & Yeh, 1979[11] をもとに作成）
図は五つのカテゴリに分かれている。左右で1セットで計15セット。右と比べて左側の刺激の方を乳児は長く注視する。左側の図の下にある数値は，有意に長く注視した割合を表す。

注意すべきは，この選好が月齢により発達的に変化することである。たとえば，顔のような図形の場合，新生児であれば目と口だけで構成された単純な模式図形などを好んで注視するのに対し，5カ月，8カ月と月齢の進んだ乳児では，もう少し複雑な顔パターンの方をより好んで注視するようになるはずである。

　そこで彼らは（Fantz & Yeh, 1979）[11]，生後4，7，9，11，15，20週の各週齢を対象にした，図1-2に挙げたような12セットの図形パターンに対する選好の発達的変化を示している。6ページのAからLまでの図形は，それぞれが対で呈示された図形の「組」であり，各組においては，左上のものと右下のものが左右に均等に配置され，乳児に対して呈示された。6ページの図に対応する7ページのAからLまでのグラフは，縦軸が各組の左上の図形に対する注視時間の割合を示し，横軸が週齢を示している。

　これらのグラフを読み解くと，あるパターンがある発達時期に好まれたからといって，乳児はその後もずっとそのパターンを好んで見るわけではないことがわかる。たとえば，Aのように，大きな三重円と小さな三重円を対で呈示した場合，生後4週から7週頃までは，大きなパターンへの強い選好が見られるが，15週頃にはその選好が消失していることがわかる。あるいは，Hのように，初めの頃はきちんと整列した方に選好が見られるにもかかわらず，11週齢頃にその選好が逆転し，乱雑なパターンが好まれるようになる場合もある。さらには，G，I，K，Lなどのように，9週から11週齢以降に選好が生じるような刺激パターンもある。

　こうした選好の変化の背後には，初期的な視覚能力の発達や，より中枢的な立体視などが関わっているものと思われる。いかにも形や奥行き・陰影の知覚などが順番に成立することを示すかのようでもある。もちろん，一つの刺激対の選好だけから，奥行きや形の知覚発達を結論付けることはできない。その手法は，後の章で紹介されよう。乳児は，我々が想定していないような思わぬ手がかりによって，刺激を好んで注視しているかもしれないため，複数の実験により初めて真の機能が解明されるのである。

　いずれにせよ，選好注視法を用いて二つの刺激の弁別を調べる場合，どの週齢・月齢の乳児が，どのようなパターンを選好するのかを，あらかじめ知っておくことが重要となる。

図1-2
乳児の図形パターンへの好みを調べたセット (p.6) とこの図に対する選好注視の割合を月齢ごとに示したグラフ (p.7)
(Fantz & Yeh, 1979[11]) をもとに作成)[11]

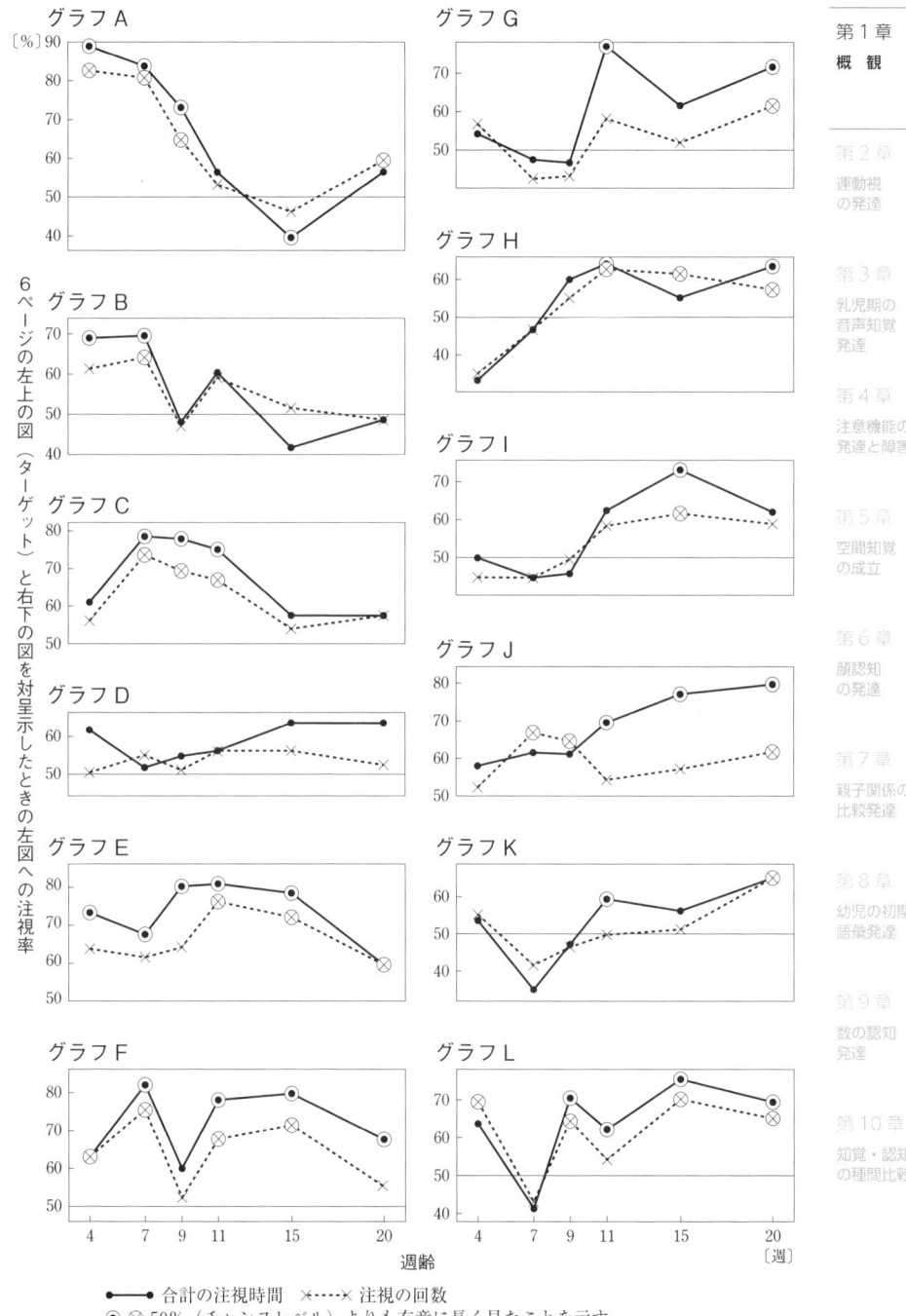

2. 強制選択選好注視法

　選好注視という乳児の性質を，より洗練された形式で扱えるよう方法論に整理したのが，強制選択選好注視法（forced-choice preferential looking method）である（Teller, 1979）[21]。現在，乳幼児を対象とした行動実験の多くの研究論文では，明示されていなくとも，この方法論が用いられている。簡便な手法であることから，視力検査にも使われる。

A. テラーによる定式化

　テラー（Teller, D. Y.）は一連の文献を通じて，選好注視という道具をより客観的に用いる方法を考察した。左右に刺激を呈示した場合，選好注視法では乳児が右と左のどちらを注視しているかを，何らかの客観的な手続きで決定する必要が出てくる。この場合，乳児の顔の向き・眼球の位置・身体の向きなどのさまざまな要因が，乳児の注視する方向を決定する際の手がかりとなる。たとえば動物行動学などの分野では，観察対象の行動をビデオなどに撮影し，1コマ1コマ行動カテゴリ（この場合は「右を見ているか」「左を見ているか」）を決定しているが，できるだけ観察対象の行動にのみ注目して客観的であろうとすれば，その行動の基準について議論せざるを得ない。

　ところで，これは乳児の注視行動を何度か観察してみればすぐにわかることであるが，ある程度視角的距離を離して配置している刺激については，乳児が左右のどちらを注目しているかをかなりの確信をもって判断可能である。しかし，この「判断」の根拠となる物理的な身体の動きの基準について問われると，明確に記述できないことが多く，客観的な基準として適切でないとする批判も成り立ちうる。そこでテラーは，乳児の行動とその行動を判断する観察者とを一つの系としてとらえ，乳児が左右のどちらを注視しているかを，観察者が「強制的に」判断するということを考え出した。重要なことは，この判断を行う際，判断を下す観察者は左右のどちらにどのような刺激が呈示されているかを知ることができず，見ることもできないという点である。判断は総合的に下されるが，その判断のもととなる資料は，乳児の眼球・顔などの身体の動きの情報のみに限定されることになる。

ここでは便宜的に，左右に二つの刺激が呈示された場合のみを考えているが，実際には，モニターに一つの刺激が呈示され，その注視時間を測定する場合もある。そこでは，観察者が強制的に選択すべき選択肢が「モニターの刺激を注視している」「注視していない」の二つになるだけであって，左右二つの刺激を呈示する場合と特に異なるわけではない。

　もちろん，この方法が科学的な実験である以上，観察者が特別な技術をもつ者のみに制限されることがあってはならない。ある程度の訓練を経れば，誰にでも実施可能である必要がある。そこで，論文などではしばしば，乳児の行動をビデオに記録し，複数の熟練した観察者が，同じビデオ映像を用いてある瞬間に「右を見ている」か「左を見ている」かの判断を行い，その判断の一致度を何らかの統計的手法を用いて計算するようなことが行われる。もちろん，その一致度の指標をどのようなものにすべきかは大いに議論の余地があるが，いずれにせよ，客観的な方法論であることに間違いはない。こうして乳児の行動の基準を考察するのではなく，観察者の判断を合わせることで，間接的であるにせよ，より精度の高い実験が可能となったのである。

B. 選好注視は客観的か？

　しばしば乳児の行動観察に慣れていない方から，乳児の注視行動を測定する方法として，眼球運動の測定装置などの機械を用いた方がより客観的で精度もよいのではないのか，との指摘を受けることがある。たしかに近年，画像処理速度の向上により，非接触型の眼球運動測定装置が開発され，その計測は容易になりつつある。しかしながら，機械を用いてさえいれば客観的である，とするのは安易な発想でもある。まず，そもそも機械が算出する注視位置が，真に乳児の注視位置を反映しているかどうかに関して疑問がある。実験に入る前のキャリブレーションの失敗などにより，視線の位置がズレたまま，データが取得されている可能性があるからだ。さらに，その値がズレているかどうかは，非接触型の測定機器そのものでは確認しようもなく，確認のためにさらに精緻な眼球運動測定装置を用いることは，本末転倒と言わざるを得ない。また，目の形状や乳児の姿勢などの問題により，そもそも機器による眼球運動の測定になじまない乳児も一定の割合で存在する。

　後の章でも述べられるが，こうした限界を理解した上で，それでも乳児の

行動観察の訓練などに時間を費やすことが難しい医療や教育の現場での場合や，右か左かの判断を超えて，より詳細に画面全体での乳児の注視位置を特定する必要がある場合などは，眼球運動測定装置を用いることは有効である。

C. 選好注視率の実際

もう一つ，乳児の知覚実験に慣れていない研究者からしばしば指摘されることとして，選好注視の割合の低さがある。多くの選好注視を用いた弁別実験データでは，その値が80％や90％に達することはまずない。これは，成人を対象とした知覚・認知行動実験との違いとして注意すべき点である。

たとえば正答率などを指標とした成人が対象の知覚・認知実験であれば，完全な弁別は，ほぼ100％に近い値の正答率となって現れる。多くの知覚実験において，知覚的な閾値の測定には，おおよそ75％程度の弁別が用いられることが多い。2選択肢の正答率が60％程度では，「明確に区別している」とはなかなか言いにくいということになる。

しかし，教示を与えることが可能な成人を対象とした「正答率」と，教示のきかない乳児の「選好注視の率」を同じものとして考えてはならない。この二つを混同し，しばしば，形・色・動き，などの視覚的な特徴を，乳児が「確実に知覚できている」ことを示すには，対呈示した場合にほぼ100％近い選好注視が見られることを期待する人がいる。しかしながら，選好注視を用いた乳児の研究において，刺激の弁別が行われているかどうかはあくまで「チャンスレベルとの統計的な検定」で決定されるべきものであり，その絶対値が議論されるべきではない。この際の検定としては，通常，定数（多くの場合は50％）とのt検定が用いられることとなる。一般的には，両側検定が用いられるが，実験条件次第では，片側検定が用いられることもある（片側検定の場合，帰無仮説下での確率は半分になり，有意差が出やすくなることに注意）。

乳児にしてみれば，対呈示された二つの刺激のうち，一方を注視すべき動因は，刺激そのものがもつ価値以外には存在しない。何ら教示に基づいた反応があるわけでもなく，また強化随伴性[※1]によって条件づけられているわけ

※1 行動主義心理学の概念。刺激―反応―結果の三項がセットになることで行動は維持され続けるが，行動の結果に伴い，強化刺激が呈示されることを指す。

でもないからである。こうした刺激以外の要因ではなく，刺激がもともともつ強化力のみによって乳児は刺激を注視していると考える。これは一種のレスポンデントであるが，注視行動という無条件反射を100%の確率で引き起こす無条件な視覚刺激が，たまたま調べたい刺激の特性に存在することは皆無である。すなわち，乳児が一方を強く選好していることは，乳児が二つの視覚刺激を明確に区別している証拠となりうるが，選好が弱いからといって，不明確な弁別の証拠とはならないのである。

こうした事情に基づき考えると，乳児に二つの刺激を左右に対呈示し，一方に対する選好注視を計測することでその弁別をさぐるような実験では，その選好注視の割合は，経験的に言えば55%程度からせいぜい60%前後の値に収まることが多い。もちろん，チャンスレベルである50%に近い値の場合，分散が小さくなければ，有意に目標としている刺激を注視しているとは言えないので，どの乳児の注視の割合も，55%付近に集中していることが多くなる。こうした場合の有意差は，経験的に言えば最低でも10人以上，多くの場合は14～15人程度の乳児のデータによって求められることが多い。一方，60%程度の選好注視が観察されたとしても，15人前後の乳児のうち，4人も5人も大きく50%を下回るような値が見られる場合，50%との間に有意な違いが見られないとの結論になることが多い。こうしたデータが観察されるような刺激セットと実験条件は，仮に乳児の数を増やしたとしても，安定して選好注視が観察されない，すなわち「弁別しているとは言えない」との結論につながりやすい。

筆者自身の経験から言っても，乳児の選好注視の割合が集団の平均値として70%を超えることはめったにない。したがって，成人の閾値の基準である75%を超えた値は，乳児の選好注視の場合はほとんどあり得ない数値である。この点からも，成人を対象とした行動実験に見られる正答率と乳児の選好注視率を混同してはならないということが理解されるだろう。

3. 選好注視法の具体的な研究例　　　　視力を測る

選好注視で明らかになるのは二つの刺激の弁別であり，何らかの認知を直接測定しているわけではない，という点を注意しなくてはならない。しかし

ながら，この弁別行動をうまく用いた実験計画を立てることで，乳児のさまざまな知覚・認知能力を測定することができる。その代表例として，ここでは「視力」について説明してみたい。

　成人の場合，さまざまな大きさのCの文字（ランドルト環）を用いて視力を測定する。その際，あまり意識はされていないが，知覚心理学において閾値を測定する際に用いられる「上下法」が，簡便な形で用いられている。つまり，ある大きさの「C」の切れ目が見えるかどうかをたずね，その方向を適切に答えることができた場合（正解の場合），より小さな「C」についてたずねることになり，答えが間違っていた場合，より大きな「C」の切れ目の方向をたずねることになる。

　同じような手続きを用いて乳児の視力を測定することができる。ただしここでは「C」の文字ではなく，① 白黒の縞パターンと，② この白と黒の明るさのちょうど平均となる明るさの一様な灰色パターンの，2種類のパターンを用いることになる。もし①の白黒の幅が非常に細かく，乳児の視力で処理する限界を超えていたら，白と黒は交じり合って②の一様な灰色に見えることとなる。このとき，視力の限界を超えた白黒の縞と，一様な灰色を左右に呈示されると，二つの一様な灰色が見えて区別がつかないということが起こる。この「ぎりぎり区別できない」ときの白黒の縞の細かさの限界こそが，いわゆる「縞視力」と呼ばれるものである。

　先に説明したように，乳児は①と②を対呈示されると，複雑な刺激である①を選好注視する性質をもっている。仮に対象乳児から見て，縞パターンがその乳児の視力の限界内にある細かさにとどまっているとしたら，そこに縞を知覚し，縞パターンに対して有意に長い選好注視が生じるはずである。したがって，さまざまな細かさの縞パターンを用意し，このパターンと一様な灰色を対呈示することで，成人の視力検査と似たような手続きで視力の測定が可能となるのである。さらなる細かい手続きは省略するが，さまざまな縞パターンと上記で説明した強制選択選好注視法，上下法などを用いて閾値である視力が計算されることになる。

　100％のコントラストをもつ完全な黒と白の縞を用いた縞視力の測定から，おおよそ乳児の視力は，「月齢 cycle/degree」であることがわかっており（Atkinson, 2000）[2]，その視力をランドルト環を用いたなじみの視力測定に変

換すると，生後 1 カ月以下ではおおよそ 0.02, 6 カ月では 0.2, という値になる。この 0.2 という値の意味であるが，成人で「視力が悪い」ということはレンズの調節能力の問題であるが，乳児にとってみれば，調節能力を含めた網膜と視覚野のネットワークの未熟さからくるものである，という点は留意すべきである。

第2節 選好注視法を超えて

1. 馴化-脱馴化法　　注視時間を試行間で比較する

A. 馴化法の手続き

　選好注視が観察されないからといって，弁別ができないことを必ずしも意味しないことはすでに述べた通りである。二つのパターンを比べたとき，区別はできているものの，好きでも嫌いでもないような組み合わせはいくらでも存在する。二つの刺激の組み合わせに選好の優劣が存在しない場合，当然のことながら選好注視法は役に立たない。このようなとき，馴化法が有効となる。

　馴化法については，多くの発達心理学の教科書などで解説されているため，乳児の知覚・認知の研究法としては，選好注視法よりもむしろより広く知られているようである。低次の知覚と比べて好みの成立しない，言葉や物の概念といったより高次の認知実験に馴化法は適していて，このような認知研究の方が一見するととっつきやすいため（実際，その内容を理解するとなるとそうではないのだが），発達心理学の初学者の関心を引くのであろう。

　馴化法は選好注視法と同様に，基本的には二つの刺激の間の注視時間の違いから，乳児の刺激間の弁別力を検討する。選好注視法と異なる点は，新奇選好（novelty preference）と呼ばれる乳児の性質を利用し，刺激の組み合わ

せによらず、より一般的に二つの刺激の弁別を調べることができる点にある。新奇選好とは、慣れてしまって飽きた刺激よりも、新奇で新しい刺激を乳児が好んで注視するという性質を指す。

実験の一般的な方法は、短い期間に人工的に「馴化」(habituation) の状態を作り出しておき、新奇な刺激への注視時間を測定することで、「馴化した」刺激と「新奇な」刺激との弁別を検討することにある。このとき、馴化の期間に用いる刺激と、新奇と定義されうる刺激との組み合わせをさまざまにすることで、乳児から見て何と何を同じものと判断し、何と何を区別しているのかを調べることができる。

B. 馴化法を用いた研究事例

モーダル補完知覚に基づいた、重なり図形の認知の実験を例にとって考えてみよう。馴化刺激としては、四角形の背後に一部が隠された円の図形を呈示する（図1-3a）。乳児が、欠けた円の一部を補完して完全な円を見ているかどうかをテストするため、欠けた円と完全な円を、馴化後にテスト刺激として呈示する（図1-3b）。

具体的な手順を説明しよう。まず乳児は、重なり図形（図1-3a）をひたすら何度も呈示され、馴化の状態が作り出される。この実験では、同じ重なり図形を15秒間6回呈示される。もちろん、最初は新しいパターンであるから、ある程度は乳児の注視を引き出すことができるだろうが、何度もしつこ

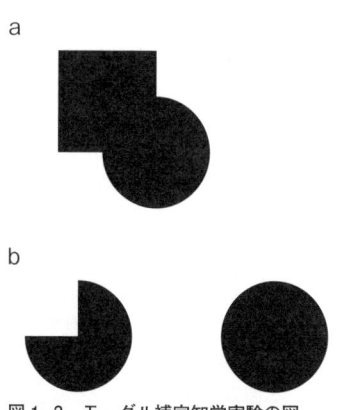

図1-3　モーダル補完知覚実験の図

く見せ続ければ，次第に飽きて馴化の状態が形成される。次の試行に移るのは15秒経過後，あるいは3秒以上乳児が刺激を見ないときである。同じ図形を6回呈示する最初の3試行と，後の3試行の間の注視時間の有意な低下から，馴化したか否かを決定する。こうして馴化が成立したところで，完全な円と欠けた円（図1-3b）を対呈示し，注視時間を測定する。

　ところでかつては，馴化後のテスト図形を1枚ずつ呈示し選好の回復（脱馴化を示す新奇選好）を確認する手続きがとられていた。しかし順序効果の問題もあるため，現在では二つの刺激を左右に対呈示するような手続きがとられることが多い。そして馴化の段階から，まったく同じ馴化図形を左右対で呈示する方法もよくとられている（テストでいきなり呈示される図形が2枚に増えると，乳児が二つの図形を見比べてくれないケースも発生するからである）。

　さらに言えば，複雑な図形を用いた実験の場合，新奇選好（novelty preference）に，本来の図形選好（spontaneous preference）が混じってしまう可能性もある。この実験の場合では，馴化後のテストで見せる，欠けた図形と完全な図形では，複雑な図形への本来の選好があるはずである。そこで，馴化を始める前にプレテストとして，欠けた円と完全な円の対呈示を行い，本来の選好を確認する手続きもとられている。つまり，馴化が生じない状態での二つの図形（欠けた円と完全な円）の間の選好をあらかじめ調べておき（プレテスト），重なり図形に馴化した後で，再び二つの図形の選好をとり（ポストテスト），馴化の前後での選好の大きさの比較から新奇選好を確認するのである。馴化の前後で選好に差があれば，より確実な新奇選好が得られたことになる。

　実験の内容に戻ろう。乳児が成人と同じようにモーダル補完の能力をもつとしたら，ポストテストで欠けた円を選好すると予測される。なぜならば，馴化で呈示された重なり図形では，完全な円を補完して知覚し続けているため，完全な円は新奇ではなくなるわけである。むしろ，欠けた円が新しいパターンとして映るわけで，新奇選好の性質に基づき，注視時間の有意な回復が欠けた円に見られることになる。こうして，欠けた円に対する選好が回復した場合（ここでは，プレテストと比べてポストテストでの選好が有意に増加する場合）は，乳児は重なり図形に完全な円を知覚していることになる。

逆な選好が見られたり，欠けた円への選好が回復しないような場合は，重なり図形を補完して知覚していないことになる。

C. 馴化したかどうかを決める基準

馴化法の手続きでは，「馴化」の基準の設定が重要となるが，そのやり方には大きく分けて2種類ある。一つは，馴化に要する試行数や刺激呈示時間をあらかじめ実験者が決めておくものであり，もう一つは，乳児の反応に応じて馴化までにかかる呈示回数を変化させるものである。

前者は先の実験でも使われた方法で，馴化時間を前半と後半に分割し，前半における刺激への注視時間と後半の注視時間を比較し，後半が前半に比べ統計的に有意に注視時間が減少していることをもって馴化の成立とみなすやり方である。あるいは，馴化段階の最初の数試行と最後の数試行を比較する，というやり方もある。

後者の方法，すなわち乳児の行動に応じて馴化刺激の呈示回数を変化させるやり方は，「インファントコントロール」(infant control) と呼ばれている。たとえば，最初の数試行における1試行あたりの平均注視時間を算出し，ある特定の試行における注視時間が，この最初の平均注視時間の半分になったところで「乳児の馴化が成立した」とみなす。つまり，いつまでも飽きずに刺激を見続けようとする乳児では，馴化刺激を呈示する試行数は比較すれば多くなるが，逆に同じ刺激であっても，すぐに馴化し飽きてしまって刺激を見なくなる乳児では，試行数は少なくなる。一般に，同じ月齢の乳児であっても，ある刺激に馴化して注目しなくなるまでの時間はまちまちであるため，このインファントコントロールの方が，より確実に乳児の馴化を達成できることが多い。ただし，インファントコントロールの場合，強制選択選好注視法などによって実験中にその場で乳児の注視行動を判定する必要があるため，実験後にゆっくりと乳児の行動を分析できないという欠点がある。それに対して，あらかじめ試行数などを決めておくやり方の場合は，その場で乳児の行動の判定を下す必要がなく，実験者の負担も軽い。

馴化法を用いた多くの乳児の知覚・認知実験では，比較的多くの乳児が「馴化の基準に達しなかった」あるいは「途中で泣いてしまった」（ぐずり：fussiness）などの理由で，実験対象から除外されることが多い。筆者の経験

で言えば，特に3，4カ月齢頃の乳児は，もはや飽きて刺激を見たくないにもかかわらず，どうしても刺激から目を離すことができずにいつまでも注視してしまい，「いやなのに見てしまう」という結果，いつまでも馴化の基準に達しないといったことがある。あるいは，注視しながら泣き始める，といったこともよくある。もちろん，刺激や実験手続きによるが，このように馴化の基準に達しない乳児の割合は，3割程度から時には5割前後にまで達することもある。乳児の実験に慣れていない心理学者の目からは，この割合の大きさをもってデータの信頼性に疑義が向けられることがあるが，積み重ねられてきた多くの先行研究を参照していただければ，乳児のそのときの気分によることが理解されよう。基本的には半分程度の乳児が馴化をパスすればテスト試行を実施することは可能である。

2. その他の実験方法　　心拍，眼球などの測定と脳科学的方法

以上，注視行動を用いた二つの代表的な方法を紹介したが，この二つ以外にも，眼球運動，心拍数の変化，脳波を用いて乳児の知覚・認知を調べることができる。しかし，基本的な論理はどのような方法においても，（強制選択）選好注視法と，馴化法のバリエーションということができるだろう。つまり，「二つ（以上）のパターンの弁別を調べる」ということがすべての方法に共通の論理なのである。

A. 生理的指標を用いる

たとえば心拍数の変化を用いた方法では，馴化法におけるテスト刺激が乳児に新奇に見えているか否かの判断を，心拍数の有意な上昇によって判定する。計測される対象は生理的指標ではあるが，最終的に調べているのは，馴化の際に用いられた刺激と，テストの際に用いられた刺激との弁別である。

脳波を用いた初期の乳児実験では，1秒間に何回も早いタイミングで刺激を切り替える方法が用いられ，同じカテゴリ同士の切り替え（たとえば方向の異なる横縞）の際には脳波が活動しないが，違うカテゴリへの切り替え（横縞から縦縞）の際には脳波の活動が見られるという前提のもと，二つの刺激の弁別を調べている。

脳波や心拍などの指標の方が注視行動と比べて客観的な指標のようにも思われるが，最終的には二つの刺激の弁別を調べるためのツールということで言えば，すべての方法は等価であるということになる。本章では詳しく述べることはできないが，実際に乳児が二つの刺激を，実験者が仮定したポイントで弁別しているかどうかは，多くの統制刺激を用いた実験の組み合わせによって結論付けられることが多い。より低次な知覚属性や実験者が仮定していないような手がかりを用いていないことを，うまく排除できるような統制実験を行うことが，乳児の知覚と認知を調べていくには最も重要なこととなり，それぞれの領域でどのような工夫がとられているかは，これから先のそれぞれの章の実験から見ることができよう。

B. 眼球運動を用いる

眼球運動を使った実験は，運動視で多く見受けられる。縞パターンを右もしくは左に動かし，その動きに対応する眼球運動が生じるかどうかをもって運動視の成立を検討する。乳児も成人と同じように，縞パターンを一方向に動かすと，パターンを追従し急速に戻る，いわゆる視運動性眼振（optokinetic nystagmus：OKN）を引き起こす。この追従が左右どちらの方向に生じ，急速な戻りがどちらの方向に起こっているかということから，乳児がどちらの方向に運動を知覚しているかが判断できる。乳児実験の場合は乳児の顔の映像から実験者が「強制的」に右か左かの判断を行う。この考え方は，基本的には強制選択選好注視法とよく似ている。

意外なことに，OKNは色の実験でも使用される。純粋な色の識別能力を調べるためには，明るさを変えずに色を変える必要があるが，純粋に色の情報のみを操作することは容易ではない。1960年代頃までに行われた乳児を対象とした多くの実験では明るさの要因を制御していなかったため，本当に色を識別していたのか，明るさの違いを手がかりに区別していたのかがわからなかった。こうした問題を解決するために，その当人にとって，異なる色同士の明るさが等しくなる点を調べる手続きが用いられるようになった。最小運動法（mimimum motion method）と呼ばれる方法で，「異なる色同士の主観的な明るさ」が等しくなるポイントを探し出す手続きが考案されたのである（Anstis & Cavanagh, 1983）[1]。この方法では，動く縞模様に対する眼球運動を

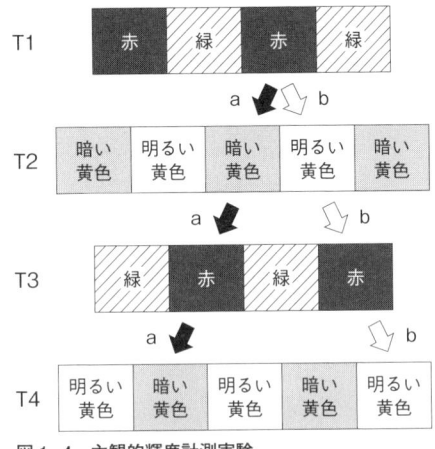

図1-4 主観的輝度計測実験

測定することで,「主観的な明るさ」(輝度) が等しくなるポイント, すなわち「等輝度点」を測定することができる。

図1-4に, 赤と緑の主観的な明るさを測定するために用いられる刺激の概念図を示す。緑と赤の縞パターン (T1) と, 暗い黄色と明るい黄色の縞パターン (T2) を交互に短い時間で呈示し, その際それぞれのパターンを少しだけ位置をずらす。実際には縞の幅の 1/4 だけズラして配置している。T1, T2, T3, T4 の四つの画像が示されており, この 4 枚を高速で繰り返し呈示する。もし, 赤が緑より暗く見える場合, 図の a の矢印方向に対応関係が生じ, 縞模様全体は左に動いて見える。逆に緑が赤より暗く見える場合, 図の b の矢印方向に対応関係が生まれることで, 縞模様全体は右に動いて見える。縞模様が左右のどちらか一方に動いて見えるとき, OKN が生じる。この OKN が, どちらの方向に生じるかを, 赤と緑の明るさを変化させることで, 調べるのである。この方法を乳児に対して用いることで, 乳児ごとに, 赤と緑の明るさが主観的に等輝度になる点と, 黄色と青が主観的に等輝度になる点がそれぞれ測定されている (Maurer et al., 1989)[14]。その結果, 2～3カ月齢の乳児では, ほぼ成人と同じような個人差の幅に収まることが明らかとなっている。またこの研究では, 色弱の母 (赤が極端に暗く見えるタイプや緑が極端に暗く見えるタイプの人) の子どもは, 同じようなタイプの色弱であることも明らかにされている。最小運動法を用いた明るさの要因によらな

い純粋な色知覚の実験は,その後もいくつか行われており,テラーのグループの研究もマウラーらの研究と同様に,2,3カ月齢頃の乳児の色覚は成人と似たものであるとの結論が得られている(Teller & Lindsey, 1993[22];Teller & Palmer, 1996[23])。

C. 近赤外分光法

近年開発された脳活動を計測する実験方法として,近赤外分光法(NIRS)がある。近赤外光を照射し,血中ヘモグロビンの変化を計測することにより,当該脳部位の活動を知ることができる。簡便で身体を拘束しなくても脳活動を測定できることから,広く使われるようになっている。この NIRS を用い,脳の中の顔領域と呼ばれる上側頭溝(STS)や紡錘状回(Fusiform gyrus)付近にあたる両則の血流の変化を調べた,乳児を対象とした研究がある。乳児が顔を見るときの脳活動を計測した研究である。

詳しい研究内容の説明に関しては第6章「顔認知の発達」に譲ることとして,基本的な実験方法を概観しよう。脳活動の測定はベースラインからの変化を見るため,まずは顔と同じ視覚刺激をベースラインとして用意する。果物を見たときの脳活動をベースとしてテストで顔を見たときにこの顔領域の脳活動が上昇するか,その際倒立と正立で違いがあるかが検討されている(Otsuka et al., 2007)[17]。その際,顔の"全体処理"を示す"倒立効果"が利用されている。これは顔を逆さにすると,その顔の印象や人物の判断も難しくなるという現象で,正立顔と倒立顔で脳活動に違いが見られるかが調べられた実験の結果,顔を見ることにより特に右側頭の活動は高まり,倒立よりも正立でこの活動が高まることが判明した。成人も顔処理では特に右半球の活動が高まることから,この月齢の乳児においても高度な顔処理が可能であることが示唆されたものである。

さらに仲渡(Nakato et al., 2009)[16]の実験では,横顔と正面顔を呈示した際の脳活動が比較されている。横顔と正面顔をテストで呈示したところ,生後5カ月の乳児は正面顔のみで脳の顔領域が活動したものの,横顔では活動せず,生後8カ月になると横顔・正面顔ともに活動することを見出した。市川ら(Ichikawa et al., 2010)[13]の実験では,これらの月齢の乳児が顔の形をなくした顔の動きだけを呈示したバイオロジカルモーションに,脳の顔領域が

活動することも見出している。NIRSは乳児のみならず発達障害の子どもたちの脳活動を非拘束的に知ることが可能な技術である。こうした技術の進歩によって，脳の発達的変化を知ることが可能となっている。

ここまで乳児を対象とした実験の方法について集中して議論した。なお，旧来の発達心理学の諸問題は，現在では形を変えた個別の研究対象となっている。たとえば「保存の原理」は第9章の数の認知，情動の発達は第6章の顔認知，親子関係の発達は第7章に消化されている。ここでは最後に模倣と自己に関わる「心の理論」（theory of mind）についてふれ，各章に説明を譲ろう。

第3節　社会的な自己と心の理論
―― チンパンジーと自閉症児の実験

1978年，チンパンジーの言語プロジェクトで有名なプレマックとウッドラフ（Premack & Woodruff, 1978)[20]は，「チンパンジーは心の理論をもつか？」の論文の中で，チンパンジーがヒトの意図を推測することが可能か検討した。実験では，「取れない場所にあるバナナを取ろうとしている人」といったような，何らかの問題に直面している場面をビデオでチンパンジーに見せ，それが解決された場面の写真を選ぶことができるかを検討している。実験の結果，被験体のチンパンジーは正しく写真を選んだ。この結果が，ビデオと写真を単に連合しただけだったのか，あるいは，チンパンジーが「心の理論」のようなものをもって状況を理解し，解決場面を推論できたのかが議論された。

後の「心の理論」研究にとって重要であったのは，この論文に対する哲学者デネットの提案である（Dennett, 1978[5], 1983[6]）。そこでは，ある思考実験が考えられた。まず1人目の実験者（ヒト）が，バナナの入ったロッカーの鍵を赤い箱に入れ，部屋を出る。次に，別の実験者（ヒト）が部屋に入り，鍵を緑の箱に移してしまう。これらの場面をチンパンジーは観察していたと

する。このあと，1人目の実験者が部屋に戻り，このチンパンジーにバナナをあげようとする。もしチンパンジーが人の心の状態を推論できるとすれば，戻ってきた実験者は赤い箱に行くと予想できる。チンパンジーははたしてそのように予想できるのだろうか，あるいは，実際に鍵がある緑の箱に実験者が行くと誤って予想するのだろうか。

当時，この実験は仮想的なものであり，実際に行われたわけではなかった。「心の理論」もチンパンジーという特別な生き物に関する興味深い概念に過ぎず，心理学の世界に広まっていたかは疑問である。その証拠に「心の理論」(theory of mind) というキーワードを含む論文数は，1978年：2，79年：0，81年：2，82年：3で，後の大流行（1991年には，このキーワードを含む論文数は71になる）とはほど遠いものがある。

その状況は，3歳から7歳の子どもに対してデネットの提案を実施した，1983年のウィマーとパーナーの実験によっても大して変わらなかった。ウィマーらは，デネットの思考実験を多少改変し，3歳から4歳の子どもでは，他者の知識を適切に推論できないことを示したのである（Wimmer & Perner, 1983）[24]。ウィマーらの実験は，登場人物の名をとって「マキシ課題」と呼ばれている。この課題では，まずマキシという男の子が，緑のタンスの中にチョコレートを入れる。次に，マキシが見ていないところで，ママがそのチョコレートを青のタンスに移してしまう。そこにマキシが戻ってくる。このような「お話」を実験参加者の子どもに聞かせ，「マキシはどちらの色のタンスにチョコレートが入っていると思うかな？」とたずねる。実験の結果，「緑のタンス」と正しく答えた割合は，3～4歳では0%，4～5歳では57%，6～9歳では86%であった。つまり，4歳以下では，マキシという他者の知識の世界を正しく推測できなかったことになる。

この実験は，プレマックらに始まる着想が初めて発達心理学的な研究に結実したという意味で，「心の理論」研究の短い歴史の中では重要な意味をもっている。だがその当時において多くの心理学者の注目をひいたかという点に関しては，今一つであった。ちなみに1983年において，「心の理論」をキーワードに含む論文は，この論文一つのみである。

状況が一変したきっかけになったのは，1985年のバロン＝コーエンらによる研究であった。「マキシ課題」とほぼ同じ課題を自閉症児に用い，多くの自

閉症児が他者の知識を適切に推測できないことを示したのである（ちなみに彼らの課題は，登場人物の名前から「サリーとアンの課題」と呼ばれる）(Baron-Cohen et al., 1985)[4]。同程度の知的能力があるダウン症の子どもと4歳児を対照群として同じ課題を行っている。その結果，自閉症児群の約20％しかこの課題をクリアできなかったのに対し，ダウン症児と4歳児の群は，いずれも約80％がこの課題をクリアできた。高機能の自閉症児が具体的にどのような能力が欠けているかが今一つはっきりしていなかった当時，この結果は驚くべきものであった。

　デネットの提案，マキシ課題，サリーとアンの課題，これらはすべて，他者の誤った信念を推測できないという意味で，「誤信念課題」(false belief task) と呼ばれている。この「誤信念課題」には，他にもさまざまなバージョンが存在し，その一つに，イギリスでは有名な"スマーティー"というお菓子を使った「スマーティー課題」と呼ばれるものがある (Perner et al., 1989)[19]。"スマーティー"とは，筒の中に粒状のチョコレートが入った，日本でいえばマーブル・チョコレートのような子ども向けのお菓子である。このスマーティーの筒をまず自閉症児に見せ，「この中には何が入っているかな？」と質問する。自閉症児たちは当然，「スマーティー（チョコレート）！」と答える。そこで筒の中味を開けて見せる。実はあらかじめ，鉛筆といった予想外の別のものを筒の中に入れてあったので，スマーティー（チョコレート）が入っていると思っていた自閉症児は，鉛筆を見せられて驚くのである。ここで「では，他の人がこのスマーティーの筒を見たら，中に何が入っていると思うかな？」と質問する。この課題に関しても，自閉症児は他者の「誤信念」を推測できず，「鉛筆」と答えることが明らかとなった。

　自閉症児はなぜ他者の「誤信念」を推測できなかったのだろう。バロン=コーエンらが注目を集めたのは，その大胆な仮説にあった。バロン=コーエンらは，ヒトという生き物には，他者の心を推論可能にするような「心の理論」計算モジュールがあり，自閉症とは，このモジュールの欠如からくる人間関係の障害であると主張した。1995年に出版された著書 "Mindblindness" において，他者の心的状態を推論可能にする四つのサブモジュールを提案している (Baron-Cohen, 1995 〈長野ら訳，1997〉)[3]。その四つとは，志向性検出器 (Intentionality Detector)，視線検出器 (Eye Direction Detector)，共同

注意機構（Shared Attention Mechanism），そして心の理論機構（Theory of Mind Mechanism）で，共同注意機構が志向性検出と視線検出を束ねるような形になっている。四つの内容を簡単に説明すると，志向性検出器の役割は，環境の中から何かしら意図や目的をもって自律的に動いている物体を取り出すことである。視線検出器は，相手が「どこを見ているのか」を検出する。共同注意機構は，この二つのモジュールの出力をもとに，他者が注目している対象に自分も注目していることがわかるようになる。このモジュールの着想は，その名の由来であると思われる「共同注意」という現象にも基づいている。「他者が注目しているものを私も見ている」という認識を可能にするのが，共同注意機構というわけである。そしてこの情報を基礎に，他者の信念や知識を推論する「心の理論機構」により，他者の心的状態の推論が可能となる。

　大胆な主張というものは，しばしば論文を生産させる原動力となる。1985年以降10年間の「心の理論」というキーワードを含む論文の数を見ると，1985年：5，86年：7，87年：12，88年：21，89年：25，90年：27，91年：71，92年：41，93年：52，94年：97，95年：35というように上昇し，多くの実験が検討され，シンポジウムが企画され，雑誌で特集が組まれ，議論がなされてきた。

　こうした一方で「心の理論」関連の研究は，さまざまな批判にさらされるようになった。そうした批判の対象の中に，「心の理論」を自閉症児に教えこもうという試みがある（Ozonoff & Miller, 1995）[18]。サリーとアンの課題を解くことができるように，言語理解の訓練や視点の変更の訓練などを，繰り返し自閉症児に教え込む。すると，「誤信念課題」を解くことができなかった自閉症児たちが，この課題を解くことができるようになった。しかし，日常生活での社会的技能評価に関する質問を行ったところ，彼らの日常場面での社会的能力は，以前とほとんど変わらないということが明らかとなった。つまり，ある種の「つめこみ」によって「心の理論」関連の課題にパスすることができたとしても，実際の社会的能力は改善されないことがわかったのである。この結果が「心の理論」研究という業界に及ぼす意味は大きかった。というのも，他者の知識や心の世界を推測する能力が，「サリーとアンの課題」といった単純な課題によって測ることができない可能性が考えられるからで

ある。この時点で「誤信念課題」を基礎とする「心の理論」という研究パラダイムは，一つの行き詰まりをみせたと言える。

　一連の批判の中でもう一つ重要なものは，そもそも一定数の自閉症児が「心の理論」の課題をパスするという事実である。バロン＝コーエンらの研究にしても，約2割の自閉症児は，アンとサリーの課題を解くことができていた。この疑問に答えつつ，新しい自閉症の説明の試みが，ハッペの"*Autism*"にまとめられている（Happé, 1994〈石坂ら訳，1997〉）[12]。彼女は，「誤信念課題」に適切に答えることができた自閉症児に，比喩や皮肉の理解を必要とする物語を聞かせ，その物語の理解を質問した。たとえば，次のよう物語である。

　ヘレンはクリスマス・プレゼントで，両親からウサギをもらいたいと思っていて，1年間ずっと楽しみにしていた。そしていよいよやってきたクリスマスの日，両親はヘレンに小さな箱を与えた。ヘレンは箱の中にウサギが入っていると思っていたのだが，両親の見ている前で開けてみると，中から出てきたのは古くて退屈そうな百科事典だった。ヘレンは両親に「気に入った？」と聞かれて，「素敵だわ，ありがとう。これは私が欲しかったものなの」と答えた。

　このような物語を聞かせた後に自閉症児にこう質問する。「ヘレンが言ったことは本当ですか。なぜヘレンはそう言ったのですか」。これは「方便の嘘」に関する物語であるが，この他にも「皮肉」や「比喩的な言い回し」など，さまざまな物語を計24個用意した。そして質問に適切に答えられた物語の数を検討した。「誤信念課題」の成績により，低・中・高群に分けられた各6人の自閉症児の「なぜそう言ったか」に対する成績は，低が6〜9，中が9〜16，高が17〜21，であった。これに対し，知的障害児13人，6〜9歳の健常児26人の成績は，知的障害児で17〜24，健常児で22〜24であった。

　この結果はある意味で妥当なものと言えるだろうが，一方で，「誤信念課題」で誤った解答をした自閉症児も，「なぜそう言ったか」に対しては，健常児と同じ程度に，心に関わる用語を駆使して説明していた点に留意すべきであろう。たとえば，先の「方便の嘘」においては，「彼女はその本がウサギだと思ったから」や「その本にはウサギのすべてが書いてある」などと答えたという。つまり，「誤信念課題」にパスしない自閉症児も，何らかの心的原因

を推測することはできるわけである。ただしその推測規則が、どこか異なる点があるわけで、おそらくこの推測の規則を訓練によって教え込むことで、自閉症児も「誤信念課題」を解くことが可能となるのであろう。

　なぜ、「心の理論」というキーワードはかくも多くの心理学者をひきつけたのだろうか。バロン＝コーエンが自閉症児を対象に行った実験が一つのきっかけとして、「心の理論」という考えが、何よりもまず「人間という生物は、どのように他者の内的世界を推論しているのか」、つまり「人間は、どのようにコミュニケーションを行っているのか」という問いに、実証的に答えてくれる可能性があったからではないだろうか。実験心理学において、コミュニケーションという統制困難な事象は、なかなか扱われてこなかった。しかもコミュニケーションを行っている個体に焦点をあて、その情報処理がどのように行われているかという認知科学的な観点を満足させる実験や理論は、それまで皆無であったと言えるだろう。「心の理論」研究は、「人間がどのようにコミュニケーションを行っているか」の認知科学的なモデルを呈示し、そのモデルをテストする手続きを明示した、初めての研究パラダイムであった。

　しかし、そのパラダイムも現在では行き詰まっている。すべてのパラダイムは、いずれ捨て去られるためにある、という意味では、「心の理論」というパラダイムは、その役割を終えたのかもしれない。

研究例　模倣の実験　　　　　　　　　　　　　　　　　　　メルツォフ（1995）[15]

　メルツォフは五つのおもちゃを用いて、1歳半の子どもを対象に、動作の模倣に関する実験を行った（Meltzoff, 1995）[15]。まず実験者である大人が、子どもの目の前で、各おもちゃに対応した動作を行う。たとえば、四角い積み木を穴に突っ込むという動作、棒に輪っかをかけるというような動作である。このような動作を行った後、子どもにおもちゃを手渡し、子どもが大人の動作をまねるかどうかを観察した。もちろんこれだけでは、子どもが大人の動作をまねしたのか、あるいは大人の動作とは関係なく、そのおもちゃを渡されると自然に当該の動作を行うのかの区別はできない。そこで、二つの統制条件が用意された。一つは、実験者である大人が動作のデモをする前に、いきなり子どもにおもちゃを渡してしまう条件（ベースライン条件）であり、もう一つは、それぞれのおもちゃに対応しないような動作、たとえば積み木と板をただなでる

表 1-1　他者の心は存在するか

実験条件	目的となる行動の数					
	0	1	2	3	4	5
統制（ベースライン）	4	3	0	3	0	0
統制（操作）	3	4	3	0	0	0
デモ（意図）	0	0	2	0	4	4
デモ（ターゲット）	0	0	1	2	5	2

だけといった動作を行ってから子どもにおもちゃを手渡す条件（操作条件）の，2種類の統制条件を用意した。

　この実験の興味深い点は，このような条件にもう一つ，「大人がある動作をやろうとして失敗する」というデモを行った後に，子どもにおもちゃを手渡し，大人が「やろうとしていたこと」を「まね」するかどうかを調べたことにある（意図条件）。たとえば，実験者である大人が，積み木を穴に入れようとして穴の周辺をつつくが，うまく穴に入らない，というような動作を見せた後，子どもにおもちゃを渡し，穴に積み木を入れるかどうかを確認したのである。以上，二つの統制条件と，ある動作を単にまねする（ターゲット条件），「やろうとしていた動作」をまねする（意図条件）の，計4種類の条件間で，子どもたちが当該の動作を行った回数をまとめたものが**表1-1**である。表を見ると，子どもたちは，二つの統制条件では当該の動作を行わなかったが，ターゲット条件と意図条件では高い頻度で目的とする動作を行ったことがわかる。

　この実験の重要な点は，「やろうとしていること」をうまく模倣できるかどうかを，意図条件という実験条件によって調べた点にある。この条件においてもターゲット条件と同程度に，1歳半の子どもたちはうまく大人の動作を模倣するという結果が得られた。1歳半という年齢を考えれば，このような模倣が，言語を媒介とするような意識的な推論によっているとは考えられない。このことは，他者の身体を認知し，その情報をもとに適切に自己の身体を制御する能力が，ここで述べたようなモジュールによっていることを意味している。ヒトという生き物には，他者の身体モデルとそのモデルにより計算される運動情報を，自己の運動情報に対応させうる能力，つまり自己の身体モデルが備わっていると言える。このような基礎的なメカニズムが，複雑なコミュニケーションを可能にしているのではないだろうか。

【引用文献】

1) Anstis, S. M., & Cavanagh, P. (1983). A minimum motion technique for judging equiluminance. In J. D. Mollon & L. T. Sharpe (Eds.), *Colour vision：Physiology and Psychophysics*. London：Academic Press. pp.66-77.
2) Atkinson, J. (2000). *The developing visual brain*. Oxford：Oxford Universtisty Press. (アトキンソン，J. 金沢創・山口真美〈監訳〉〈2005〉. 視覚脳が生まれる―― 乳児の視覚と脳科学　北大路書房)
3) Baron-Cohen, S. (1995). *Mindblindness*. Cambridge：The MIT Press.(バロン=コーエン，S. 長野敬・長畑正道・今野義孝〈訳〉〈1997〉. 自閉症とマインド・ブラインドネス　青土社)
4) Baron-Cohen, S., Leslie, A. M., & Frith, U. (1985). Does the autistic child have a 'theory of mind'? *Cognition*, **21**, 37-46.
5) Dennett, D. C. (1978). Beliefs about beliefs. *Behavioral and Brain Sciences*, **1**, 568-570.
6) Dennett, D. C. (1983). Intentional system in cognitive ethology：The 'Panglossian paradigm' defended. *Behavioural and Brain Science*, **6**, 343-390.
7) Fantz, R. L. (1958). Pattern vision in young infants. *Psychological Record*, **8**, 43-47.
8) Fantz, R. L. (1961). The origin of form perception. *Scientific American*, **204**, 66-72.
9) Fantz, R. L. (1963). Pattern vision in newborn infants. *Science*, **140**, 296-297.
10) Fantz, R. L. (1964). Visual experience in infants：Decreased attention to familiar patterns relative to novel ones. *Science*, **146**, 668-670.
11) Fantz, R. L., & Yeh, J. (1979). Configurational selectivities：Critical for development of visual perception and attention. *Canadian Journal of Psychology*, **33**, 277-287.
12) Happé, F. (1994). *Autism：An introduction to psychological theory*. Cambridge：UCL Press.(ハッペ，F. 石坂好樹・神尾陽子・田中浩一郎・幸田有史〈訳〉〈1997〉. 自閉症の心の世界―― 認知心理学からのアプローチ　星和書店)
13) Ichikawa, H., Kanazawa, S., Yamaguchi, M. K., & Kakigi, R. (2010). Infant brain activity while viewing facial movement of point-light displays as measured by near-infrared spectroscopy (NIRS). *Neuroscience Letters*, **482**, 90-94.
14) Maurer, D., Lewis, T., Cavanagh, P., & Anstis, S. M. (1989). A new test of luminous efficiency for babies. *Investigative Ophthalmology*, **30** (2), 297-303.
15) Meltzoff, A. N. (1995). Understanding the intentions of others：Re-enactment of intended acts by 18-month-old children. *Developmental Psychology*, **31**, 838-850.
16) Nakato, E., Otsuka, Y., Kanazawa, S., Yamaguchi, M. K., Watanabe, S., Kakigi, R. (2009). When do infants differentiate profile face from frontal face? A near-infrared spectroscopic study. *Human Brain Mapping*, **30** (2),

462-472.
17) Otsuka, Y., Nakato, E., Kanazawa, S., Yamaguchi, M. K., Watanabe, S., & Kakigi, R. (2007). Neural activation to upright and inverted faces in infants measured by near infrared spectroscopy. *NeuroImage*, **34** (1), 399–406.
18) Ozonoff, S., & Miller, J. D. (1995). Teaching theory of mind: A new approach to social skills training for individuals with autism. *Journal of Autism and Developmental Disorders*, **25**, 415–432.
19) Perner, J., Frith, U., Leslie, A., & Leekam, S. (1989). Exploration of the autistic child's theory of mind: Knowledge, belief, and communication. *Child Development*, **60**, 689–700.
20) Premack, D., & Woodruff, G. (1978). Does the chimpanzees have a theory of mind? *Behavioral and Brain Sciences*, **1**, 515–526.
21) Teller, D. Y. (1979). The forced-choice preferential looking procedure: A psychophysical technique for use with human infants. *Infant Behavior and Development*, **2**, 135–158.
22) Teller, D. Y., & Lindsey, D. T. (1993). Motion at isoluminance: Motion dead zones in three-dimensional color space. *Journal of the Optical Society of AmericA. A*, **10** (6), 1324–1331.
23) Teller, D. Y., & Palmer, J. (1996). Infant color vision: Motion nulls for red/green vs. luminance-modulated stimuli in infants and adults. *Vision Research*, **36** (7), 955–974.
24) Wimmer, H., & Perner, J. (1983). Beliefs about beliefs: Representation and constraining function of wrong beliefs in young children's understanding of deception. *Cognition*, **13**, 103–128.

【参考文献】

Gallup, G. G., Jr. (1970). Chimpanzees: Self-recognition. *Science*, **167**, 86-87.
Grice, H. P. (1957). Meaning. *Philosophical Review*, **66**, 377–388.
板倉昭二 (1997). 霊長類動物によるヒトの心の理解——ヒト以外の霊長類における「心の理論」 心理学評論, **40** (1), 8–21.
金沢創 (1999). 他者の心は存在するか——「他者」から「私」への進化論 金子書房
Otsuka, Y., Kanazawa, S., & Yamaguchi, M. K. (2006). Development of modal and amodal completion in infants. *Perception*, **35** (9), 1251–1264.
Sperber, D., & Wilson, D. (1986). *Relevance: Communication and cognition*. Oxford: Basil Blackwell. (スペルベル, D.・ウィルソン, D. 内田聖二・中逵俊明・宋南先・田中圭子〈訳〉(1993). 関連性理論——伝達と認知 研究社出版)
Strawson, P. (1964). Intention and convention in speech acts. *Philosophical Review*, **73**, 439–460.
Whiten, A., & Perner, J. (1991). Fundamental issue in the multidisciplinary study of mindreading. In A. Whiten (Ed.), *Natural Theories of Mind*. Oxford: Basil Blackwell.

実験対象がバラエティに富む本書では，実験場面における実験者に対する「被験者」の呼称を，実験参加者，対象児，あるいはたんに乳児，子ども，5カ月齢児等としました。動物実験においても上記にならい，具体的な動物名（マカクザル，ハト等）としました。

金沢　創 *So Kanazawa*

第2章 運動視の発達

第1節 動きが見えるということ

第2節 皮質下での運動視
　　　　── 皮質下制御の運動視

第3節 皮質制御の運動視
　　　　1. 脳波を指標とした運動視の発達
　　　　2. 選好注視行動を指標とした運動視の発達
　　　　3. 3カ月から5カ月齢への運動視の発達

第4節 運動視から3次元世界へと至る
　　　　1. 運動透明視の知覚発達
　　　　2. 動きから遮蔽関係を知覚する
　　　　3. まとめ
　　　　　　── 重なりのある世界とない世界

第1節 動きが見えるということ

　方向性のある運動（directional motion）への感度はいつ頃生じるのだろうか。知覚・認知の発達は運動視から始まる。本章では，視覚の最も中心的なテーマであるこの運動視の発達を中心に解説を行う。

　動きをとらえるためには，まず，方向性をもった一様な動き（coherent motion）に対する感度が，どのような刺激に対していつ頃現れるのかを検討しなければならない。その出現時期は，刺激呈示の方法や刺激の種類，さらにはどのような行動指標を計測するかによって，若干の違いがある。まずは，その全体をごくおおまかに概観してみたい。その上で，いくつかの代表的な実験を取り上げ，その実験方法を詳細に説明する。

　表2-1は，バントンとバーテンサール（Banton & Bertenthal, 1997）[5]に記載されているものを一部改変し，それぞれの出現時期を表にまとめたものである。基本的には，どのような刺激に対する感度がいつ頃発達するのかを，より低い週齢において確認しようとしたものとなっている。「P」は感度が出現した週齢，「A」は実験的な検討は行われたが，感度が確認されなかったことを示している。

　これらの各データは，それぞれ刺激やデータの分析法が異なっており，互いの結論を直接比較することはできない。しかし，方法や刺激を超えて，各データにはある一定の傾向がある。それをまとめると，① OKN（optokinetic nystagmus：視運動性眼振）と拡大に対する「防御反応」は，非常に早く，0～3週齢の乳児において観察される，② 視覚誘発電位（VEP）による脳活動や選好注視行動を指標とした運動パターンへの感度はほぼ10週齢頃に観察される，③ その後16週齢に向けてSN比や速度閾などが発達する。

　これらの発達データを合理的に説明するひとつの仮説は，8週齢前後までは皮質下の制御がメインであり，拡大刺激に対する防御反応や方向性をもった運動へのOKNは皮質下による反応であると考え，2カ月から3カ月齢前にかけて，徐々に第一次視覚野（V1）などの皮質が機能し始め，皮質性の脳活

表2-1 方向性をもった運動刺激が見え始める週齢 (Banton & Bertenthal, 1997[5])をもとに作成)
左から、「運動の型」の項目には、用いられた刺激の種類が記載されている。「出典」の項目には、各論文の著者と年号が示されている。

運動の型	出典	週齢〔週〕 0 1 2 3 4 5 6 7 8 9 10 11 12 13 14 15 16
一様な運動	Kremenitzer et al., 1979[17]	P (0)
	Hainline et al., 1984[11]	P (3)
	Tauber & Koffler, 1966[26]	P (1)
	Naegele & Held, 1982[20]	P (3)
	Atkinson & Braddick, 1981[3]	P (4)
	Banton & Bertenthal, 1996[4]	P (6)
	Schor et al., 1983[24]	P (4)
	Hamer & Norcia, 1994[12]	P (7)
	Wattam-Bell, 1991[28]	A A P (6,7,9)
	Wattam-Bell, 1991[28]	A A A A P (7,8,9,10,13)
拡大運動	Yonas et al., 1979[37]	P (1)
	Náñez, 1988[21]	P (1)
剪断運動	Dannemiller & Freedland, 1991[9]	P (8)
	Bertenthal & Bradbury, 1992[6]	P (12)
	Wattam-Bell, 1996a[31]	A A A A P (3,4,5,6,9)
	Wattam-Bell, 1996b[32]	A A A P (3,4,5,6)

動を示すVEP反応も観察されるようになるとする考えである。

　つまり、運動視の発達には大きく分けて2カ月齢頃までに見られる皮質下制御の段階と、3カ月齢以降に見られる皮質制御の段階の、二つの発達段階が存在すると言える。前者は眼球運動や防御反応など、刺激に対して固定された運動反応を伴ういわば「反射」のような反応である。一方、3カ月齢以

降に見られる皮質制御の運動視には，こうした固定的な動作が伴うわけではない。さらに1，2カ月齢頃に観察される運動視の場合，反射的な運動を引き起こすための刺激が固定的であったりする。以下，具体的な実験手続きと刺激を検討しながら，この点を確認してみよう。

第2節 皮質下での運動視
―― 皮質下制御の運動視

　ナネツ（Náñez, 1988）[21]は，背後を投影機で照らされた1.8m四方の巨大なスクリーンに拡大したり縮小したりする影を呈示し，この影の動きに対する3週から6週齢の合計80人の乳児の反応を観察した。乳児はスクリーンから約30cmの位置にて母親のひざの上に抱かれ，拡大パターンは，投影機の手前をダイアモンド型の遮蔽領域をもつプレキシグラスを接近させることで発生させた。

　ここでは3種類の刺激を用いて実験が行われた。具体的には，①明るい背景に暗い影が拡大もしくは縮小する条件，②コントラストが逆転し黒い背景に白く明るい領域が拡大もしくは縮小する条件，そして，③投影機のシャッターを突然開くまたは閉じることにより，急激に明るさが変化する条件，の三つである。その結果，①の「暗い影の拡大／縮小」条件では，拡大する場合にのみ，頭をそらす防御反応が観察されたが，コントラストを逆転させた②の刺激の場合は，拡大でも縮小でも，乳児は防御反応を示さなかった。つまり，拡大刺激に対する防御反応は，暗い影に対してのみ生じたのである。

　しかし，困ったことに，乳児は③の刺激に対しても防御反応を示した。それも，明るい状態から暗くした場合と暗い状態から明るくした場合のいずれに対しても，であった。そこでナネツ（1988）[21]は，すでにヨナスら（Yonas et al., 1979）[37]の実験で用いられていた，まばたきの反応を指標にして，拡大と縮小に対する反応を調べたのである。刺激を呈示し終わった際にまばたきが生じた試行数の割合を計算したところ，①の条件では拡大刺激に対して50％前後の割合で瞬目が生じたのに対し，②の条件では拡大縮小とも10％

以下，③の条件では拡大縮小とも20%程度であった。

　これらの結果から彼は，防御反応は，暗い刺激の拡大に対してのみ生じ，また拡大刺激への反応は，防御反応よりも瞬目反応の方が，より「対象の接近」に敏感な反応である，との結論を導き出した。

　もうひとつ，生後1カ月前後の乳児が示す運動知覚の証拠として，方向性をもった運動パターンに対するOKN（視運動性眼振）反応がある。OKNとは，運動する刺激を目でゆっくりと追従する相と，運動している方向とは逆の方向に，急速に眼球が戻る相を，交互に繰り返す眼球の動きのことである。この眼球運動の方向は，刺激の運動の方向によって完全に決まるため，乳児研究では，しばしばこのOKNが，運動知覚を検討する際の指標として用いられる。

　OKN反応は新生児に近い乳児での多くの報告例がある。たとえば，新生児でも40deg/secの高速なパターンにまでOKN反応を示すことが，眼球の動きを電気的にモニターすることで示されている（Kremenitzer et al., 1979)[17]。さらに，OKN反応には興味深い特性があることがわかっている。乳児の片目を眼帯などでふさいで，単眼でのOKN反応を調べてみる。すると生後1カ月頃の乳児には，OKN反応に強い非対称性があることがわかったのである。すなわち，乳児の片側の視野で見た際に，耳側から鼻側への動きに対しては明確なOKNを示すが，逆の鼻側から耳側への動きにはOKNを示さない。面白いことに，この単眼でのOKNの非対称性は，2カ月齢頃に消失する（Atkinson & Braddick, 1981[3]；Naegele & Held, 1982[20]）。

　このOKN反応が，皮質下制御であることを示す生理学的に確実な証拠があるわけではない。しかし，「非対称性の消失」は，運動視のメカニズムが何らかの形で切り替わっていることを示唆している。アトキンソンは，この切り替わりを皮質による皮質下の「乗っ取り」(take over)と表現し，皮質下制御から皮質制御に切り替わる証拠との説明を行っている。確かに，3カ月齢以降の運動視には1，2カ月齢頃に見られない行動上の柔軟さが観察される。また，脳波などを指標に皮質由来の反応を観測した実験によれば，乳児の運動視に対する脳波は，2カ月から3カ月齢頃にかけて発達することがアトキンソンと同じグループにいるワッタン＝ベルによって示されている。

第3節 皮質制御の運動視

1. 脳波を指標とした運動視の発達

　視覚誘発電位（VEP）を用いた研究には，1回の刺激呈示に対して反応が1秒近い時間にわたって生じ，N170（ネガティブ方向に170 msで生じる波）などの有無を問題にする一過性の（transient）視覚誘発電位を用いたものと，1秒間に4回や8回といった非常に短い時間で周期的に刺激を呈示し，その繰り返し周期と同調した周波数のパターンの有無を調べる定常型（steady-state）視覚誘発電位を用いたものの2種類がある（Atkinson, 2000）[2]。乳児の脳の計測については，さまざまな要因からノイズが混入していて不安定な場合が多いので，繰り返し多数のデータをとることで，よりノイズに強い後者の定常型のものが用いられる。以下にその代表例であるワッタン＝ベル（Wattam-Bell, 1991）[28]の研究を紹介しながら，乳児の方向性をもった運動（directional motion）に対する皮質性の反応が，いつ頃生じるのかを検討してみよう。

　ワッタン＝ベル（1991）[28]では，ランダムドットを用いて，240 msごとに方向が切り替わる上下の往復運動パターンを作成した。この約1秒間に4回変化する運動方向に対する皮質由来の電気信号を，乳児の頭に貼り付けた電極を通じて測定するわけである。

　仮に電気信号が1秒間に約4回（正確には960 msごとに4回）発せられていれば，この乳児の皮質は運動方向の切り替わりに反応している，と結論付けたくなる。しかし，乳児の皮質は，運動方向の切り替わりに反応したのではなく，ただ単にランダムドットの明るさやパターンの変化に対してのみ反応したのかもしれない。つまり右か左かといった運動方向は知覚できていなくとも，変化したことだけがわかっていた可能性が残される。

　この可能性を排除する目的で，240 msのちょうど真ん中に，運動方向は変

わらないけれども，ランダムドットのフレーム間のパターンを完全に入れ替えるという刺激を導入する。そして，このパターンの切り替えの際に発生する脳波の強さと，運動方向が切り替わったときに生じる脳波の強さとを比較し，後者が強ければ，運動方向に反応していると考えるのである。

　具体的には，運動方向を240msごとに右から左へ，左から右へと切り替える。さらにこの240msのちょうど中間，すなわち120msごとに，ランダムドットのパターンをそっくり入れ替えるのである。運動方向が切り替わるときには，同時にランダムドットの入れ替えも起こっていることになるので，結局トータルで見れば，120msごとにドットが入れ替わり，その2回に1回，すなわち240msごとに運動方向が切り替わることとなる。そこで，960msに8回起こる反応と，この960msに4回起こる脳活動の反応を比較し，後者の成分の強さを分析することになる。実験の際には，運動の速度も操作し，得られた電気信号を刺激の開始時間でそろえて重ね合わせ，その波の形を分析することで，何Hzの成分が，どの程度強く現れているかを明らかにした。そして，8.33Hz成分（960msに8回生じるパターンの変化）と4.12Hz成分（960msに4回生じる運動方向の変化）を比べたのである。

　結果は，次のようなものであった。方向の切り替えに対する皮質の有意な反応は，5deg/secという比較的遅い速度の運動刺激に対して生じ，それは平均して74日齢になって初めて観察された。そして，20deg/secという比較的速い速度の刺激に対する反応は，発達的に遅く，89日齢になってようやく観察された。ちなみに，成人で同じ視覚誘発電位の計測をすると，20deg/secという速い速度の動きに対する反応の方が，5deg/secという遅い速度の動きに対する反応より，大きな皮質の反応となる。したがって，皮質における運動視の発達は，単純に刺激に対する皮質の反応が大きくなっていくというようなものではなく，まずは遅い運動を処理するシステムが発達し，続いて速い運動を処理するシステムが発達するのである。つまり，方向性をもった運動パターンを処理する皮質のシステムは，生後約10週前後に発達する。その皮質とは，おそらく第一次視覚野（V1）もしくは第二次視覚野（V2）を中心とする領域であると推定することができるのである。

2. 選好注視行動を指標とした運動視の発達

A. 動いてるもの vs. 止まっているもの —— Vminを用いて

では，行動を指標とした方向性をもった運動パターンへの感度は，いつ頃発達するのだろうか。

ファンツ以来，乳児が好んで注視するものについてはさまざまなリストが提案されてきたが（第1章参照），動いているものも乳児が選好注視するものの一つである。つまり，動いているものと止まっているものを対で呈示すると，乳児は動いている方を好んで見るのである。初期の運動視研究には，この性質をうまく利用し，動いているチェッカボードと止まっているチェッカボードを対で呈示し，どの程度の速度で動かせば，乳児の選好注視を引き出すことができるかを検討したものなどがあった（Volkmann & Dobson, 1976）[27]。その後も，バーやドットなど，さまざまなパターンを使って，「どこまで遅い速度でも，止まっているものとの対呈示で選好が見られるか」という Vmin（最小速度閾）の検討が行われた（Aslin & Shea, 1990[1]；Kaufmann et al., 1985[16]；Dannemiller & Freedland, 1989[8], 1993[10]；Bertenthal & Bradbury, 1992[6]）。その結果，10週齢前後を境に，Vminの値は発達し，その傾向は20週齢あたりにまで及ぶことが明らかとなった。この行動実験の結果は，先の視覚誘発電位（VEP）による脳活動，さらに眼球運動のOKN（視運動性眼振）の結果とおおよそ一致する，10週齢前後に運動視に関わる皮質が機能し始め，その能力が3カ月齢頃まで発達することを示唆している。

B. 縞パターン vs. 一様なパターン

1990年代に入ると，より工夫された刺激と方法が用いられ，運動視が検討されるようになった。その方法とは，縞パターンと一様なパターンを呈示し，縞パターンへの選好を運動視で見ようとするやり方である。具体的には，互い違いに方向が異なっている運動が左右に縞のように配置されている，いわゆる剪断運動（shear motion）をターゲット刺激とし，縞の形を構成せずに

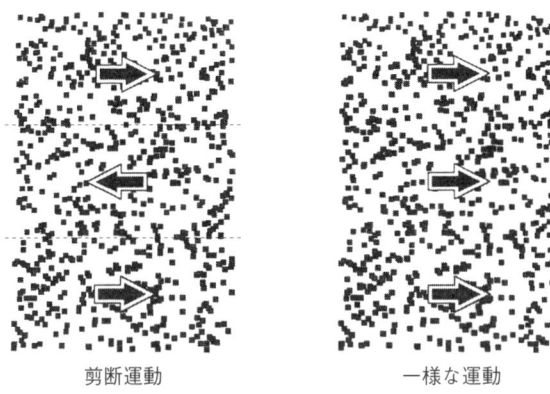

図2-1　ワッタン=ベルが用いた典型的な運動刺激

剪断運動　　　　　　　一様な運動

すべてが一様な方向に動くランダムドット運動を非ターゲット刺激として，剪断運動であるターゲット刺激への選好注視を測定するという方法である（Wattam-Bell, 1996a[31], 1996b[32]；Bertenthal & Bradbury, 1992[6]）。

このような刺激セットを用いることで，従来からのVmin（最小速度閾）だけではなく，Vmax（最大速度閾）や，フレーム間においてドットが一定以上大きくジャンプすると動きが知覚されなくなるDmax（最大距離閾），さらにはどれくらいの割合でノイズを入れると動きの信号（signal）が検出できるかというSN比など，さまざまなパラメータに関して運動視の発達が検討できるようになった。その詳細な検討を行ったのが，ワッタン=ベルの一連の研究である（Wattam-Bell, 1992[29], 1994[30]；1996a[31], 1996b[32]）。論文ごとに刺激の詳細は異なるが，その典型であるワッタン=ベル（1994）[30]の刺激図を示しておく（図2-1）。

a. Vmax 最大速度閾

図2-1の左側は，三つの領域のドットが，交互に逆の動きをすることによって分化（segregation）が生まれるのに対し，右側は全ドットが同じ方向に一様な動きをする。こうした刺激を左右に呈示すると，これらの動きが見えている乳児は，左側への強い選好が生じる。

たとえば，Vmax（最大速度閾）について言えば，図2-2を見ればわかるように，10週から12週齢を経て15週齢へと，その値は大きく改善す

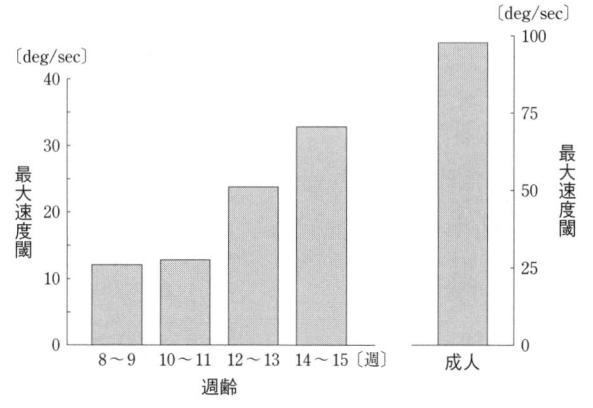

図 2-2 週齢による最大速度閾の発達
比較として成人のデータも載せている。両者のスケールの違いに注意。フレームの間でジャンプするドットの距離を操作することで、速度を変化させている。したがってとらえようによっては、ジャンプする距離の知覚閾である「Dmax」とすることもできるが（実際、Wattam-Bell, 1992[29]ではDmaxとなっている）、ここではVmax（最大速度閾）と表記した。

る。つまり、方向性をもった運動への感度は、ここまで紹介してきた研究からもわかるように、ほぼ10週齢前後に発達するが、その運動視の中身は、約3カ月齢頃に突然改善され、4カ月齢頃まで発達することを意味している。

b. SN比

また彼は、ランダムドットを用いて一定方向に動くシグナルと、テレビの砂嵐のようにバラバラな方向に動くノイズの割合を操作し、どのくらいのノイズの割合まで方向性のある運動に対する感度が保たれるかを、SN比の閾値として検討した。11～16週齢の乳児24人の閾値を表したものが**図2-3**である（Wattam-Bell, 1994）[30]。これを見ると、大まかに言えば、乳児のランダムドットのSN比の閾値（どれくらいのノイズに耐えられるか）は、12週齢頃で約60％から70％程度、16週齢においても40％程度で、運動方向の判断はノイズに阻害されやすいことがわかる。ちなみに同じ条件で測定した成人の閾値は、約10％程度である。

ここから、3，4カ月齢の乳児においては、視力同様、運動視のSN比は成人に比べると未熟であるが、11，12週から15，16週齢へと、その感度

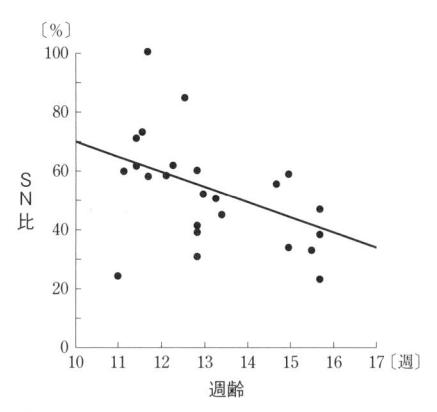

図 2-3
24人のランダムドット運動に対するSN比の閾値

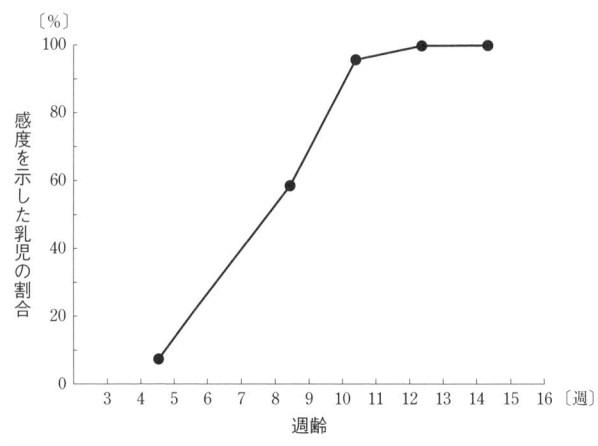

図 2-4
ワッタン＝ベルの一連の研究を総合的に集計し，運動方向への感度を示す乳児の割合を，週齢別に表したもの

には明らかな発達傾向が認められることがわかる。

　このようにワッタン＝ベルは，さまざまなパラメータを操作し，運動視の発達を行動により検討している。その全体のデータをまとめ，4～16週齢の乳児の何割が方向性をもった運動に感度を示すのかをグラフに表したものが，**図 2-4** である。約10週齢になると，ほぼすべての乳児が運動方向に感度を示し，8～9週齢では約6割程度の乳児が運動方向に感度を示すようである。

c. 3カ月齢を中心に

このように，方向性をもった運動（directional motion）に対する知覚感度は，処理できる速度の幅という観点からも，またシグナルとノイズの処理という観点からも，2，3カ月齢頃からその能力は発達を開始し，3，4カ月齢へと段階的に発達することが確認される。この発達は，おそらく皮質の発達と関係していると考えられている。皮質に実現されている運動視のどのような制御アルゴリズムが発達するのかは，現在のところ詳細には明らかにされていない。しかし，何らかの局所レベルでの運動検出器やその運動検出器同士の抑制的なネットワーク（Wilson, 1988）[34] が関係しているであろうことは容易に想像できる。その詳細は今後のさまざまな検討によって明らかにしていく必要があるだろう（Wattam-Bell, 2009）[33]。

3. 3カ月から5カ月齢への運動視の発達

当然のことであるが，環境に生じる運動パターンは，一方向のものだけではない。先の実験にもあるように，何かが接近してくる際や自分が前後に移動する際には，視野には拡大・縮小の運動パターンが生じるし，自分の身体が傾く際には，回転の運動パターンが生じる。こうした動きをとらえるためには，視野全体が一様に一方向に動くパターン（coherent motion）を超えて，たとえば視野の上の方では右に動き，下の方では左に動いているといったような，視野の局所間の相対的な関係を統一的にとらえる必要がある。これらいわゆる「相対運動」（relative motion）に対する感度が，いつ頃発達するのかが，次の段階として重要になってくる。

ここではまず，ランダムドットを用いた拡大パターンに対する感度がいつ頃発達するのかを検討した，我々のグループの研究を紹介したい（Shirai et al., 2004）[25] [※1]。

拡大運動パターンが，近づいてくる「接近印象」をもつための重要な要因として，「速度勾配」がある。ランダムドットをすべて中心から四方八方へと遠ざかるように運動させることによって，拡大運動パターンを作り出すこと

※1 この実験は，当時大学院生で現在，新潟大学准教授の白井述により実施された。

図 2-5　速度勾配つき刺激に対する選好率の発達　　　　　　　　　(Shirai et al., 2004)[25]

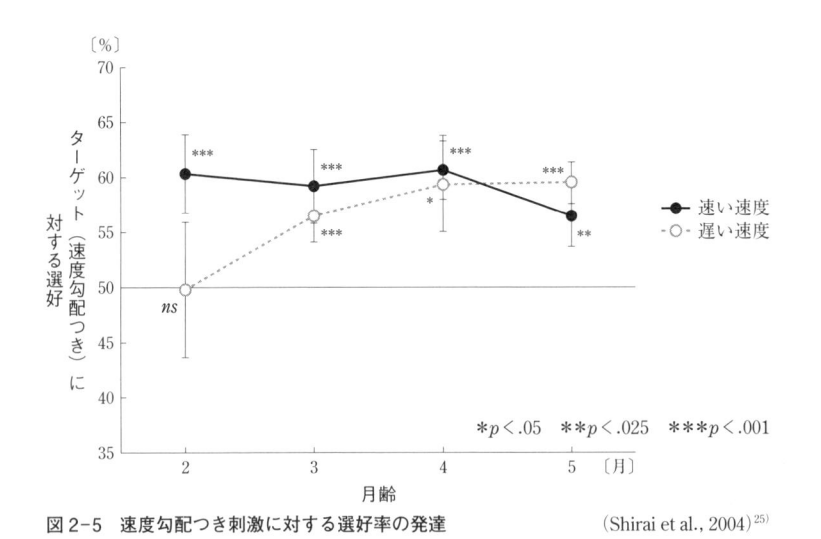

ができる。このとき，遠ざかるドットが中心から遠ければ遠いほど速く動くよう，「速度勾配をつけて拡大させる運動」と，どのドットの速度も一定の速さで動かす「速度勾配なしの拡大運動」とを比べてみると，成人の目からすれば明らかに前者の方が，拡大の印象は強くはっきり感じられる。というのも，実際に物体が近づいてくる際に見られる物体が網膜上に映る視覚情報や，あるいは自らが前進する場合に生じる視野内のパターンは，周辺にあるもの（中心から遠いもの）ほど速い動きの成分をもっているからである。これらの違いは，物理的には大変小さいが，印象としては大きな違いを生む。もし，乳児が成人と同じように拡大パターンを正確に知覚しているのであれば，これらの違いにも気づくのではないかと予想される。そこで，速度勾配つきの拡大運動と速度勾配なしの拡大運動を対呈示し，速度勾配つきの拡大運動への乳児の選好注視行動を検討したのである。速度も要因も検討するため，基本となる拡大運動の平均速度に，速いものと遅いもの，2 種類を用意した。

　その結果が図 2-5 である。グラフを見ればわかるように，3 カ月齢以上の乳児は，ドット全体の動きが速い条件でも遅い条件でも，いずれも「速度勾配つきの拡大運動」を有意に長く注視した。しかし，2 カ月齢では，速度の速い条件（平均速度は 5.68 deg/sec，速度勾配は 0 〜 11.36 deg/sec）でのみ，

「速度勾配つきの拡大」刺激を選好注視したが，遅い条件（平均速度は2.84 deg/sec，速度勾配は0〜5.68 deg/sec）では，この刺激には有意に注視しなかった。このことから，本当の意味で近づく運動を拡大パターンから知覚できるようになるのは3カ月齢頃であり，ドットの動きが遅くて見えにくい場合，2カ月齢では近づく動きを知覚できていない可能性が示唆される。

　こうした相対運動への感度は，皮質によって制御されているものと考えられる。というのも，先の防御反応のように刺激パターンに制約があるわけではないし，まばたきや首のそらしといった防御反応を伴うようなものでもないからである。パッと見には区別が難しい「速度勾配」の違いを知覚するには，おそらく皮質における相対運動の検出メカニズムの発達が必要なのだろう。興味深いことは，2カ月齢の段階では遅い速度のパターンの場合，この区別は難しいが，3カ月齢を過ぎれば速度の速い遅いにかかわらず，速度勾配つきの拡大と速度勾配なしの拡大パターンを区別できるようになるという点だ。3カ月齢の乳児には，より汎用的な相対運動検出器が備わっているものと考えられるからである。

　2カ月齢の前後に皮質下制御の運動視から皮質制御へと切り替わる。その後，運動パターンを処理する皮質が，少しずつその能力を発達させる。では，その後，5カ月，6カ月齢へと運動視の感度はどのように発達するのだろうか。また，この段階の乳児，すなわち3カ月齢前後の乳児が見ている動きの知覚は，私たち大人が見ているものとどう異なっているのだろうか。

　次節では，その手がかりを使った二つの実験を紹介することでこれらの課題について考えてみることにしよう。一つは運動透明視と呼ばれる刺激を用いた実験で（Kanazawa et al., 2006[14], 2007[15]），もう一つは，窓枠問題に関係した動きによる形の統合に関する実験である（Otsuka et al., 2009）[22]。

第4節　運動視から3次元世界へと至る

1. 運動透明視の知覚発達

　運動透明視とは，二つの別々の動きをするランダムドットを，一つの場所に重ねて表示することで，二つの面が見える知覚を指す。二つの別々の動きは，局所的に見れば区別が難しい。もちろんランダムドットを用いているため，止まっている状態では，それぞれのドットがどちらの面の動きに属しているかはまったく識別できない。この動きが知覚できるためには，局所におけるドットの動きを，何らかの形でプールし，全体を見渡した上で二つの面の動きとして振り分けるという作業が必要となってくる（Qian et al., 1994）[23]。こうした2段階の処理が必要であることから，運動透明視は，しばしば高次処理を検討する目的の実験で使われ，視知覚のモデル研究では重要な刺激となってきた。乳児研究においても，もちろん，この「高次の処理」がいつ頃から行われているかを検討するには，便利な刺激であると言えるだろう。

　乳児を対象とした実験では，運動透明視と一方向だけに運動する単純な運動刺激を左右に対呈示し，運動透明視への選好注視を測定した。運動透明視は正しく知覚できれば，複数の面がある複雑な構造をもつため，乳児にとって選好注視を引き起こす魅力的な刺激である。この仮説のもとに実験は行われた。実験の結果，ドットの大きさ，ドットの速度，ドットの飛び幅など，ローカルな条件を変更しても，5カ月齢の乳児は，明確に運動透明視を好んで注視したのに対し，3カ月齢では，ローカルな条件を変更すると，しばしば選好が消失したのである（Kanazawa et al., 2007）[15]。そこで3～5カ月齢の乳児の，高次の運動視の発達を定量的に検討する目的で，運動透明視が見える度合いを物理的に操作し，同じように選好注視法を用いて運動透明視への注視行動を測定した。

具体的には，ドット間の距離を近づけると運動透明視が崩壊するという現象を利用して（Qian et al., 1994）[23]，反対に運動するドットの距離を操作し，運動透明視の見えやすさを操作することで注視行動が変化するかを観察したのである（Kanazawa et al., 2006）[14]。ここでは，最も運動透明視が見えにくい条件から最も見えやすい条件まで，反対に運動するドット間の距離を操作することで，4段階の刺激を準備した。ちなみに，この4段階のうち，成人の目から見てかろうじて運動透明視が見えるのは，2段階目からで，最も見えにくい（ドット間の距離が近い）ものでは，成人の目から見ても運動透明視は見えない条件であった。こうした4種類の見えやすさの運動透明視を用意し，この運動刺激への選好注視を3〜5カ月齢の乳児を対象に測定したのである。

　その結果，最も見えにくい条件のときは，いずれの月齢の乳児も，運動透明視を注視しなかった。しかし，5カ月齢児は，2段階目，3段階目，4段階目の，いずれの3条件でも，運動透明視を好んで注視した。一方，3カ月齢児はすべての条件で有意な選好が見られず，4カ月齢児では，1条件でのみ，有意な選好が見られた。この結果は，運動透明視の知覚発達が，3〜5カ月齢にかけて量的に発達し，しかも5カ月齢において完成するということを意味している。それはおそらく，3〜5カ月齢頃に発達する皮質での運動視の発達を反映しているものと思われる。

　興味深いのは，5カ月という月齢である。というのも，おおよそ5カ月齢前後には両眼立体視の能力が発達することが知られているからである（Birch, 1993）[7]。奥行き手がかりには動きや絵画的なものなど，さまざまなものがありうるが，その中でも両眼による網膜像差（binocular disparity）は，第一次視覚野に代表される脳の解剖学的な構造に関わる。5カ月という月齢は，こうした両眼視に関わる脳の発達と密接に関わっていることが推測されるのである。

2. 動きから遮蔽関係を知覚する

　5カ月齢頃に運動情報などを統合して遮蔽関係が理解できるようになる。このことを明確に示す目的で，遮蔽と運動視の関係を検討する実験が行われ

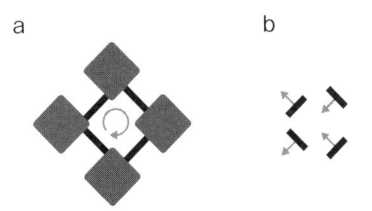

図2-6 動きからの構造の補完
(McDermottら，2001[19]，McDermott & Adelson, 2004[18])

馴化刺激

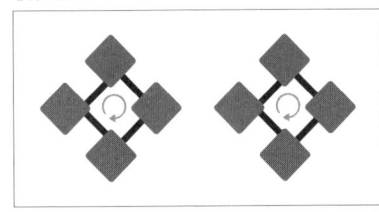

同じ刺激を左右に呈示する（15秒×6回）

左右にテスト刺激

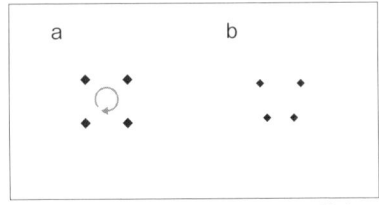

一体になって回転　　バラバラに動く
図2-7 馴化法による補完能力の検討

た（Otsuka et al., 2009）[22]※2。大塚は，マクダーモットら（McDermott et al., 2001[19]；McDermott & Adelson, 2004[18]）が作成した刺激を用いて，部分的なラインの統合能力を，3カ月齢と5カ月齢の乳児で検討したのである。

この刺激は，**図2-6a**にあるように，正方形の四つの頂点を四つの四角形が遮蔽し，四つの辺のみが部分的に見えるようになっている。このままでもある程度背後にある正方形の角部分を「補完」することはできるが，この見

※2　この実験は，当時大学院生であった大塚由美子らにより実施された。

えている線を動かすと、はっきりと正方形を補完することができる。面白いのは、この四つの遮蔽物を取り除いたときだ。これらを取り除き、四つの線を先ほどとまったく同じように動かしてみる。今度は補完は生じず、四つの線がバラバラに動いているように知覚されることになる（図2-6b）。実は、この四つの線の動きは、遮蔽物を除いたbの図と同じように、もともとバラバラに動いているのである。それが我々大人の目から見ると、遮蔽している四角形があることで、四つの線の動きが統合され、背後に正方形を構成するのである。

　この刺激を用い、大塚は馴化法を用いてその統合能力を検討した。まず、図2-7上のように画面の左右に呈示する。この刺激は、先に説明したように、成人であれば遮蔽の背後のラインがつながることによって一つの正方形がぐるぐると回転しているように見える。この「背後でぐるぐると回転する枠」を左右に二つ呈示し、まずは乳児にじっくり見てもらうのである。もちろん動いているパターンであるから、当初乳児はこの二つの図形を左右に見返しながらじっと見つめる。この時点では、左右に同じものが二つ出ているので、右側の図形を見ている時間と左側の図形を見ている時間は同じはずである。

　さて、何度も何度もこのパターンを見せていると、馴化の原理により、乳児はこの「背後でぐるぐる回る枠」というパターンに次第に飽きてくる。この「馴化刺激」に十分に飽きて馴れたところで、新しい「テスト刺激」を呈示するのである。

　テスト刺激のうち、一つはa「四つの点が一体になって回転する」ものであり、もう一つはほぼ同じような動きなのだけれどb「四つの点がバラバラに動く」ものを用意する。成人から見れば、この二つのうち、aは明らかに馴化刺激と似ている。というのも、四つの点が一体となって正方形の位置関係を保ちながら、ぐるぐると回転しているからである。一方、bは四つの点がバラバラに動くため、最初の馴化刺激とは違った動きに見える。

　仮に乳児から見て最初の馴化刺激が成人と同じように見えているとする。すなわち馴化刺激が「四角形の背後にラインでつながった正方形がぐるぐると回転している」という図形として見ていたとする。このとき、新奇選好の原理により、乳児は新しい図形であるbを、馴化刺激と似ているaよりも、長く注視することとなる。

当然であるが，乳児が馴化刺激を「四角形の背後にラインでつながった正方形がぐるぐると回転している」図形として見ているかどうかはわからない。遮蔽関係を知覚できず，その結果，隙間から見えている四つのラインの動きを統一できずに，馴化刺激を四つのバラバラの動きとして見ていたかもしれない。そのときは逆に，テスト刺激のaが新奇刺激となる。

　このようにして，二つのテスト刺激のうちどちらを新奇刺激として選好するかを調べることで，乳児が馴化刺激を「一体となってぐるぐる回っている」ものとして見ているか「バラバラに動いている」ものとして見ているかを調べることができるのである。

　3～8カ月齢の乳児を対象にこの実験を行ったところ，5カ月を過ぎないと，最初の馴化図形を「四角形の背後にラインでつながった正方形がぐるぐると回転している」図形として見ることができないことがわかったのである。つまり，遮蔽関係を理解し，四つのラインの動きを統合して一つの図形を頭の中で作りあげるには，5カ月間の発達期間が必要だったのである。

　この結果は先の両眼立体視の発達時期や運動透明視の発達時期とも重なっている。つまり，運動透明視は3カ月から5カ月齢へと発達する。また，5カ月齢は両眼立体視が発達する時期でもある。これらの時期と，ちょうど同じ時期に，バラバラの動きを統合する能力も発達するのである。

　その後，6カ月，7カ月，8カ月齢へと，影と動きを統合できるようになったり（Imura et al., 2006）[13]，色と動きを統合できるようになったり（Yamaguchi et al., 2008）[35]と，複数の手がかりの統合などへと発達は進んでいくようである。しかし，動きから環境を知るという点について絞れば，その能力の最も基礎的な部分は，5カ月齢前後が一つの区切りであると考えてよさそうだ。5カ月という月齢は，7カ月齢頃成立する，いわゆるリーチングと呼ばれている「手伸ばし反応」がスタートする時期でもある（Yonas et al., 1978）[36]。手前にあるものと奥にあるものを視覚情報だけから判断し，近いものに手を伸ばす。この動作が可能となる時期に，基礎的な運動視の能力に一つの区切りが見られるというのも興味深い点だろう。

3. まとめ　　　重なりのある世界とない世界

　環境に存在する物体は，いつもその全体の姿が見えているわけではない。部分が時間をおいて途切れ途切れに視野に入ってくる。また，もの同士はある地点から見れば折り重なっており，背後のものは隠されている。さらに，環境に存在する物体は，私たちが身体の向きを変えるだけで変化する。また自分が動かなくとも，環境の中で物体が動くこともある。こうして時々刻々と変化する網膜像をもとに，乳児はそこに物体を発見し奥行きを発見しなければならない。私たち大人は，これをあまりにも簡単に行っているため，その難しさに気づくことはない。しかし，少なくとも1, 2カ月から3カ月齢頃までの乳児にはそれは当然のことではない。動きはある程度まとまって見えているにせよ，重なりは知覚できないし，遮蔽関係も見えていないようである。それはどのような知覚世界なのか。単に，私たち大人が見ている世界から「統合」や「重なり」といった属性を引き算したような世界なのか。それとも，もっと別の特徴をもった独自の世界なのだろうか。この点は，今後の課題として本章を閉じることにしよう。

【引用文献】

1) Aslin, R. N., & Shea, S. L. (1990). Velocity thresholds in human infants: Implications for the perception of motion. *Developmental Psychology*, **26** (4), 589-598.
2) Atkinson, J. (2000). *The developing visual brain.* Oxford: Oxford Universtisty Press. (アトキンソン, J. 金沢創・山口真美〈監訳〉〈2005〉. 視覚脳が生まれる ── 乳児の視覚と脳科学　北大路書房)
3) Atkinson, J., & Braddick, O. J. (1981). Development of optokinetic nystagmus in infants: An indicator of cortical binocularity? In D. F. Fisher, R. A. Monty & J. W. Senders (Eds.), *Eye movements: Cognition and visual perception*. Hillsdale, NJ: Erlbaum.
4) Banton, T., & Bertenthal, B. I. (1996). Infants' sensitivity to uniform motion. *Vision Research*, **36**, 1633-1640.
5) Banton, T., & Bertenthal, B. I. (1997). Multiple developmental pathways for motion processing. *Optometry and Vision Science*, **74** (9), 751-760.
6) Bertenthal, B. I., & Bradbury, A. (1992). Infants' detection of shearing motion in random-dot displays. *Developmental Psychology*, **28**, 1056-1066.

7) Birch, E. E. (1993). Stereopsis in infants and its developmental relation to visual acuity. In K. Simons (Eds.), *Early Visual Development, Normal and Abnormal*. New York : Oxford University Press.
8) Dannemiller, J. L., & Freedland, R. L. (1989). The detection of slow stimulus movement in 2- to 5-month-olds. *Journal of Experimental Child Psychology*, **47**, 337-355.
9) Dannemiller, J. L., & Freedland, R. L. (1991). Detection of relative motion by human infants. *Developmental Psychology*, **27**, 67-78.
10) Dannemiller, J. L., & Freedland, R. L. (1993). Motion-based detection by 14-week-old infants. *Vision Research*, **33**, 657-664.
11) Hainline, L., Lemerise, E., Abramov, I., & Turkel, J. (1984). Orientational asymmetries in small-field optokinetic nystagmus in human infants. *Behavioural Brain research*, **13**, 217-230.
12) Hamer, R. D., & Norcia, A. M. (1994). The development of motion sensitivity during the first year of life. *Vision Research*, **34**, 2387-2402.
13) Imura, T., Yamaguchi, M. K., Kanazawa, S., Shirai, N., Otsuka, Y., Tomonaga, M., & Yagi, A. (2006). Perception of motion trajectory of object from the moving cast shadow in infants. *Vision Research*, **46** (5), 652-657.
14) Kanazawa, S., Shirai, N., Otsuka, Y., & Yamaguchi, M. K. (2006). Perception of opposite-moving dots in 3- to 5-month-old infants. *Vision Research*, **46** (3), 346-356.
15) Kanazawa, S., Shirai, N., Otsuka, Y., & Yamaguchi, M. K. (2007). Perception of motion transparency in 5-month-old infants. *Perception*, **36** (1), 145-156.
16) Kaufmann, F., Stucki, M., & Kaufmann-Hayoz, R. (1985). Development of infants' sensitivity for slow and rapid motions. *Infant Behavior and Development*, **8** (1), 89-98.
17) Kremenitzer, J. P., Vaughan, H. G., Kurtzberg, D., & Dowling, K. (1979). Smooth-pursuit eye movements in the newborn infant. *Child Development*, **50** (2), 442-448.
18) McDermott, J., & Adelson, E. H. (2004). The geometry of the occluding contour and its effect on motion interpretation. *Journal of Vision*, **4** (10), 944-954.
19) McDermott, J., Weiss, Y., & Adelson, E. H. (2001). Beyond junctions : Nonlocal form constraints on motion interpretation. *Perception*, **30**, 905-923.
20) Naegele, J. R., & Held, R. (1982). The postnatal development of monocular optokinetic nystagmus in infants. *Vision Research*, **22** (3), 341-346.
21) Náñez, J. E. (1988). Perception of impending collision in 3- to 6-week-old human infants. *Infant Behavior and Development*, **11**, 447-463.
22) Otsuka, Y., Konishi, Y., Kanazawa, S., & Yamaguchi, M. K. (2009). The effect of occlusion on motion integration in infants. *Journal of Experimental Psychology* : *Human Perception and Performance*, **35** (1), 72-82.
23) Qian, N., Andersen, R. A., & Adelson, E. H. (1994). Transparent motion perception as detection of unbalanced motion signals. I. Psychophysics.

Journal of Neuroscience, **14** (12), 7357–7366.
24) Schor, C. M., Narayan, V., & Westall, C. (1983). Postnatal development of optokinetic after nystagmus in human infants. *Vision Research*, **23**, 1643–1647.
25) Shirai, N., Kanazawa, S., & Yamaguchi, M. K. (2004). Sensitivity to linear-speed-gradient of radial expansion flow in infancy. *Vision Research*, **44**, 3111–3118.
26) Tauber, E. S., & Koffler, S. (1966). Optomotor response in human infants to apparent motion : Evidence of innateness. *Science*, **152**, 382–383.
27) Volkmann, F. C., & Dobson, M. V. (1976). Infant responses of ocular fixation to moving visual stimuli. *Journal of Experimental Child Psychology*, **22** (1), 86–99.
28) Wattam-Bell, J. (1991). Development of motion-specific cortical responses in infancy. *Vision Research*, **31** (2), 287–297.
29) Wattam-Bell, J. (1992). The development of maximum displacement limits for discrimination of motion direction in infancy. *Vision Research*, **32** (4), 621–630.
30) Wattam-Bell, J. (1994). Coherence thresholds for discrimination of motion direction in infants. *Vision Research*, **34** (7), 877–883.
31) Wattam-Bell, J. (1996a). Visual motion processing in one-month-old infants : Preferential looking experiments. *Vision Research*, **36** (11), 1671–1677.
32) Wattam-Bell, J. (1996b). Visual motion processing in one-month-old infants : Habituation experiments. *Vision Research*, **36** (11), 1679–1685.
33) Wattam-Bell, J. (2009). Stereo and motion dmax in infants. *Journal of Vision*, **9** (6) : 9, 1–9.
34) Wilson, H. R. (1988). Development of spatiotemporal mechanisms in infant vision. *Vision Research*, **28** (5), 611–628.
35) Yamaguchi, M. K., Kanazawa, S., & Okamura, H. (2008). Infants' perception of subjective contours from apparent motion. *Infant Behavior and Development*, **31**, 127–136.
36) Yonas, A., Cleaves, W. T., & Pettersen, L. (1978). Development of sensitivity to pictorial depth. *Science*, **7**, 200 (4337), 77–79.
37) Yonas, A., Pettersen, L., & Lockman, J. J. (1979). Young infants' sensitivity to optical information for collision. *Canadian Journal of Psychology*, **33** (4), 268–276.

第3章 乳児期の音声知覚発達

麦谷綾子 *Ryoko Mugitani*

第1節 乳児の音声知覚の研究手法
1. 行動実験
2. 脳機能計測

第2節 乳児期の音声知覚発達の道筋
1. 胎児から新生児までの音声知覚
2. 音韻知覚の発達
3. 単語抽出能力の発達

言葉の獲得の第一歩は，乳児が自分を取り巻く音声環境を分析し，母語特有の音声特徴を見出すことに始まる。やがて乳児は連続音声から単語を抜き出し，多くの単語に意味を付与できるようになる。これまでの研究から，言葉の獲得の根幹をなすこの一連の過程は，生後1年までの非常に短い間に起こることが明らかになっている。この章では，乳児の音声知覚の発達を客観的に検討するための種々の研究法を紹介し，さらに音声言語獲得の最初期の発達過程を概観する。

第1節　乳児の音声知覚の研究手法

　言葉の通じない乳児を対象とする研究では，教示や言語回答によらない計測手段が必要である。乳児の音声知覚研究で用いられる手法は，計測の対象により2種類に分けることができる。一つは注視や吸啜を指標とする行動実験，もう一つは神経細胞や脳血流の変化を指標とする脳機能計測である。

1. 行動実験

　音声刺激呈示に対する行動上の反応を使った乳児の音声知覚研究は，1970年から行われている。近年ではコンピュータやソフトウェア，プログラミング言語の多機能化・一般化に伴い，比較的簡単に装置を構築し，実験を制御できるようになった。ここでは特に，「馴化-脱馴化法」「選好法」「条件づけ振り向き法」について解説する（図3-1）。

A. 馴化-脱馴化法

　乳児にある特定の音声を繰り返し呈示すると，乳児は次第にその音声に飽きてくる。この「刺激への馴れ」を「馴化」と呼ぶ。乳児が馴化した状態で呈示する音声を変化させると，乳児がその変化に気づいた場合は「脱馴化」が起こり，音声への注目が回復する。つまり，脱馴化反応の有無を二つの刺

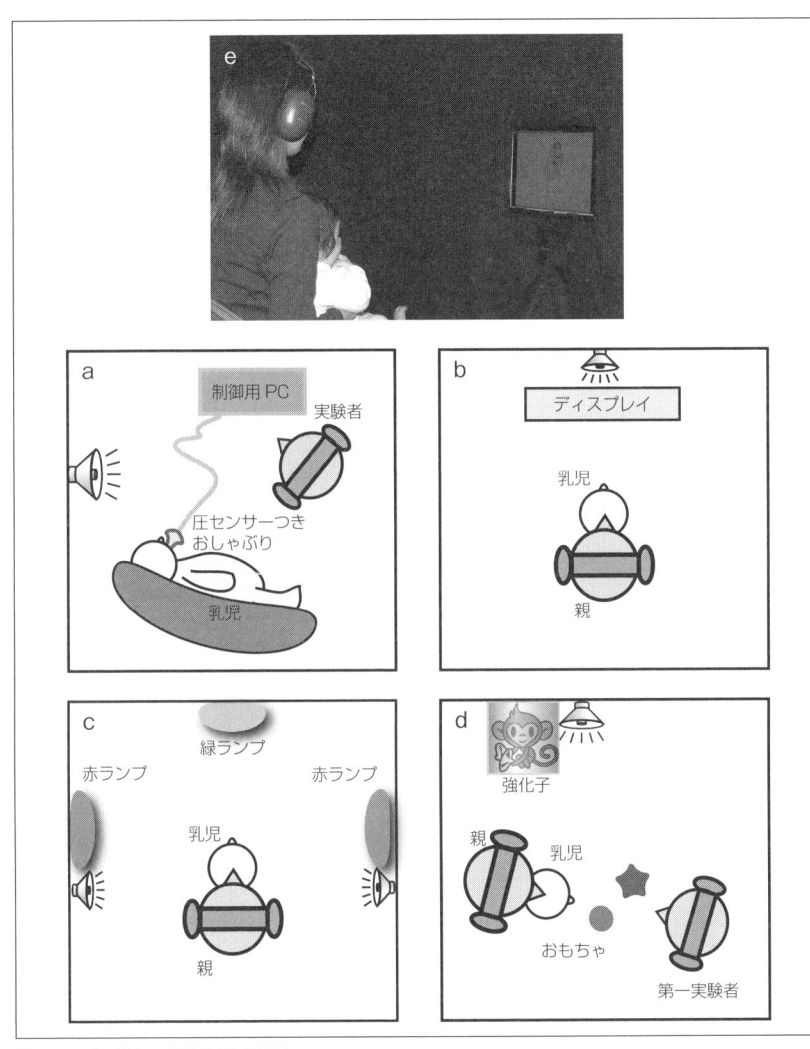

図3-1 各手法の実験室見取り図
aは吸啜行動を指標とする馴化-脱馴化法および選好法，bは注視行動を指標とする馴化-脱馴化法，cは選好振り向き法，dは条件づけ振り向き法の実験室。b, c, dでは刺激呈示を制御するコンピュータと実験者は，実験室外に配置されている。
eは注視行動を指標とする馴化-脱馴化法（b）の実験風景。

激音声の弁別の指標として用いることができる。馴化-脱馴化反応は，月齢の低い乳児では吸啜行動を，月齢の高い乳児では注視行動を指標として観察できる。

a. 吸啜行動指標

　　ものを吸うことは，新生児でも可能な数少ない随意運動である。低月齢児では，この吸啜行動を利用して馴化−脱馴化反応を観察する。まず，乳児に圧センサーのついたおしゃぶりを吸わせる（図3−1a）。圧センサーによって，おしゃぶりを吸う回数（吸啜回数）と吸う力の強さを計測することができる。乳児が一定以上の強さでおしゃぶりを吸うたびにある特定の音声Aを呈示すると，吸啜行動が強化され，おしゃぶりを吸う回数は一時的に増加する。しかし同じ音声が繰り返し呈示されると，乳児は音声Aに飽きて馴化が生じ，吸啜回数も次第に少なくなる。ある基準（例：2分間単位での吸啜回数が25％減少する）まで吸啜回数が減ったところで，音声をBに変化させる。乳児がAとBを弁別していれば音声の変化に気づいて脱馴化が起こり，吸啜回数は急激に増加する。

　　吸啜行動は生後数時間の新生児にも適用できるという大きな利点がある。その一方で，特殊な機材（圧センサーつきのおしゃぶりとその記録装置）が必要となる。適用できる月齢範囲が生後4カ月程度までと短く，失敗率が高いといった問題点もある。また，家庭でおしゃぶりや哺乳瓶を使っていない乳児の場合，おしゃぶりをくわえること自体に拒否感を示す可能性がある。

b. 注視行動指標

　　より月齢の高い乳児では，聴覚刺激と同時に呈示される視覚刺激への注視時間を計測することで，馴化−脱馴化反応の有無を検討できる。まず，ある音声Aを乳児に繰り返し呈示する。このとき，音声呈示と同時に，単純な静止画を視覚刺激として呈示し，乳児がこの視覚刺激を注視していた時間を測定する（図3−1b）。乳児が音声Aに馴化し注視時間がある基準（例：最初の3試行の平均注視時間の50％）まで減少したら，音声をBに変化させる。乳児がこの変化に気づくと脱馴化が起こり，注視時間は回復する。

　　注視反応を指標とする馴化−脱馴化法は，市販のコンピュータと無料で配布されているソフトウェア（http://habit.cmb.ucdavis.edu/）の組み合わせで比較的簡易に実験を立ち上げることができる。また，首がすわる生後4カ月程度から2歳前後まで適用できる点でも優れている。

B. 選好法

　この手法では通常2種類の音声を乳児に呈示し，どちらの音声により注意を向けるか（選好反応）を検討する。一方の音声に対する選好反応が出現すれば，二つの音声を乳児が弁別していることも同時に示される。ただし，選好反応が出なかったときの解釈は難しく，二つの音声の弁別自体が難しいのか，弁別はできても注目度に差がないために選好反応が出現しないのかを判断できない。選好反応もまた，乳児の月齢に応じて吸啜行動または注視行動を指標に観察する。

a. 吸啜行動指標

　　馴化-脱馴化法と同じく，乳児の吸啜回数と吸う力の強さを圧センサーにより計測する（図3-1a）。選好法では，音声Aを呈示する試行と音声Bを呈示する試行を繰り返す。乳児が一定以上の強さでおしゃぶりを吸うたびに音声を呈示することで，乳児は吸啜と音声呈示の共起を学習し，選好する音声を聴くためにより頻繁に吸啜する。したがって，どちらかの音声に対する選好がある場合は，その音声が呈示される試行の吸啜回数がより多くなる。また，吸啜の合間の休止時間を指標とすることもできる。乳児は連続して吸啜した後に小休止をとる。この休止時間が一定よりも長ければ音声Aを，短ければ音声Bを呈示すると，乳児は選好する音声に合わせて休止時間を調整する。

b. 注視行動指標

　　注視行動を指標とする選好法では「選好振り向き法」が一般によく用いられている。実験ではまず，乳児の正面に設置された緑ランプを点滅させ乳児の注目を引きつける（図3-1c）。乳児が正面を向いたら緑ランプの点滅を消し，今度は左右に設置された赤ランプの一方を点滅させる。乳児が振り向いて点滅する赤ランプに注目した瞬間，点滅ランプの下に設置したスピーカーから音声Aを呈示する。乳児がある一定の時間（多くは2秒間）点滅から目をそらすか，その音声が最後まで再生されたら音声呈示を中止し，再度正面の緑ランプを点滅させる。次に先ほどとは逆方向のランプを点滅させ，

今度は音声Bを呈示する。この後左右ランプの点滅順序や音声の呈示方向はランダム化して試行を繰り返し，乳児が点滅しているランプに注目している時間を，同時に呈示される音声を聴取している時間として計測する。実験後に音声AとBの平均聴取時間を比較して，特定の音声に対する選好の有無を確認する。

また，馴化-脱馴化法と同様に，ディスプレイに視覚刺激を呈示しながら音声AとBを交互に呈示し，各音声の呈示に伴う視覚刺激への注視時間を比較する，といったシンプルな実験設定でも選好反応を検討できる。

C. 条件づけ振り向き法

この手法では，乳児を音の変化に付随した反応を示すようオペラント条件づけすることで，乳児の音声弁別を検討する。図3-1dに示したように，実験室内で第一実験者は乳児と向かい合い，音の出ない小さなおもちゃなどで乳児の注意を引く。乳児が振り向かないと視界に入らない位置に，強化子（例：シンバルを鳴らすサルのぬいぐるみ）の入ったブラックボックスがある。実験室外にいる第二実験者は，実験全体を制御する。実験室内には音声Aが繰り返しスピーカーから呈示される。

最初の段階では，音の変化と強化子の関係を印象づけるため，連続呈示される音声Aを散発的に音声Bに変化させると同時にブラックボックスに光を当てて強化子を動かす。このとき音声Bの音圧を音声Aよりも+5〜10dB大きく呈示する。乳児が振り向いて強化子を見たら，第一実験者は笑顔で乳児をほめる。やがて乳児は「音が変化する → 振り向く → 強化子が動く」という一連の関係を学習する。音が変化してから強化子が動くまでの時間を少しずつ長くしていくことで，音の変化を感知したら強化子が動くよりも先に予期的に振り向きが起こるように反応形成する。この反応が形成されたら，音声Bの音圧を音声Aと等しくして本試行を行い，強化子への振り向きを指標にその弁別を検証する。

この手法の長所は，個々の乳児の弁別能力を検討できる点である。これは他の手法にはない特徴であり，聴覚障害のスクリーニングなどにも適用できる。また，測定感度が高いという点でも優れた手法である。一方で，反応形成までに長ければ数日かかる，経験を積んだ実験者が2人必要である，装置

の設定が複雑であるといった点には留意が必要である。

D. 行動実験を行う上での留意点

　音声知覚実験は，防音室内で行うのが望ましい。また，実験では乳児は母親のひざに抱かれることが多い。その際に，母親の無意識の反応が乳児に影響を与えることを防ぐため，実験中は母親にヘッドホンを着用させ，子どもに呈示している音声を遮断する。

　実験者側のバイアスを防ぐための工夫も必要である。特にリアルタイムでの計測を行う場合は，可能なかぎり実験機器のコントロールを実験室外で行い，実験者に呈示音声や試行回数がわからないよう配慮する。もし設備上の制約等で実験者が実験室内にいる場合は，実験者もヘッドホンを着用し，呈示音声が聞こえないようにする。また，ディスプレイを使って視覚刺激を呈示する場合は，刺激の強い映像（例：高速で点滅する原色刺激）の使用は控え，実験室内も暗くしすぎないよう留意する。

　行動実験は標準的な手法を実験者が柔軟にアレンジすることが可能である。たとえば，選好法に事前の慣化[※1]段階を設けることで単語抽出能力を検証したり（**研究例2**），馴化–脱馴化法を応用して語意学習能力の検討ができる（**研究例3**）。既存の方法に研究の目的や対象乳児の月齢に沿ったアレンジを加えることができる点，既存の枠組みにとらわれない新しい方法を実験者が自由に編み出せる点が，行動実験の魅力の一つだと言える。

2. 脳機能計測

　脳機能計測では脳内での変化をとらえることができる。ここで取り上げる脳波計測と近赤外分光法は，頭部のわずかな動きであれば計測に支障をきたさないこと，また測定機器の取り扱いが比較的簡易で計測の安全性が高いことから，乳児の脳機能計測で特に頻繁に用いられる手法である。

※1　馴化（habituation）では，乳児を刺激に飽きさせることを目的とし，吸啜回数や注視時間の減少を目安に，飽きを生じるまで繰り返し刺激を呈示する。一方，慣化（familiarization）では，乳児を刺激に慣らす，もしくは刺激を学習させることを目的とし，飽きとは関係なく決まった回数，刺激を呈示する。

A. 脳波計測

　脳波計測では，頭皮上に置いた電極によって，脳内の神経細胞が一斉に活動する際に発生する電気活動を記録する。数ミリ秒という単位での変化を計測することが可能であり，時間分解能に特に優れた手法と言える。脳波の中でも，ある特定の事象（例：刺激呈示）に関連した脳活動を反映する脳波成分は，事象関連電位と呼ばれる。乳児の音声知覚研究では，こうした事象関連電位の一種である MMN（Miss Match Negativity：ミスマッチ陰性電位）を計測することが多い。

　MMN は，連続して繰り返し呈示される刺激系列と，その系列から逸脱する刺激との差異（ミスマッチ）を検出した場合に出現する陰性の電位である。たとえば，標準刺激 A を連続して高頻度に呈示し，時おり A とは異なる逸脱刺激 B を呈示する。A の刺激系列に対する B の逸脱が脳内で検出された場合，逸脱刺激 B を呈示したときの波形から標準刺激 A を呈示した際の波形を引き算すると，刺激の呈示から 100～200 ms 後に陰性のピークとして MMN が出現する。

　MMN は逸脱刺激に対する自動的な検出過程を反映している。そのため，MMN を惹起させるために特定の課題を行う必要がなく，刺激に注意を向ける必要もない。また，他の脳波成分に比べて早期から出現する。こうした特徴から，乳児でも計測がしやすい成分である。純音から言語音までさまざまな音に対して惹起するという点でも，乳児を対象とした音声知覚研究に適している。

B. 近赤外分光法

　近赤外分光法（Near Infrared Spectroscopy：NIRS）は，生体を透過しやすい 700～1,000 nm の近赤外光を頭皮から脳内に向けて照射し，その反射光の減衰度から大脳皮質の局所的な血流動態を計測する手法である。送光プローブと受光プローブを多チャンネルで配置することで，比較的広い範囲での脳活動をマッピングできるようになった 1990 年代後半から，急速に乳児研究への適用が進んでいる。

　近赤外分光法を使った乳児の音声知覚研究では，ブロックデザインが用い

られる場合が多い。ブロックデザインは，音声を呈示する試行と，ノイズなどの音声以外の聴覚刺激を呈示するベースライン試行，もしくは何も呈示しないレスト試行をブロック化して交互に繰り返し，ブロック間での反応の違いを見ることで，音声の聴取に関連した反応を計測する。また，ランダムな長さに設定したベースライン試行やレスト試行の合間に散発的にターゲット音声を呈示するイベントリレーティッドデザインも用いられている。計測は通常，言語中枢のある左側頭部を含めた領域を対象とする。

　近赤外分光法の利点は，比較的長い音声を刺激として呈示できる点である。また，活動部位のマッピングが可能なため，左右半球差や局所単位での反応を検討できる点でも優れている。

C. 脳機能計測を行う上での留意点

　音声知覚発達の神経学的基盤を検討できること，新生児から成人までを同一の手法で実験できることは，脳機能計測の大きな利点である。また，行動実験ではうまくとらえられない事象でも，脳内の反応を直接計測することで検討できる場合がある。

　一方で，留意すべき点もある。安全性が極めて高いとはいえ，乳児の頭部にプローブや電極を装着するため，装置や手技に精通するとともに，保護者に対する十分なインフォームドコンセントと信頼関係の構築に努める必要がある。また，脳機能計測で得られた計測結果を正しく解釈し深い考察を加えるためには，中枢神経系に関する生理学，神経学，解剖学的な素養を身につける必要がある。

　なお近年，成人で多用される脳機能計測法として機能的磁気共鳴断層撮影（functional magnetic resonance imaging：fMRI）や脳磁図（Magnetoencephalography：MEG）がある。これらの方法は脳波計測や近赤外分光法に比べ，空間・時間分解能においてより優れた性能を有している。しかし，装置が高価である上に大型で取り扱いが難しい，頭部の動きに対する許容度が非常に低いといった点から，乳児研究への適用はそれほど多くない。

第2節　乳児期の音声知覚発達の道筋

　乳児の知覚は長い間，17世紀の経験主義の哲学者ジョン・ロックが唱えた「タブラ・ラサ」（白紙）の状態から始まると考えられていた。しかし先に述べてきた種々の手法を用いることで，乳児がそれまで考えられてきたような無力で受動的な存在ではなく，生まれながらに母語獲得の基盤となる洗練された音声知覚能力をもつことが示されている。ここでは，英語を母語とする乳児で得られている知見を中心に，生後1年間の音声知覚発達の道筋を概観する。

1. 胎児から新生児までの音声知覚

　胎児は，胎生27週頃までに母親の腹壁や羊水越しに外部の音を知覚し，身体の動きで反応するようになる（Hepper & Shahidullah, 1994）[10]。しかし，この時期の内耳器官はまだ未完成の上，音声は腹壁や羊水で減衰するため，実際に胎児が聞いている音声の明瞭度はそれほど高くないと考えられる。それでも，生まれたての新生児は，胎内で聞いていた母親の声（DeCasper & Fifer, 1980）[6]，出生前の1週間で母親が読んでくれた文章（DeCasper & Spence, 1986）[7]，母語（Byers-Heinlein et al., 2010[4], ; Moon et al., 1993[22]; Peña et al., 2003[27]）などの種々の音声特徴に対して感受性を示す。また，マンペらはフランス語とドイツ語という異なる言語を母語とする新生児の泣き声を分析し，そのピッチや音圧の変化パターンがそれぞれの母語の音声特徴に一致することを報告している（Mampe et al., 2009）[18]。こうした知見は，環境にある音声（母語）の習得が胎内，もしくは生後数日の間にすでに始まっていることを示している。

　一方で，新生児は音声そのもの（Vouloumanos & Werker, 2007）[38] とともに，言語獲得を促進するような種々の音声特徴に注目するバイアスをあらかじめ備えていることも示されている。養育者は乳児に対して，音韻や韻律特

徴を誇張した独特の対乳児音声で語りかける。この対乳児音声に対して，新生児は対成人音声と異なる脳反応を示し（Saito et al., 2007）[31]，選択的に注意を向けることが知られている（たとえば，Cooper & Aslin, 1990[5]）。胎内で聞いている音声は通常，母親の話す対成人音声であるため，この選好は音声学習によるものではなく，おそらく生得的な選好反応だと解釈される。対乳児音声は単語抽出（Thiessen & Saffran, 2005）[34]や語意学習（Golinkoff & Alioto, 1995）[8]を容易にすることから，対乳児音声への注目は音声言語獲得に有利に働くことが考えられる。

また，シら（Shi et al., 1999）[32]は，前置詞や冠詞といったより文法的な情報を担う「機能語」と，名詞や動詞のように意味そのものを担う「内容語」を新生児が弁別していることを示した。英語以外の言語を母語とする新生児が英語の機能語と内容語を区別したことから，この感受性もまた，学習によるものではなく，後の単語抽出や文法獲得に促進的に働く生得的なバイアスであることが考えられる。

2. 音韻知覚の発達

音韻とは，音声において意味の弁別をなす最小単位である。世界の言語には，総数で約800個の音韻が存在すると言われている（Ladefoged, 2004）[17]。一方で，各言語に実際に登場するのはそのうちの数十個の音韻であり，その数や種類は言語ごとに異なる。各言語の話者は，こうした母語特有の音韻体系に沿った知覚特性をもつ。たとえば，日本語は約20程度の音韻で構成されている。一方，英語には30を超える数の音韻が存在し，その音韻の種類も日本語とは異なる。英語話者にとっては，子音/r/と/l/は異なる意味が生じる独立の音韻であり，その弁別は容易である。一方，日本語の音韻体系では，/r/と/l/の区別が存在せず，ともにラ行子音を構成する音韻/ɾ/のカテゴリに同化する。結果として，日本語母語話者は"rink"も"link"も「リンク」に聴こえ，弁別が難しくなる。

しかし，人間は最初から個別言語に特化した音韻知覚を行うわけではなく，どのような言語でも母語として獲得できる言語普遍的な状態で生まれてくる。そのため発達の初期は，母語の音韻体系に存在するか否かにかかわらず多く

の音声対を弁別できる（たとえば，Trehub, 1976[37]）。その後，母語音声にさらされる経験が増すにつれ，乳児の音声知覚様式は次第に母語の音声・音韻体系に適合する言語固有の形に「構造化」されていく。

この構造化の過程は，1984年にワーカーとティーズ（Werker & Tees, 1984）[40]により，乳児期に非母語子音対の弁別能力低下が起こることが実証されて，初めて明らかになった。ワーカーらは，英語話者にとっては弁別の難しいヒンズー語の子音対である /ṭɑ/ と /t̪ɑ/ を用い，その弁別能力を検討した。その結果，英語を母語とする6～8カ月齢乳児はこの子音対を弁別できるのに対し，8～10カ月齢になると弁別能力が低下し，10～12カ月齢では弁別が難しくなることを見出した。この研究が発表されて以降，乳児の非母語子音対の知覚変化について多くの研究がなされ，複数の子音対で生後半年から1歳までの間に弁別能力の低下が起こることが報告されている（たとえば，Kuhl et al., 2006[15]）。なお，母音に関しては子音より早い時期に非母語音韻対への感受性低下が起こることが示唆されている（たとえば，Polka & Werker, 1994[29]）。

非母語音韻対の感受性の低下は音声知覚の構造化の一つの形だが，すべての非母語音韻対において感受性が低下するわけではなく，その非母語音韻が話者の母語のどの音韻カテゴリに同化するかによって，弁別能力が保たれる場合があることが報告されている（Best et al., 1995[3]）。一方，母語の音韻対についても，弁別精度が上がる（たとえば，Polka et al., 2001[28]），弁別精度が一時的に低下する（Mugitani et al., 2009）[25]，最初はできなかった弁別が後に可能になる（Narayan et al., 2010）[26]といった，さまざまな発達変化の軌跡が報告されている。

近年では，音韻知覚の構造化の過程だけでなく，構造化を引き起こすメカニズムにも注目が集まっている。たとえば，母語に特有の音韻の出現頻度分布特性により音韻知覚の構造化が起こる可能性が示されている。（Maye et al., 2008[20], 2002[21]〈研究例1〉）。また，特定の事物を特定の音声と連合して呈示する語意学習の状況において，音韻の獲得が促進されることが報告されている（Yeung & Werker, 2009）[41]。さらに社会的インタラクションが音韻の学習に与える影響も検討されており，音韻の獲得には生身の人間との直接的なやりとりが重要であることが示されている（Kuhl et al., 2003）[16]。

研究例1　音韻の出現頻度分布特性が知覚に与える影響　　メイら (2002)[21]

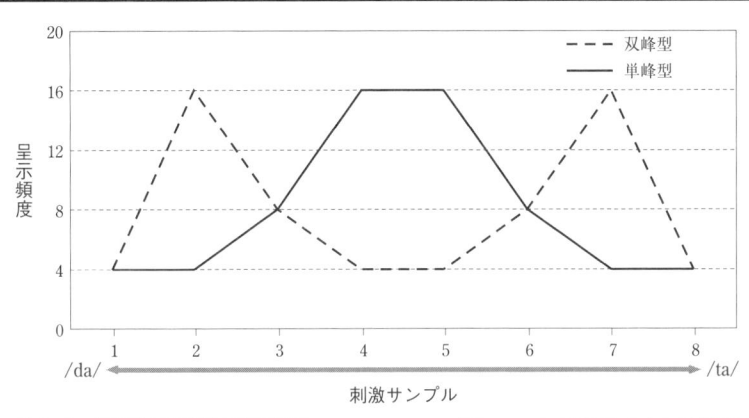

図3-2　単峰型と双峰型の頻度分布　　　　　　　（Maye et al., 2002[21] をもとに作成）

横軸の数値は，/da/ から /ta/ へと連続的に変化する8種の刺激連続体を示す。左端の刺激1が最も平均的な /da/ であり，右端の刺激8が最も平均的な /ta/ である。縦軸は，対象乳児が弁別実験の前に聴取した2分間の音声リストに含まれる各刺激の出現頻度を示す。単峰型の音声リストには連続体の中央に位置する刺激4と5が，一方，双峰型の音声リストには連続体の両端に近い刺激2と7が最も多く含まれている。

　メイら (Maye et al., 2002)[21] は，/da/ から /ta/ に向かって8段階に変化する刺激連続体を用いて，聴覚入力される音韻の出現頻度分布の特性が乳児の知覚に与える影響を検討した。

　実験では，乳児に単峰型または双峰型の出現頻度分布をもつ音声リストを聴取させた。単峰型の音声リストには /da/ から /ta/ へと変化する連続体の中央に位置する刺激，つまり /da/ とも /ta/ ともつかないような音声が最も多く含まれている。一方，双峰型の音声リストには連続体の両端に近い刺激，つまり典型的な /da/ もしくは /ta/ として知覚できる音声が最も多く含まれている（図3-2）。

　乳児にどちらかの音声リストを2分ほど聴取させた後に，連続体の両端の音，つまり最も典型的な /da/ と /ta/ の弁別能力を計測した。すると，単峰型の入力を受けた乳児は，通常であれば弁別できるはずのこの音声対を弁別できなくなることが示された。つまり，聴取する音韻の出現頻度分布によって知覚様式が変化したのである。このことは，これまで数多く報告されている非母語音韻対の感受性低下が，母語に特有の音韻頻度分布を経験することによって引き起こされている可能性を示している。

3. 単語抽出能力の発達

　言語を獲得する前提条件として，乳児は自分を取り囲む連続音声の流れの中から，単語を切り出し，記憶し，特定の事物と結びつける能力が必要である。統語単位，特に単語の切り出しにおいて，乳児は母語の音響的な特徴を大きな手がかりとしている。英語の2音節単語の多くは，強弱のストレスパターンをもつ（例：**KING**dom）。ジュシックら（Jusczyk et al., 1999b）[12]は，生後7カ月半のアメリカ人乳児がこの文中に現れる強弱ストレスパターンを手がかりに単語を切り出していることを示した。面白いことに，この月齢の乳児は"guitar"のような弱強パターンの単語は強アクセントのある音節（**TAR**）と後続する弱アクセントの動詞"is"とを合わせた"**TAR** is"を単語として切り出してしまう。弱強アクセントの切り出しができるようになるのは，生後10カ月になる頃である。

　音節の統計的な遷移確率も単語切り出しの手がかりとなっている。"pretty baby"という句を例にとると，英語において"pre"という音節は単語の語頭にくる場合が多い（例：prefer, prepare, pretend）。一方，音節"ty"は語末にくる場合が多い（例：twenty, kitty, party）。そのため，2音節単語において"pre"が"ty"という音節に遷移する確率は比較的高い。また"ty"は語末の音節のため，さまざまな後続音節に遷移する。言い換えれば，"ty"が"ba"に遷移する確率はそれほど高くない。こうした遷移確率の情報を使えば，"pretty baby"は，"pretty"が一つの単語であり，"ty"と"ba"の間に単語境界がある，という推測が成り立つ。サフランら（Saffran et al., 1996）[30]，他にAslin et al., 1998[1]）は，乳児がこうした単語内と単語境界での音節の遷移確率の違いを手がかりに，連続音声から単語を切り出せることを示している（**研究例2**）。

　また，単語切り出しの際に強弱のストレスパターンと遷移確率が互いに競合する場合，7カ月齢の乳児は遷移確率を主な手がかりにして切り出しを行う。一方，9カ月齢の乳児では逆に強弱ストレスパターンを使って切り出しを行う（Thiessen & Saffran, 2003）[35]。このことから，乳児が単語切り出しの際にどの手がかりにより重きをおくかは，月齢によって変化していくことが

研究例2　音節の遷移確率を手がかりとする単語抽出実験

サフランら（1996）[30]

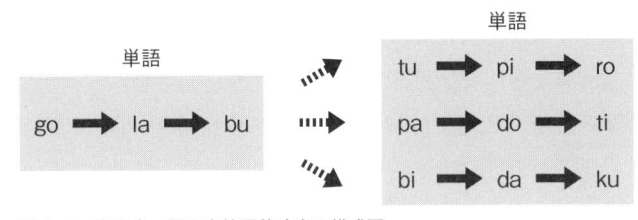

図3-3　単語内・間の音節遷移確率の模式図

実線の矢印（➡）で示される単語内の遷移確率は100％，点線の矢印（⇢）で示される遷移確率が33.3％である。

サフランら（Saffran et al., 1996）[30] は，乳児が単語内と単語間の音節の遷移確率の違いを手がかりに単語抽出ができるかを，選好振り向き法を使って検証した。

この実験は慣化段階とテスト段階の2段階に分かれている。まず慣化段階において，乳児は4種類の無意味な3音節単語"golabu""tupiro""padoti""bidaku"をランダムに切れ目なくつなげた連続音声（golabupadotitupirobidakupadoti……）を2分間聴取した。この音声に含まれている単語（例："golabu"を切り出すには，単語内の遷移確率（例："go"の後に"la"，"la"の後に"bu"がくる確率＝100％）と単語間の遷移確率（例："bu"の後に"tu""pa""bi"がくる確率＝33％）を手がかりとするしかない（**図3-3**）。

慣化段階に引き続きテスト段階が行われ，2種の刺激が呈示された。一つは，連続音声中に含まれていた単語（例："tupiro""golabu"）からなる既知単語刺激，もう一つは新たな単語（例："dapiku""tilado"）からなる新奇単語刺激である。乳児の音節そのものへの親密度を統制するために，新奇単語刺激は慣化段階で聴取した連続音声中に出てきた音節でできている。もしも乳児が，慣化段階で聴取した連続音声から遷移確率を手がかりに単語のかたまりを抜き出せるのならば，既知単語刺激と新奇単語刺激では違う聞き方をすることが予測される。

結果として，8カ月齢の乳児は新奇単語刺激を長く聴取し，乳児が遷移確率を手がかりに連続音声から単語を切り出せることが証明された。

考えられる。

　連続音声中には，ストレスパターンや遷移確率以外にも単語の境界を示す特徴がある。たとえば音韻配列規則は単語内と単語境界で異なる。英語の場合，/vn/ は "oven" "seven" のように単語内に，逆に /vt/ は "cave tour" のように単語境界に多い音韻配列である。英語を母語とする乳児は，生後9カ月になると単語境界に起こりやすい特定の音韻配列を学習し，単語切り出しに利用するようになる（Mattys & Jusczyk, 2001）[19]。また，"Nitrates" という単一単語内の真ん中にある /t/ と，"Night Rates" という単語句の単語末 /t/ は，同じ音韻でも異なる響きをもつ。10カ月半になるとこうした微妙な音の響きの違い（異音）も，単語境界検出の手がかりとできるようになる（Jusczyk et al., 1999a）[11]。このように，発達に伴って母語の音声システムの特徴を学習し，単語境界を示す手がかりを増やしていくことで，より正確な単語の切り出しが可能になることが考えられる。

　こうした単語切り出し能力の成熟を背景に，乳児は最初の誕生日を迎える頃に初めての意味のある言葉（初語）を発し，加速度的に語彙数を増やしていく。語彙を獲得していくためには，連続音声から切り出した単語の音形と，それが指し示す事物を結びつける語意学習が必要であり，こうした能力は生後半年を過ぎる頃から芽生え始めるようである（Tincoff & Jusczyk, 1999）[36]。また，語彙発達の初期には語意学習と音声知覚との間に興味深い干渉が見られることが報告されており（Stager & Werker, 1997[33]〈**研究例3**〉），語意学習を含めた枠組みで音声知覚発達をとらえる研究に注目が集まっている。

　本章の後半で概観したように，乳児の音声知覚は生後1年半の間に急速に発達し，その後の語彙発達，文法発達といった言語獲得の道筋へとつながる能力を獲得する。1970年代に音声対の弁別能力測定に始まった乳児の音声知覚発達の研究は，今ではその神経的基盤を含め，初期言語発達を可能にするメカニズムそのものへのアプローチがなされるようになった。さらに初期の音声知覚や語彙発達と後の言語発達や言語障害の関係に焦点を当てた研究も行われ（Bernhardt et al., 2007[2]；Kuhl et al., 2008[14]），乳児期から幼児期までの言語獲得をシームレスに説明する枠組みが試みられている。

　本章では豊富な知見が蓄積されている英語圏の乳児を対象とした研究を中心に解説した。一方で，個別言語にはそれぞれ独自の言語体系があり，固有

> **研究例 3　語意学習と音声知覚**　　　　　　　　　ステイジャーとワーカー（1997）[33]
>
> 　ステイジャーとワーカー（Stager & Werker, 1997）[33] は，語意学習の際に一時的に音声への感受性が低下することを実験により示した。
>
> 　この実験では 14 カ月齢の乳児にある音形とある事物の連合を学習させた。まず，モニターに乳児が見たことのない「名前のありそうな」物体を示し，同時にある音形を聴覚呈示する。乳児が物体と音形の繰り返しに馴化したら，音形だけを変化させる。このとき，"lif" から "neem" のように大きく音響特徴が異なる音形に変化した場合は，乳児は音形の変化に気づき，脱馴化して画面への注目時間が長くなる。ところが，"bie" から "die" のように音響的に類似した音形に変化した場合には，脱馴化が起こらなかったのである。ディスプレイに呈示する視覚刺激をいかにも名前のありそうな物体ではなく，格子模様のような無意味図形にすると脱馴化が起こった。すなわち，"bie" と "die" の音の弁別そのものはできることが示され，物体の名前を音形に結びつける語意学習状況に限定して音声知覚の感受性が低下することが明らかとなった。
>
> 　この弁別能力の一時的な低下の理由としては，似通った音形を弁別するとともに語と意味の連合も学習しなければならないという状況が，まだ限られた情報処理能力しか備えていない語彙獲得の初期段階にある 14 カ月齢児にとっては過負荷となり，結果として音声の細かな差異への感受性が低下するという解釈（Resource limitation 仮説）が有力である（Werker & Fennell, 2008）[39]。

の獲得過程が存在する。こうした背景から，英語以外の言語や，二つ以上の言語を母語とするバイリンガルの乳児を対象とした研究の重要性も指摘されている。中でも日本語は多くの音声構造において高い独自性をもち，他言語で得られたデータとの比較研究に適した言語である。日本語を母語とする乳児を対象とした音声知覚発達研究も近年盛ん行われるようになり，音韻（Mugitani et al., 2009[25]；麦谷，2009[23]）や音韻配列規則への感受性発達（Kajikawa et al., 2006[13]；Mugitani et al., 2007[24]），単語の切り出しの手がかり（Hayashi & Mazuka, 2008）[9] などにおいて，日本語に特異的な発達過程が見出されている。今後，国内でこの分野の研究がさらに発展することに期待したい。

【引用文献】

1) Aslin, R. N., Saffran, J. R., & Newport, E. L. (1998). Computation of conditional probability statistics by human infants. *Psychological Science*, **9**, 321-324.
2) Bernhardt, B. M., Kemp, N., & Werker, J. F. (2007). Early word-object associations and later language development. *First Language*, **27** (4), 315-328.
3) Best, C. T., McRoberts, G. W., LaFleur, R., & Silver-Isenstadt, J. (1995). Divergent developmental patterns for infants' perception of two nonnative consonant contrasts. *Infant Behavior and Development*, **18**, 339-350.
4) Byers-Heinlein, K., Burns, T. C., & Werker, J. F. (2010). The roots of bilingualism in newborns. *Psychological Science*, **21** (3), 343-348.
5) Cooper, R. P., & Aslin, R. N. (1990). Preference for infant-directed speech in the first month after birth. *Child Development*, **61**, 1584-1595.
6) DeCasper, A. J., & Fifer, W. P. (1980). Of human bonding : Newborns prefer their mothers' voices. *Science*, **208** (4448), 1174-1176.
7) DeCasper, A. J., & Spence, M. J. (1986). Prenatal maternal speech influences newborns' perception of speech sounds. *Infant Behavior and Development*, **9**, 133-150.
8) Golinkoff, R. M., & Alioto, A. (1995). Infant-directed speech facilitates lexical learning in adults hearing Chinese : Implications for language acquisition. *Journal of Child Language*, **22**, 703-726.
9) Hayashi, A., & Mazuka, R. (2008). Cues from infant-directed speech for word segmentation in Japanese. *The XIth Congress of the International Association for the Study of Child Language*, 132-133. (Abstract)
10) Hepper, P. G., & Shahidullah, B. S. (1994). Development of fetal hearing. *Archives of Disease in Childhood*, **71**, F81-F87.
11) Jusczyk, P. W., Hohne, E. A., & Baumann, A. (1999a). Infants' sensitivity to allophonic cues for word segmentation. *Perception and Psychophysics*, **61**, 1465-1476.
12) Jusczyk, P. W., Houston, D. M., & Newsome, M. (1999b). The beginnings of word segmentation in English-learning infants. *Cognitive Psychology*, **39** (3-4), 159-207.
13) Kajikawa, S., Fais, L., Mugitani, R., Werker, J. F., & Amano, S. (2006). Cross-language sensitivity to phonotactic patterns in infants. *Journal of the Acoustical Society of America*, **120**, 2278-2284.
14) Kuhl, P. K., Conboy, B. T., Coffey-Corina, S., Padden, D., Rivera-Gaxiola, M., & Nelson, T. (2008). Phonetic learning as a pathway to language : New data and native language magnet theory expanded (NLM-e). *Philosophical Transactions of the Royal Society B*, **363**, 979-1000.
15) Kuhl, P. K., Stevens, E., Hayashi, A., Deguchi, T., Kiritani, S., & Iverson, P. (2006). Infants show a facilitation effect for native language phonetic perception between 6 and 12 months. *Developmental Science*, **9**, F13-F21.
16) Kuhl, P. K., Tsao, F.-M., & Liu, H.-M. (2003). Foreign-language experience

in infancy: Effects of short-term exposure and social interaction on phonetic learning. *The Proceedings of the National Academy of Science of the United States of America*, **100**, 9096-9101.

17) Ladefoged, P.（2004）. *Vowels and consonants: An Introduction to the sounds of Language*. 2nd ed. Oxford, UK: Blackwell Publishing.

18) Mampe, B., Friederici, A., Christophe, A., & Wermke, K.（2009）. Newborns' cry melody is shaped by their native language. *Current Biology*, **19**, 1994-1997.

19) Mattys, S. L., & Jusczyk, P. W.（2001）. Phonotactic cues for segmentation of fluent speech by infants. *Cognition*, **78**（2）, 91-121.

20) Maye, J., Weiss, D. J., & Aslin, R. N.（2008）. Statistical phonetic learning in infants: Facilitation and feature generalization. *Developmental Science*, **11**, 122-134.

21) Maye, J., Werker, J. F., & Gerken, L.（2002）. Infant sensitivity to distributional information can affect phonetic discrimination. *Cognition*, **82**, B101-B111.

22) Moon, C., Cooper, R. P., & Fifer, W. P.（1993）. Two-day-olds prefer their native language. *Infant Behavior and Development*, **16**（4）, 495-500.

23) 麦谷綾子（2009）. 乳児期の母語音声・音韻知覚の発達過程　ベビーサイエンス, **8**, 38-49.

24) Mugitani, R., Fais, L., Kajikawa, S., Werker, J., & Amano, S.（2007）. Age-related changes in sensitivity to native phonotactics in Japanese infants. *Journal of the Acoustical Society of America*, **122**, 1332-1335.

25) Mugitani, R., Pons, F., Fais, L., Dietrich, C., Werker, J. F., & Amano, S.（2009）. Perception of vowel length by Japanese- and English-learning infants. *Developmental Psychology*, **45**（1）, 236-247.

26) Narayan, C., Werker, J. F., & Beddor, P.（2010）. The interaction between acoustic salience and language experience in developmental speech perception: Evidence from nasal place discrimination. *Developmental Science*, **13**（3）, 407-420.

27) Peña, M., Maki, A., Kovacić, D., Dehaene-Lambertz, G., Koizumi, H., Bouquet, F., & Mehler, J.（2003）. Sounds and silence: An optical topography study of language recognition at birth. *Proceedings of the National Academy of Sciences of the United States of America*, **100**, 11702-11705.

28) Polka, L., Colantonio, C., & Sundara, M.（2001）. A cross-language comparison of /d/-/th/ perception: Evidence for a new developmental pattern. *Journal of the Acoustical Society of America*, **109**, 2190-2201.

29) Polka, L., & Werker, J. F.（1994）. Developmental changes in perception of nonnative vowel contrasts. *Journal of Experimental Psychology: Human Perception and Performance*, **20**, 421-435.

30) Saffran, J. R., Aslin, R. N., & Newport, E. L.（1996）. Statistical learning by 8-month-old infants. *Science*, **274**（5294）, 1926-1928.

31) Saito, Y., Aoyama, S., Kondo, T., Fukumoto, R., Konishi, N., Nakamura, K., Kobayashi, M., & Toshima, T.（2007）. Frontal cerebral blood flow change associated with infant-directed speech. *Archives of Disease in*

Childhood - Fetal and Neonatal Edition, **92** (2), F113-F116.
32) Shi, R., Werker, J. F., & Morgan, J. L. (1999). Newborn infants' sensitivity to perceptual cues to lexical and grammatical words. *Cognition*, **72**, B11-B21.
33) Stager, C. L., & Werker, J. F. (1997). Infants listen for more phonetic detail in speech perception than in word-learning tasks. *Nature*, **388**, 381-382.
34) Thiessen, E. D., Hill, E., & Saffran, J. R. (2005). Infant-directed speech facilitates word segmentation. *Infancy*, **7**, 53-71.
35) Thiessen, E. D., & Saffran, J. R. (2003). When cues collide : Use of stress and statistical cues to word boundaries by 7- to 9-month-old infants. *Developmental Psychology*, **39**, 706-716.
36) Tincoff, R., & Jusczyk, P. W. (1999). Some beginnings of word comprehension in 6-month-olds. *Psychological Science*, **10**, 172-175.
37) Trehub, S. E. (1976). The discrimination of foreign speech contrasts by infants and adults. *Child Development*, **47**, 466-472.
38) Vouloumanos, A., & Werker, J. F. (2007). Listening to language at birth : Evidence for a bias for speech in neonates. *Developmental Science*, **10** (2), 159-164.
39) Werker, J. F., & Fennell, C. T. (2008). Infant speech perception and later language acquisition : Methodological underpinnings. In J. Colombo & P. McCardle (Ed.), *The measurement of language in infancy*. Hillsdale, NJ : Lawrence Erlbaum Associates. pp.85-98.
40) Werker, J. F., & Tees, R. C. (1984). Cross-language speech perception : Evidence for perceptual reorganization during the first year of life. *Infant Behavior and Development*, **7**, 49-63.
41) Yeung, H. H., & Werker, J. F. (2009). Learning words' sounds before learning how words sound : 9-month-olds use distinct objects as cues to categorize speech information. *Cognition*, **113** (2), 234-243.

第4章 注意機能の発達と障害

日比優子 *Yuko Hibi*

第1節 成人における注意機能
1. 選択的注意
2. 先行手がかり課題
3. 視覚探索課題

第2節 乳児における注意機能
1. 眼球運動と注意
2. 先行手がかり課題を用いた乳児の注意機能
3. 視覚探索課題を用いた乳児の注意機能

第3節 発達障害児における注意機能の障害
1. 定型発達児との比較
2. 先行手がかり課題を用いた発達障害児の注意機能
3. 視覚探索課題を用いた発達障害児の注意機能

第4節 乳幼児と注意機能

第1節 成人における注意機能

1. 選択的注意

　点滅した光点に注意が引きつけられたり，複数のものの中から自分が欲しいものだけに注意を向けたり，私たちが身近に感じられる注意の機能は非常に多様である。1980年代以降多く行われてきた成人を対象とした研究によると，注意は単一の過程ではなく，複雑な複数の要素からなる過程であると考えられている（たとえば，熊田，2005[24]）。注意は成人のみが必要とする機能ではなく，目立つものに目を奪われたり，好きなおもちゃに手を伸ばし嫌いなものを遠ざけたりといった行動をするようになる乳幼児も必ず必要とする。

　目立つものに注意が向くといった，そのときの意図とは関係なく呈示された刺激の特性のみにより喚起される注意を，「ボトムアップ（bottom-up）制御の注意」と呼ぶ。一方，過去に呈示された刺激がどこにあったかという自らの経験により，次に呈示される刺激の位置を意図的に予測するなど，目の前に呈示されている刺激の特性だけによらず喚起される注意を，「トップダウン（top-down）制御の注意」と呼ぶ（たとえば，熊田，2005[24]）。また，発達に伴い幼児の注意機能は多様になり，過去の経験と現在の状況を照らし合わせ，今欲しいものに注意を向けるようになっていく。すなわち，自らを取り巻く膨大な情報の中から，そのときどきの行動の目標に合った情報を，効率よく選択するようになる。このような情報選択を行うための機能は，特に「選択的注意」（selective attention）と呼ばれる。

　本章では，主に視覚情報の注意機能に注目する。視覚的注意の分野では，課題の要求に従い注意が向けられる視覚刺激を標的（target）と呼び，位置や色，形や大きさ，輝度などの視覚的特徴を手がかりとして，標的を検出する際の促進効果または抑制効果を注意の効果として測定する。

2. 先行手がかり課題

　成人を対象とした多くの研究で,「先行手がかり (pre cueing) 課題」と「視覚探索 (visual search) 課題」が注意機能を調べる課題として用いられている (たとえば, 熊田, 2003[23]; 武田・小川, 2004[47])。注意の空間位置に基づく情報の選択過程を調べるための代表的な課題が, 先行手がかり課題である。ポズナー (Posner, 1980)[34] は, 実験参加者に標的である光点が呈示されたらできるだけ早くキーを押すという課題を課し, 実験参加者がキーを押すまでの時間を反応時間として計測した (図 4-1)。標的に先行して呈示される手がかりと同じ位置に標的が現れる試行を有効試行, 異なる位置に現れる試行を無効試行と呼ぶ。実験参加者は, 試行の開始から終了まで固視点の画面中央の枠に視線を固定することが求められ, 通常, 実験参加者の眼球運動 (眼の動き) がモニターされ, 眼が動いた試行は分析から除外されている。標的に対する反応は, 無効試行に比べ有効試行の方が速くなった。この効果は, 先行して呈示される手がかりに従い, 注意が手がかり位置に移動し, その位置に標的が呈示された場合には, 標的が促進的に処理されたことによる注意の促進効果であると解釈される。

　また, この標的に対する促進効果が, 手がかりを呈示する方法により異なって生じることが知られている (Jonides, 1981)[20]。左右のどちらかの位置に手がかりを呈示する「周辺手がかり法」では (図 4-1), 促進効果はボトムアップ制御によるものが大きいとされる。この促進効果は, 手がかりが呈示されてから標的の呈示までの時間間隔 (以下, インターバル) が約 300 ms までは生起するが, 300 ms 以上になると, 無効試行に比べ有効試行の方が標的に対する反応が遅くなる。この現象は,「復帰の抑制」(inhibition of return) と呼ばれ, 注意が一度向けられた位置に再度向く可能性を低下させるために, その位置を抑制していることによると解釈される (Posner & Cohen, 1984)[35]。一方, 画面中央に標的が呈示される位置を知らせるシンボル (左また右向きの矢印など) を呈示する「中心手がかり法」では, 促進効果はトップダウン制御によるものが大きいとされる。この効果は, インターバルが 300 ms 以上になっても復帰の抑制が生起しにくく, 促進効果のままである。

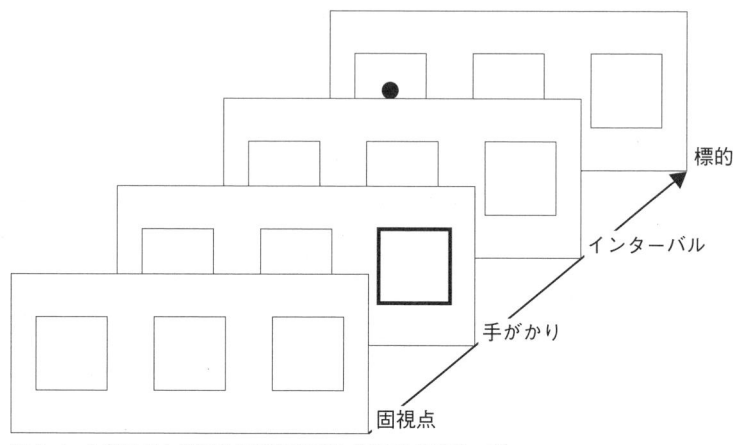

図 4-1　先行手がかり課題の刺激画面例（図は無効試行の例）

このように先行手がかり課題は，注意の促進効果と抑制効果の両方を検討できる課題である。

3. 視覚探索課題

　注意機能を検討するための別の方法として視覚探索課題がある（Treisman & Gelade, 1980[49]；たとえば，熊田，2003[23]）。視覚探索課題では，実験参加者に複数の項目（以下，アイテム）の中であらかじめ指定された標的の有無の判断を求め，探索画面の呈示からキー押しによる反応までの時間を計測する（図 4-2）。探索画面上のアイテムの個数を変化させ，アイテム数に対する反応時間（以下，探索関数）をプロットする。この探索関数はアイテム数に対して一次関数となり，探索関数の傾きは実験参加者が標的に対してどの程度効率的に注意を向けることができたかの指標となる（Wolfe, 1998）[54]。単一の特徴（たとえば，色や方向，形など）で他と異なる標的を探す課題では，探索関数の傾きはゼロに近くなり，アイテム数が増加してもほとんど反応時間が増加しない。この現象をポップアウト（pop-out）と呼び，極めて効率的に標的に注意が向けられる探索を効率的探索（efficient search）と呼ぶ。本章では，単一の特徴で他と異なり効率的探索になる標的をポップアウト標的，ポップアウト標的を含む探索画面をポップアウト配列と呼ぶこととする。一

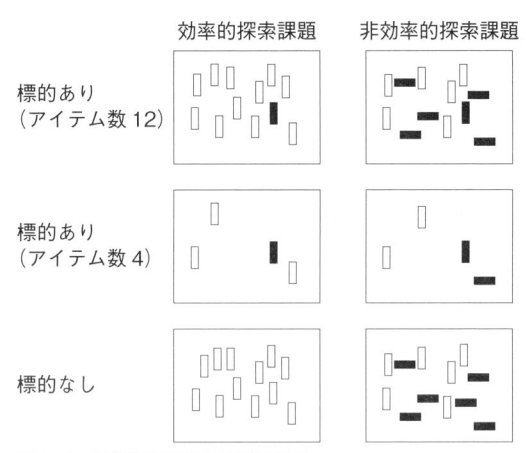

図4-2 視覚探索課題の刺激画面例

方,複数の特徴を結びつけた標的(たとえば,赤い垂直方向の線分)を探す場合には,アイテム数の増加に従い,標的を見つけるまでの反応時間が,成人の場合1アイテムあたり数十ミリ秒のオーダーで増加する。このような探索を非効率的探索(inefficient search)と呼び(詳細は,熊田,2003[23]),探索画面上のアイテムが標的であるか否かを一つずつ確認し,逐次的に注意を移動させ,標的にたどりつくまでの時間を反映している。

視覚探索における注意の過程は,探索画面中の顕著な標的に自動的に注意が誘導されるボトムアップ制御によるものと,課題要求に従い標的まで意図的に注意を誘導するトップダウン制御によるものから成り立っていると考えられている。通常,顕著な標的が探索画面中に存在する条件では効率的な探索がなされ,相対的に顕著ではない標的に意図的に注意の誘導を行う条件では非効率的な探索がなされる。これらの効率的探索と非効率的探索の二つの課題を実験参加者に課すことにより,選択的注意のボトムアップ制御とトップダウン制御が関わる機能をある程度測定できると考えられる。他にも,実験参加者の意図に反して標的以外の顕著なアイテムに注意が誘導される注意の捕捉(attentional capture)現象や,現試行の探索反応時間が先行する試行と現試行との関係によって変化する試行間促進(intertrial facilitation)効果など多くの方法を用いて,ボトムアップ制御とトップダウン制御に関する検討がされている(Folk et al., 1992[10];Jonides & Yantis, 1988[21];Maljkovic & Nakayama, 1994[25];Theeuwes, 1991[48])。

第2節 乳児における注意機能

1. 眼球運動と注意

　次に乳児の注意機能をどのように扱うかについて解説する。「注意する」ということは，人間の内部に生じる認知の状態であるが，乳幼児の場合には本人に状態を聞くことは不可能であり，標的に注意を向けることを求める言語による課題教示もできない。そこで乳幼児を対象とした注意機能の研究では，もっぱら視線を指標として用いることとなる。つまり，注意を向けることは視線を向けることと同義と考える。しかしながら，成人を対象とした研究では，ある対象に注意が向けられていても，視線は向いていない場合があることから，これらは必ずしも同義ではない（Posner et al., 1984）[36]。

　前節で述べたように，成人の研究では，頭が動かないよう固定し視線を画面中央に固定するように指示した状態で，視線とは別の位置の刺激に対する注意の効果を計測する。一方，乳児の研究では，頭の動きを制限したり視線を固定することができないため，視線を向けることから注意を向けることを分離することは難しい。多くの成人の注意研究でも，標的への注意の移動の後，視線はその後を追うようにして移動する場合があるとされており，注意の移動と視線の移動は，完全には別々のものではないと言える（詳細は，Wright & Ward, 2008[55]）。

　今日では，刺激への注視時間を計測する選好注視法や馴化法を用いて，乳児の注意機能を測定することが一般的となり，本章でも，視線を向けていることを注意を向けていることと同義にとらえて，あえて区別しないことにする。

2. 先行手がかり課題を用いた乳児の注意機能

　乳児を対象とした先行手がかり課題では，画面中央に固視物体を呈示した後，画面の左右いずれかの位置に手がかりを短時間呈示する。その後再び画面中央に固視物体を呈示し，標的を画面の左右に一つずつ呈示する。つまり，手がかり刺激に対していったん向けられた注意を，再び固視物体を呈示することで強制的に画面中央に戻した後，左右に標的を呈示し，手がかりと同じ位置に呈示された標的に視線を向けるか異なる位置の標的へ視線を向けるかを測定するのである。その際，手がかりと異なる位置の標的の方向に視線が向いた場合に，復帰の抑制が見られたと解釈する。乳児における復帰の抑制

研究例 1　乳児における復帰の抑制の発達　　　　　クロヘシーら（1991）[7]

　実験参加者は，生後 3 カ月（12 人）・4 カ月（12 人）・6 カ月（13 人）・12 カ月（24 人）・18 カ月（31 人）の乳児および成人 12 人であった。
　画面中央の明るく動く色つきの中心刺激（視角約 10 度）を乳児が見たところで，実験者が試行を開始する。中心刺激が消え，上位置に縦長方形と下位置に三角形（中心刺激の位置から視角 30 度の位置）が二つ周辺刺激として同時に呈示された。周辺刺激のいずれかに眼が移動する，あるいは 5 秒経過したら，周辺刺激が消え再び中心刺激が呈示された。中心刺激を乳児が見たところで，再び周辺刺激が呈示される次の試行に移行する。周辺刺激は，縦長方形と三角形のペアが左右位置に同時に呈示される両側呈示条件と，左位置または右位置どちらかに呈示される片側呈示条件が交互に行われた。9 試行の両側呈示条件と 11 試行の片側呈示条件の合計 20 試行行われ，常に片側条件から開始された。2～4 ブロック，全部で 40～80 試行行われた。ビデオで乳児の眼球運動が記録され，両側呈示条件の周辺刺激に対する注視時間が測定された。両側呈示条件で，前試行の片側呈示条件の周辺刺激呈示位置と，同じ位置を注視するか異なる位置を注視するかが検討された。
　実験の結果，生後 6 カ月以降の乳児と成人は，前試行の周辺刺激位置と異なる位置をより長く注視したが，生後 3 カ月の乳児は前試行の周辺刺激位置と同じ位置をより長く注視した。この結果から，復帰の抑制は生後 3 カ月では見られないことが示された。

は，研究者間での見解は一致していない。生後2～3カ月では生じず，少なくとも生後4～6カ月で生じるようになるとする研究もある（Butcher et al., 1999[4]；Clohessy et al., 1991[7]；Hood & Atkinson, 1991[16]〈Atkinson, 2000[3] 金沢・山口（監訳）を参照〉；Johnson & Tucker, 1996[19]）。その一方で，新生児でも生起するという報告もある（Simion et al., 1995[44]；Valenza et al., 1994[50]）。これらの研究では，周辺手がかり法が用いられているため，注意のボトムアップ制御を特に反映していると考えられる。

一方，トップダウン制御が関わる意図的な注意機能が，乳児期に発達することを示す知見はいくつかある。たとえば，2種類の固視点（固視点Aまたは B）が用意され，固視点Aの後には標的が左位置に呈示され，固視点Bの後には右位置に呈示される試行が繰り返し行われた際の生後2～4カ月の乳児の眼球運動が測定された（Johnson et al., 1991[18]）。生後4カ月の乳児は，固視点を見ただけで標的が出現する方を見るようになった。これは，過去の経験により標的が出る位置を予期し，眼球の移動を素早く行うようになったことを示す。つまり生後4カ月の乳児は，呈示刺激への予期・正しい反応の選択・ある位置にいったん向けられた注意の解除という意図的な注意の制御を行っていると考えられる。生後4カ月の乳児でも，固視点と標的の位置の繰り返しという刺激の呈示特性などの外因的な手がかりを利用することはできるようだ。その一方で，刺激の呈示特性と関連しつつも乳児の内因的な何らかの手がかりに依存する意図的な注意の制御は，生後6カ月になっても獲得されず，18カ月までかかることも示されている（Vecera et al., 1991）[51]。

近年，刺激呈示前に予測される位置への予期的な注視を測定することで，遂行制御が関わる注意（executive attention）機能を検討する試みがされている（Clohessy et al., 2001[6]；Rothbart et al., 2003[40]；Sheese et al., 2008[43]）。シーズら（2008）[43]の視覚刺激系列課題では，画面中央の固視物体呈示後，画面の左位置に標的1，次に下位置に標的2，再び左位置に標的1，そして右位置に標的3という系列を繰り返し呈示する。すると生後6～7カ月（厳密には5～8カ月）の乳児は，系列内の各標的の呈示前に，標的が出現しうる位置を予測して見ることが報告された。これまで説明した先行手がかり課題と刺激系列課題が異なる点は，標的への注視を毎試行乳児に求めていないことである。このことから従来の先行手がかり課題を用いた予期過程の測定に

比べると，注視反応の繰り返しなどの外因的要因の影響が少なく，内因的要因による意図的な注意の制御を測定できるとされる。こうした点で彼らの手続きは，乳幼児の意図的な注意のトップダウン制御を検討する新たな方法になる可能性がある。言語による課題教示ができないため意図的な注意機能の検討が難しい乳児において，内因的な制御に重きをおいた乳児の意図的な注意機能を，さらに詳細に検討するための適切な課題を考案していくことが望まれる。

3. 視覚探索課題を用いた乳児の注意機能

視覚探索画面を用いた研究では，生後3カ月の乳児で，効率的探索画面でポップアウト配列によく注意を向けることが報告されている（Rovee-Collier et al., 1992）[42]。しかしながら，彼らが用いた課題は，乳児が足を動かすとモビール（乳児の足とモビールはリボンでつながっている）が動くという，刺激と反応の随伴性に基づく学習行動（以下，モビール法）を用いたものであった（または，Adler et al., 1998[1]；Rovee-Collier et al., 1996[41]）。そのため，彼らの結果は乳児の学習機能やすでに学習された対象に対する記憶機能を反映しているものの，成人で扱われる注意機能と同じものを反映しているとは言いにくい。

シレトネとリス（Sireteanu & Rieth, 1992）[45]は，選好注視法を用いて，生後2カ月の乳児でも大きさや輝度が他と異なるポップアウト配列をよく注視することを報告した。また馴化-脱馴化法を用いた報告でも，生後3〜6カ月の乳児でポップアウト配列を注視するなどの研究がある（Quinn & Bhatt, 1998[37]；Rieth & Sireteanu, 1994[38]）。このような乳児を対象とした代表的な手法を用いた研究では，常に注視時間を指標とすることから，モビール法と同様の問題として，成人で扱われた注意機能と同等の注意機能を測定できているのかという疑問が残る。たとえば，コロンボら（Colombo et al., 1995）[8]は，ポップアウト配列への注視時間がポップアウト標的のない配列に比べて長かったことから，乳児でのポップアウトを確認したと報告している。しかし5秒という刺激呈示時間を用いた測定であり，またアイテム数の効果も調べていないことから，成人の数百ミリ秒単位で見られるポップアウトと同質

のものであると言うことはやはり難しいと言われている。

アドラーとオプレシオ（Adler & Orprecio, 2006)[2]は，乳児の眼の位置や眼球運動の速度を詳細に測定する眼球運動測定装置を用いて，ポップアウト配列が呈示されてからポップアウト標的に眼が移動するまでのサッカード潜時（saccade latency）を測定した。その結果，生後3カ月の乳児のサッカード潜時は，成人の効率的探索課題のポップアウト検出に要する反応時間と同様に，アイテム数が増加してもほとんど時間が増加しなかった。モビール法による研究では，アイテム数の効果を確認できなかったことからも（Rovee-Collier et al., 1996)[41]，眼球運動測定装置によるサッカード潜時を用いて，乳児の注意機能を測定することは今後有用となるであろう。

乳児の視覚探索課題を用いたボトムアップ制御とトップダウン制御については，未だ十分に検討されていない。マルコビッチとナカヤマ（Maljkovic & Nakayama, 1994[25], 2000[26]）は，現試行の標的の特徴が前試行と同じときは異なるときに比べ検出が速くなる試行間促進効果に注目している。この効果は，実験参加者が前もってある特徴に意図的に構えるトップダウン制御とは独立に働き，ボトムアップ制御により刺激特性が自動的に記憶痕跡として蓄積され，続く標的の探索に促進的に働くものであるという。日比（Hibi et al., 2008)[15]は，ポップアウト配列を用いた選好注視法を用いて，乳児の試行間促進効果を検討した。

研究例2　乳児におけるポップアウトの試行間促進効果　　日比ら（2008)[15]

実験参加者は，生後4～7カ月の乳児15人であった。

乳児が画面中央のキャラクターの固視刺激を見たら，実験者が試行を開始させた。固視刺激が消え，続いて固視点の周りに仮想同心円上（半径視角約18.4度）に配置された八つのアイテムからなる探索配列をプライム画面として2秒間，その後プローブ画面が10秒間呈示された（図4-3）。

乳児の画面への注意を喚起するため，すべての画面の切り替わり時に種類の異なる音を短時間呈示した。プライム画面では，ポップアウト配列条件では七つの緑色の正方形と一つの赤色の正方形（ポップアウト色配列）または七つの緑色の正方形と一つの緑色の丸形（ポップアウト形配列）を呈示し，ポップア

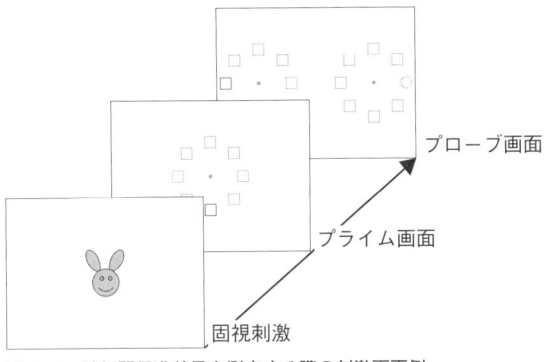

図 4-3　試行間促進効果を測定する際の刺激画面例

ウトなし配列条件では八つの緑色の正方形を呈示した。ポップアウト標的の位置は，仮想同心円上の上位置または下位置であった。プローブ画面では，ポップアウト色配列とポップアウト形配列の二つの配列（距離は視角約 31.4 度）を，左右位置に呈示した。ポップアウト標的の位置は，左位置にある配列では仮想同心円上の左位置，右位置にある配列では右位置であった。プローブ画面が消えた後，1 秒のブランク呈示後，次の試行に移行した。

　プライム画面は 2 試行のポップアウトなし配列条件と 4 試行のポップアウト配列条件からなり，プローブ画面ではポップアウト色配列が左位置でポップアウト形配列が右位置にあるものが 3 試行，残り 3 試行は逆であった。これらの試行を実験参加者間でカウンターバランスし，1 ブロック 6 試行，合計 2 ブロック 12 試行行った。ビデオで乳児の眼球運動を記録し，プローブ画面の色または形のポップアウト配列に対する注視時間を測定した。プローブ画面で，直前のプライム画面のポップアウト標的と同じ特徴を有するポップアウト配列を注視するか，異なる特徴を有するポップアウト配列を注視するかに注目した。なおプローブ画面を注視していてもプライム画面を見ていない試行は，分析対象から除外している。

　実験の結果，生後 4～7 カ月の乳児で，直前に色ポップアウト配列が呈示されると色ポップアウト配列への注視時間が長くなり，試行間促進効果が生起した。このことは事前に見た特徴次元の何らかの記憶痕跡が，その後のポップアウト配列への注視を促進したと考えられる。

第3節 発達障害児における注意機能の障害

1. 定型発達児との比較

　注意欠陥多動性障害（attention deficit hyperactivity disorder：ADHD）や自閉症スペクトラム障害（autism spectrum disorder：ASD）などの発達障害を示す幼児の中には，注意機能の障害と思われる特徴的な行動を示す例が少なくない。注意機能が関わる発達障害の一つである ADHD の特徴は，不注意・多動・衝動の制御が困難・適切な行動管理に問題があることなどがある。クラージュとリチャード（Courage & Richards, 2008）[9]によると，多動型・衝動性優勢型の ADHD 児は，定型発達（typically developing：TD）の幼児と比べ，行動の計画を必要とする課題の遂行が難しいことから，意図的な注意機能の障害がある可能性がある。一方，ASD の特徴には，対人・コミュニケーションの障害や行動・思考の反復常同性などがある（たとえば，Frith & Happé, 2005）[11]。ASD 児は，局所情報に注意が向きやすく大域情報に注意を向けることが困難であるとも言われる（Iarocci et al., 2006）[17]。イアロッシら（2006）[17]は，局所情報と大域情報の標的出現率を操作し，各情報への注意バイアスが局所情報と大域情報の同定に影響するか否かを検討した。その結果，ASD 児は TD 児に比べてバイアス操作の影響を強く受けることがわかった。さらに TD 児では大域情報が局所情報より早く同定されるのに対し ASD 児では局所情報の同定時間との差が小さかった。ASD 児の特徴には，ボトムアップ制御による大域情報処理の知覚機能の問題（Frith & Happé, 2005）[11]だけでなく，注意機能の問題もあることを示している。

　発達障害児を含む幼児を対象とした注意機能を調べる際には，成人と同様にさまざまな課題遂行時の反応時間と誤答率を測定する。その際，幼児の疲労や飽きなどによる持続力の低下の問題がある。そのため試行数はなるべく少なく設定し，試行数が多くなる場合は残りの試行を別の日に実施するなど

の対応が必要である。呈示刺激を幼児が好みそうなものを用いたり（たとえば，星：Carter et al., 1995[5]，飛行機：Mason et al., 2004[28]），フィードバックに軽快な音や重低音など多様な音を用いたり，教示に変化を加えたり（たとえば，傾いたアイテムを"sleepy"アイテムと教示，Iarocci et al., 2006[17]）するなどの工夫も必要である。さらに発達障害児に対しては，投薬の影響を最小限にするため，投薬から時間をあけることや，高い緊張状態で課題を遂行せずにすむように幼児の自宅や慣れた施設などで実施することなどが挙げられる。いずれも可能な範囲で行い，成人と同じ実験であっても言語による賞賛などのフィードバックを与え，"検査"ではなく"ゲーム"感覚での参加を促すなど細かい配慮があれば，発達障害児を含む幼児を対象とした注意機能の測定は十分に可能である。

　また，発達障害児の注意機能を検討する際，年齢とIQを同程度に設定する必要がある。成人と同様に言語による課題教示を行うため，発達障害児群とTD児群間で年齢とIQに極端に差がある場合には，課題の理解度につながる知能の差異を反映している可能性がある。いくつかの研究では，IQが同程度ではないことが注意機能を測定する際のアーティファクトになる（IQが問題なのか，注意機能が問題なのか明確に分けられていない）と指摘されている（たとえば，Plaisted et al., 1998[33]）。年齢においても，発達障害児群と，言語性の精神年齢を同程度に調整した群と，非言語性の精神年齢を同程度に調整した群の両方を用いて比較した研究もある（たとえば，Iarocci et al., 2006[17]）。いずれにせよ，年齢とIQの調整は無視できない問題である。

2. 先行手がかり課題を用いた発達障害児の注意機能

　先行手がかり課題を用いて，ADHD児の空間的な注意機能が検討されている（Carter et al., 1995[5]；Heilman et al., 1991[14]；Swanson et al., 1991[46]）。カーターら（1995）[5]では，TD児では刺激呈示視野の左右位置にかかわらずに見られた復帰の抑制の効果（無効試行と先行手がかりが標的の位置を示さない中立試行の標的検出反応時間の差）が，ADHD児では特に左視野にある標的の検出で見られなかったことが中心手がかり法によって示された。一方，周辺手がかり法を用いた場合には，インターバルが800 msのときにTD児お

およびADHD児ともに，復帰の抑制が生起した。ADHD児での効果が視野の片側にしか見られない注意の側方性の効果については，TD児群との比較の中でさまざまな注意の効果との交互作用が一貫して得られているわけではない（たとえば，Nigg et al., 1996[30]）。しかし少なくとも，中心手がかり法を用いたいくつかの研究から，ADHD児は意図的なトップダウン制御による抑制機能に何らかの障害がある可能性は示唆される（または，Courage & Richards, 2008[9]）。

ASD児を対象に，ラインハートら（Rinehart et al., 2008）[39]は復帰の抑制について検討している。その結果，復帰の抑制の生起量にASD児とTD児との差は認められなかった。先行手がかり課題を用いたASD児の研究はまだ少ないが，ASD児のボトムアップ制御による抑制機能は，TD児と比べてさほど大きな問題はないようである。

先行手がかり課題を用いた発達障害児の注意機能研究では，一致した見解は得られていない。細かい実験方法の違いはあるものの，幼児では持続力の程度に個人差が大きい上に，障害の程度を発達障害児間で完全に統制することが難しく，結果として個人差が大きくなる。これらは，TD児との比較を行うために統計的分析をする上で，交互作用が確認しにくいなどの問題の原因となる。次項の視覚探索課題でも同様のことが言える。

3. 視覚探索課題を用いた発達障害児の注意機能

ADHD児を対象として，効率的探索課題と非効率的探索課題の成績を調べたいくつかの研究では，効率的探索課題の全体的な反応時間がTD児と比べ長くなることが報告されている（Hazell et al., 1999[13]；Karatekin & Asarnow, 1998[22]；これに対する反論は，Mason et al., 2003[27]）。このように結果の細かい違いはあるものの，多くの研究はADHD児の効率的探索課題における探索方法がTD児と類似していることを示している。つまり効率的探索課題では，成人と同様に，アイテム数にかかわらず標的を見つけることができ，極めて効率的に標的に注意が向けられている。一方で非効率的探索課題では，ADHD児の探索関数の傾きはTD児と比較して大きくなる（Hazell et al., 1999[13]；Karatekin & Asarnow, 1998[22]；これに対する反論は，Mason et al.,

2003[27], 2004[28]）。ミュレーンとクライン（Mullane & Klein, 2008）[29] によると，研究者間で一致した見解は得られていないが，非効率的探索課題では，ADHD児はTD児に比べて探索効率が悪いと言える。また，ADHD児の視覚探索成績が研究者間で異なる理由の一つには，課題困難度および探索画面の複雑性といった要因による影響が大きいとしている。

　メイスンら（Mason et al., 2004）[28] は，効率的探索課題と非効率的探索課題の成績の比較に加え，課題とは無関係な標的以外の顕著なアイテムを無視する能力について調べている。直前に呈示されるアイテムの特徴と標的の特徴の一致・不一致により，注意の捕捉効果が異なって生起するかに注目した（成人を対象とした研究では，Olivers & Humphreys, 2003[31]；Watson & Humphreys, 1997[52] を参照）。その結果，直前の標的以外の顕著なアイテムと標的の色が異なるときに，TD児と比べADHD児の標的に対する反応が遅くなった。このことから，ADHD児の注意機能の障害は，画面の切り替わりとともに反応を求められる特徴に対する構えの切り替えにあると考えられる。

　ASD児を対象として，効率的探索課題および非効率的探索課題の成績を調べたいくつかの研究では，効率的探索課題の成績はTD児と変わらない（O'Riordan et al., 2001[32]；Plaisted et al., 1998[33]）。一方で，非効率的探索課題では，ASD児の標的に対する反応時間がTD児よりも短くなることが報告されている。すなわちASD児は，比較的効率がよいとされている効率的探索課題での標的の探索がTD児と変わらない一方，標的以外のアイテムに邪魔をされて遅くなるはずの非効率的探索課題では，TD児と比べて素早く効率的に標的を探索できる（たとえば，O'Riordan et al., 2001[32] の実験2では，ASD児：14 ms/アイテム，TD児：56 ms/アイテム）。非効率的探索課題でTD児は，複数のアイテムの中から標的を探すために行う，逐次的かつ意図的な注意の移動に時間がかかっていると考えられる。こうした逐次的な注意の移動を行う機能の障害がASD児にはあるのかもしれない。あるいは，ASD児の注意の制御がTD児より優れているため，非効率的探索課題でもASD児は効率的な探索が可能であるとする解釈もある。オリオーダンら（2001）[32] によると，ASD児で障害される注意機能は，ボトムアップ制御ではなくトップダウン制御による意図的な注意の移動であるという。

　視覚探索課題には標的の位置に注意を移動するための多様なメカニズムが

関与していることから,発達障害児の注意機能を詳細に検討することができる。ウォルフ(1998)[54]によると,刺激の顕著性などのボトムアップ情報により標的への注意の誘導が有効に働く場合には探索は効率的になり,標的の顕著性が低くボトムアップ情報による標的への注意の誘導があまり有効ではないときには,探索は非効率的になる。画面の複雑性や標的以外の顕著なアイテムなどにより,ボトムアップ情報による標的への注意の誘導がうまくいかない場合に,ADHD児の注意機能はTD児に比べ低下する。他方,ASD児の注意機能は,ボトムアップ制御による注意の移動はTD児と比べ低下しないが,トップダウン制御による注意の移動や,突然出現する刺激へのトップダウン制御による調節が(Greenaway & Plaisted, 2005)[12] TD児に比べ低下する。今後,ボトムアップ制御とトップダウン制御の相互作用についても,より詳細に検討していく必要がある。

第4節 乳幼児と注意機能

　本章では,乳児および発達障害児の注意機能について,主に先行手がかり課題と視覚探索課題を用いた研究を紹介した。乳児の注意機能の研究は,注視時間やサッカード潜時を分析することにより十分可能である。また,発達障害児(特に知能の大幅な低下が見られないADHD児やASD児)を含む幼児の注意機能も,課題がそれほど難しくなければ反応時間や誤答率を用いて測定することができる。複数の要素からなる注意過程を,詳細かつ適切に調べた実験課題は数多い。特に今回挙げた先行手がかり課題と視覚探索課題は,成人を対象とした多くの研究で用いられ洗練されているため,今後,乳幼児を対象とした研究にも有効となろう。

　近年,ADHDや学習障害といった発達障害が,超低出生体重児に多いことが報告されている。超低出生体重児では,正常出生体重児で生後6カ月で獲得される注意の移動や解除に関わる機能が,生後1年の時点でも低いことが知られている(Weijer-Bergsma et al., 2008)[53]。今後,超低出生体重児を含む

乳幼児または発達障害児を対象として注意機能を検討することにより，注意機能の発達段階の解明に加え，未だ未解明な点が多い発達障害についても多くのことを明らかにできる可能性がある。

【引用文献】

1) Adler, S. A., Gerhardstein, P., & Rovee-Collier, C. (1998). Levels-of-processing effects in infant memory? *Child Development*, **69** (2), 280-294.
2) Adler, S. A., & Orprecio, J. (2006). The eyes have it：Visual pop-out in infants and adults. *Developmental Science*, **9** (2), 189-206.
3) Atkinson, J. (2000). *The developing visual brain*. New York：Oxford University Press.（アトキンソン，J. 金沢創・山口真美〈監訳〉〈2005〉．視覚脳が生まれる —— 乳児の視覚と脳科学　北大路書房）
4) Butcher, P. R., Kalverboer, A. F., & Geuze, R. H. (1999). Inhibition of return in very young infants：A longitudinal study. *Infant Behavior and Development*, **22** (3), 303-319.
5) Carter, C. S., Krener, P., Chaderjian, M., Northcutt, C., & Wolfe, V. (1995). Asymmetrical visual-spatial attentional performance in ADHD：Evidence for a right hemispheric deficit. *Biological Psychiatry*, **37** (11), 789-797.
6) Clohessy, A. B., Posner, M. I., & Rothbart, M. K. (2001). Development of the functional visual field. *Acta Psychologia* (Amst), **106** (1-2), 51-68.
7) Clohessy, A. B., Posner, M. I., Rothbart, M. K., & Vecera, S. P. (1991). The development of inhibition of return in early infancy. *Journal of Cognitive Neuroscience*, **3**, 345-350.
8) Colombo, J., Ryther, J. S., Frick, J. E., & Gifford, J. J. (1995). Visual pop-out in infants：Evidence for preattentive search in 3- and 4-month-olds. *Psychonomic Bulletin and Review*, **2** (2), 266-268.
9) Courage, M. L., & Richards, J. E. (2008). Attention. In M. M. Haith & J. B. Benson (Eds.), *Encyclopedia of infant and early childhood development*. Oxford, UK：Elsevier. pp.106-117.
10) Folk, C. L., Remington, R. W., & Johnston, J. C. (1992). Involuntary covert orienting is contingent on attentional control settings. *Journal of Experimental Psychology*：*Human Perception and Performance*, **18** (4), 1030-1044.
11) Frith, U., & Happé, F. (2005). Autism spectrum disorder. *Current Biology*, **15** (19), R786-790.
12) Greenaway, R., & Plaisted, K. (2005). Top-down attentional modulation in autistic spectrum disorders is stimulus-specific. *Psychological Science*, **16** (12), 987-994.
13) Hazell, P. L., Carr, V. J., Lewin, T. J., Dewis, S. A., Heathcote, D. M., & Brucki, B. M. (1999). Effortful and automatic information processing in

boys with ADHD and specific learning disorders. *Journal of Child Psychology and Psychiatry*, **40** (2), 275–286.
14) Heilman, K. M., Voeller, K. K., & Nadeau, S. E. (1991). A possible pathophysiological substrate of attention deficit hyperactivity disorder. *Journal of Child Neurology*, **6**, S76–S81.
15) Hibi, Y., Kumada, T., Kanazawa, S., & Yamaguchi, K. M. (2008, November). Intertrial facilitation on visual feature search in infants. Poster presented at the Psychonomic Society 49th Annual Meeting, Chicago, IL.
16) Hood, B. M., & Atkinson (1991, April). Shifting covert attention in infants. Poster presented at the meeting of the Society for Research in Child Development, Seattle, WA.
17) Iarocci, G., Burack, J. A., Shore, D. I., Mottron, L., & Enns, J. T. (2006). Global-local visual processing in high functioning children with autism : Structural vs. implicit task biases. *Journal of Autism Developmental Disorder*, **36** (1), 117–129.
18) Johnson, M. H., Posner, M. I., & Rothbart, M. K. (1991). Components of visual orienting in early infancy : Contingency learning, anticipatory looking, and disengaging. *Journal of Cognitive Neuroscience*, **3**, 335–344.
19) Johnson, M. H., & Tucker, L. A. (1996). The development and temporal dynamics of spatial orienting in infants. *Journal of Experimental Child Psychology*, **63** (1), 171–188.
20) Jonides, J. (1981). Voluntary versus automatic control over the mind's eye. In J. B. Long & A. Baddeley (Eds.), *Attention and performance IX*. Hillsdale, NJ : Lawrence Erlbaum Associates. pp.187–203.
21) Jonides, J., & Yantis, S. (1988). Uniqueness of abrupt visual onset in capturing attention. *Perception and Psychophysics*, **43** (4), 346–354.
22) Karatekin, C., & Asarnow, R. F. (1998). Components of visual search in childhood-onset schizophrenia and attention-deficit/hyperactivity disorder. *Journal of Abnormal Child Psychology*, **26** (5), 367–380.
23) 熊田孝恒（2003）．視覚探索　心理学評論, **46** (3), 426–443.
24) 熊田孝恒（2005）．注意　海保博之（編）朝倉心理学講座2　認知心理学　朝倉書店　pp.30–46.
25) Maljkovic, V., & Nakayama, K. (1994). Priming of pop-out : I. Role of features. *Memory and Cognition*, **22** (6), 657–672.
26) Maljkovic, V., & Nakayama, K. (2000). Priming of pop-out, III. A short-term implicit memory system beneficial for rapid target selection. *Visual Cognition*, **7**, 571–595.
27) Mason, D. J., Humphreys, G. W., & Kent, L. S. (2003). Exploring selective attention in ADHD : Visual search through space and time. *Journal of Child Psychology and Psychiatry*, **44** (8), 1158–1176.
28) Mason, D. J., Humphreys, G. W., & Kent, L. S. (2004). Visual search, singleton capture, and the control of attentional set in ADHD. *Cognitive Neuropsychology*, **21**, 661–685.
29) Mullane, J. C., & Klein, R. M. (2008). Literature review : Visual search by children with and without ADHD. *Journal of Attention Disorders*, **12** (1),

44-53.
30) Nigg, J. T., Swanson, J. M., & Hinshaw, S. P. (1996). Covert visual spatial attention in boys with attention deficit hyperactivity disorder : Lateral effects, methylphenidate response and results for parents. *Neuropsychologia*, **35** (2), 165-176.
31) Olivers, C. N., & Humphreys, G. W. (2003). Attentional guidance by salient feature singletons depends on intertrial contingencies. *Journal of Experimental Psychology Human Perception and Performance*, **29** (3), 650-657.
32) O'Riordan, M. A., Plaisted, K. C., Driver, J., & Baron-Cohen, S. (2001). Superior visual search in autism. *Journal of Experimental Psychology : Human Perception and Performance*, **27** (3), 719-730.
33) Plaisted, K., O'Riordan, M., & Baron-Cohen, S. (1998). Enhanced visual search for a conjunctive target in autism : A research note. *Journal of Child Psychology and Psychiatry*, **39** (5), 777-783.
34) Posner, M. I. (1980). Orienting of attention. *Quarterly Journal of Experimental Psychology*, **32**, 3-25.
35) Posner, M. I., & Cohen, Y. (1984). Components of visual orienting. In H. Bouma & D. G. Bouwhuis (Eds.), *Attention and Performance X*. Hove, East Sussex, UK : Lawrence Erlbaum Associates. pp.531-556.
36) Posner, M. I., Walker, J. A., Friedrich, F. J., & Rafal, R. D. (1984). Effects of parietal injury on covert orienting attention. *The Journal of Neuroscience*, **4** (7), 1863-1874.
37) Quinn, P. C., & Bhatt, R. S. (1998). Visual pop-out in young infants : Convergent evidence and an extension. *Infant Behavior and Development*, **21** (2), 273-288.
38) Rieth, C., & Sireteanu, R. (1994). Texture segmentation and 'pop-out' in infants and children : The effect of test field size. *Spatial Vision*, **8** (2), 173-191.
39) Rinehart, N., Bradshaw, J., Moss, S., Brereton, A., & Tonge, B. (2008). Inhibition of return in young people with autism and Asperger's disorder. *Autism*, **12** (3), 247-258.
40) Rothbart, M. K., Ellis, L. K., Rueda, M. R., & Posner, M. I. (2003). Developing mechanisms of temperamental effortful control. *Journal of Personality*, **71** (6), 1113-1143.
41) Rovee-Collier, C., Bhatt, R., & Chazin, S. (1996). Set size, novelty, and visual pop-out in infancy. *Journal of Experimental Psychology : Human Perception and Performance*, **22** (3), 1178-1187.
42) Rovee-Collier, C., Hankins, E., & Bhatt, R. (1992). Textons, visual pop-out effects, and object recognition in infancy. *Journal of Experimental Psychology : General*, **121** (4), 435-445.
43) Sheese, B. E., Rothbart, M. K., Posner, M. I., White, L. K., & Fraundorf, S. H. (2008). Executive attention and self-regulation in infancy. *Infant Behavior and Development*, **31** (3), 501-510.
44) Simion, F., Valenza, E., Umilta, C., & Barba, B. D. (1995). Inhibition of return in newborns is temporo-nasal asymmetrical. *Infant Behavior and*

Development, **18**, 189-194.
45) Sireteanu, R., & Rieth, C. (1992). Texture segregation in infants and children. *Behavioural Brain Research*, **49** (1), 133-139.
46) Swanson, J. M., Posner, M., Potkin, S., Bonforte, S., Youpa, D., Fiore, C. et al. (1991). Activating tasks for the study of visual-spatial attention in ADHD children : A cognitive anatomic approach. *Journal of Child Neurology*, **6** Suppl, S119-S127.
47) 武田裕司・小川洋和（2004）．視覚探索における復帰の抑制　心理学評論，**46** (3), 444-461.
48) Theeuwes, J. (1991). Cross-dimensional perceptual selectivity. *Perception and Psychophysis*, **50**, 184-193.
49) Treisman, A. M., & Gelade, G. (1980). A feature-integration theory of attention. *Cognitive Psychology*, **12**, 97-136.
50) Valenza, E., Simion, F., & Umilta, C. (1994). Inhibition of return in newborn infants. *Infant Behavior and Development*, **17**, 293-302.
51) Vecera, S. P., Rothbart, M. K., & Posner, M. I. (1991). Development of spontaneous alternation in infancy. *Journal of Cognitive Neuroscience*, **3**, 351-354.
52) Watson, D. G., & Humphreys, G. W. (1997). Visual marking : Prioritizing selection for new objects by top-down attentional inhibition of old objects. *Psychological Review*, **104** (1), 90-122.
53) van de Weijer-Bergsma, E., Wijnroks, L., & Jongmans, M. J. (2008). Attention development in infants and preschool children born preterm : A review. *Infant Behavior and Development*, **31** (3), 333-351.
54) Wolfe, J. (1998). Visual search. In H. Pashler (Ed.), *Attention*. Hove, UK : Psychology Press. pp.13-73.
55) Wright, R. D., & Ward, L. M. (2008). *Eye movements and attentional shifts. Orienting of attention.* New York : Oxford University Press. pp. 93-152.

第5章 空間知覚の成立

鶴原亜紀 Aki Tsuruhara

第1節 視覚的奥行き手がかりは複数存在する

第2節 運動性奥行き手がかり

第3節 両眼奥行き手がかり

第4節 絵画的奥行き手がかり
  1. 絵画的奥行き手がかりに対する感受性
  2. 複数の絵画的奥行き手がかりから同じ形状を知覚する能力の発達
  3. リーチング応答を指標とした実験

第5節 まとめ

第1節 視覚的奥行き手がかりは複数存在する

　我々は，自分が生活しているこの世界を，縦横の2次元に奥行きを加えた3次元空間として知覚している。自分と対象との距離関係という3次元の情報は，おもちゃや食物に近づき触れるときのように，現実空間での活動に必要不可欠な情報である。また，物体がいったい何であるかを知るためには，その物体の3次元的な形状の知覚が必要であることは言うまでもない。しかし，改めて考えてみると，我々が眼で見ている世界は，網膜という2次元の膜に入った光の情報によって獲得されているものである。そのような2次元の情報から，どうして3次元空間が見えるのであろうか？　それは，乳児にも可能なことなのだろうか？

　自分と対象との距離関係および物体形状といった3次元の情報は，視覚においては，奥行き手がかりと呼ばれる情報によって得られる。奥行き手がかりの情報は，自己や物体の運動により得られるもの（運動性奥行き手がかり）と，静止した状態でも得られるものに大きく分けられる。また，奥行き手がかりの別の分類として，両眼視差・輻輳といった両眼によって得られるもの（両眼奥行き手がかり）と，単眼でも得られるもの（単眼奥行き手がかり）に分けることもできる。単眼でも得られる奥行き手がかりには，絵画での奥行き感を与える陰影・肌理の勾配・線遠近法といった手がかりがあり，このような絵画での奥行き感を与える手がかりは，観察者・視対象ともに静止した状態で得られ，絵画的奥行き手がかりとも呼ばれる。実際の生活においては，これらさまざまな手がかりが統合され，その結果が最終的に3次元空間として知覚されることになる。

　本章では，視覚的奥行き手がかりを利用した空間知覚の発達について，具体的な実験例を挙げながら示す（またレビューとして，山口・金沢，2008[18]）。

第2節 運動性奥行き手がかり

　近づいてくるものは徐々に大きく拡大するように見える。そして，物体が近づいてくるときには，避けるなどの防御反応を行わないと，その物体にぶつかる可能性がある。このことから，視野内に拡大する視覚パターンがあるときに乳児が防御反応を行った場合，その乳児は拡大する視覚パターンから，物体が近づいてきていると知覚している可能性が考えられる。バウアーらは，生後数日の新生児が，拡大運動する視覚パターンに対して頭をそらすなどの防御反応を示すことを報告した（Bower et al., 1971)[8]。この結果から，バウアーらは，生後間もない新生児でさえも，視覚情報から近づくという奥行き運動を知覚できる可能性を主張している。

　しかし，生後数日というバウアーらの報告には，疑問が投げかけられており，乳児が拡大運動する視覚パターンに対する感受性を示すのは，生後3，4週齢と主張する報告がある（Náñez, 1988[13]；Yonas et al., 1979[24]）。すなわち，頭をそらすという乳児の反応は，近づくという奥行き運動を知覚したからではなく，単に拡大する視覚パターンの上端を注目し続けた結果であるという可能性が指摘されている（Yonas et al., 1977[19]；これに対する反論は，Bower, 1977[7]）。

　また，バウアーらが検討した近づくような動きに対する反応ではなく，動きから3次元的な構造を知覚できるのは，より遅く，生後4カ月であると主張されている（Arterberry & Yonas, 1988[2]〈**研究例1**〉）。3次元の形状をもつ物体をスクリーンに投影する場合，その物体が静止しているよりも運動している方が，3次元的な形状が知覚されやすい。このような運動からの構造復元（structure from motion）を，生後4カ月の乳児ができる可能性が示されている。

研究例 1　乳児における運動からの構造復元についての実験

アルタベリーとヨナス（1988）[2]

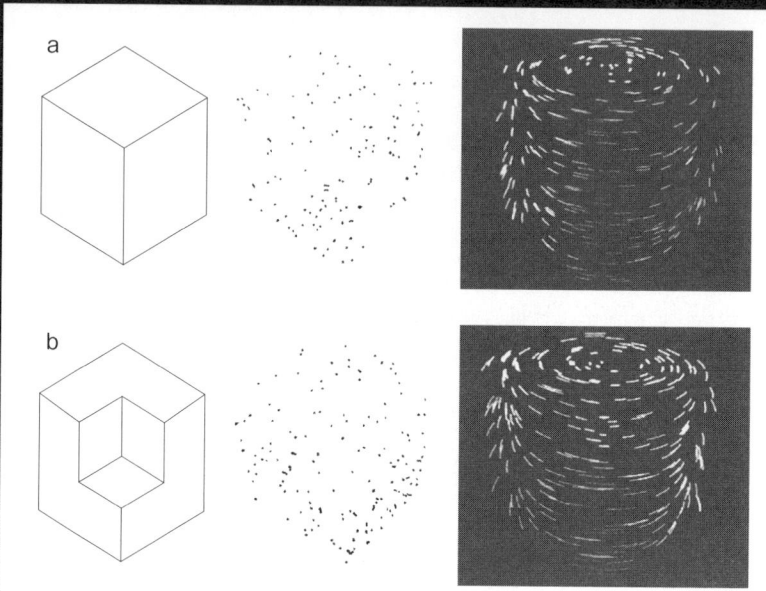

図 5-1　アルタベリーとヨナス（1988）[2] で用いられた刺激例
立方体（上段）と，角の一つがへこんだ立方体（下段）が刺激として設定された（左列）。中列はこれらの立体にランダムにドットを貼り付け 2 次元平面に投影した図であり，右列は立体を回転させた場合の運動の軌跡である。

刺激

　通常の立方体（**図 5-1 上段**）と，角の一つがへこんだ立方体（**図 5-1 下段**）が刺激として設定された。それぞれの立体にランダムにドットを貼り付け，そのドットのみを 2 次元平面に投影する。静止画では，2 種類の立体の区別をすることはできない（**図 5-1 中列**）。これに対し，ランダムにドットを貼り付けた立体を回転させると，2 次元平面に投影された図からでも，2 種類の立体を区別することができる（**図 5-1 右列**）。

手続き

　「馴化法」が用いられた。まず，通常の立方体が回転している図を，乳児が飽きて見なくなるまで，繰り返し呈示した（馴化試行）。その後，馴化試行で呈示された立方体の回転する図と，角の一つがへこんだ立方体が回転する図が順に呈示された（テスト試行）。馴化試行では，x 軸周りに回転する図と y 軸周りに回転する図が交互に呈示され，テスト試行では，馴化試行では示されなかった

z 軸周りに回転する図が呈示された。

　乳児は，繰り返し見て飽きた図よりも，新しい図を長く見ることが知られている（Fantz, 1964）[10]。この性質から，2種類の立体を区別できるならば，乳児は，馴化試行で見飽きた立方体よりも，テスト試行で新しく呈示された角の一つがへこんだ立方体の方を長く見ると考えられる。

　乳児は，上記のように馴化試行において立方体を呈示されるグループと，角の一つがへこんだ立方体が呈示されるグループに，均等に振り分けられた（カウンターバランス）。また，馴化試行における刺激の回転軸とテスト試行における刺激の回転軸の種類について，および，テスト試行において馴化した図が先に呈示されるか後に呈示されるかについても，均等に割り当てられた。

結果および考察

　生後4カ月の乳児は，テスト試行において，馴化試行で呈示された立体よりも呈示されなかった立体を長く注視した。この結果から，生後4カ月の乳児は，静止状態では形状を区別できない2次元情報であっても，回転運動により3次元情報を知覚し形状を区別できると考えられる。

第3節　両眼奥行き手がかり

　人間の顔には二つの眼が左右に並んでいる。この二つの眼で外界を観察すると，左右の眼には少しずれた像が投影される。我々は，このずれた二つの像を一つに融合して外界を知覚している。左右の眼に映る像のずれの大きさは，視対象までの距離が近ければ大きく，遠ければ小さくなる。このため，左右の眼に映る像のずれの大きさは奥行きの手がかりとして用いることができ，成人は奥行きを知覚することができる。このような左右眼に映る像のずれは，両眼視差（binocular disparity）と呼ばれる。この両眼視差から奥行きを知覚できるようになるのは，生後いつ頃であろうか。この奥行き知覚の成立を調べるために，乳児の注視行動を用いた実験が行われている（Birch et al., 1982 [6]；Held et al., 1980 [11]〈**研究例2**〉）。実験から，おおよそ生後4カ月の乳児が，両眼視差に対する感受性をもつことを示唆する結果が得られている。

研究例 2　乳児における両眼奥行き手がかりを用いた空間知覚についての実験

ヘルドら（1980）[11]

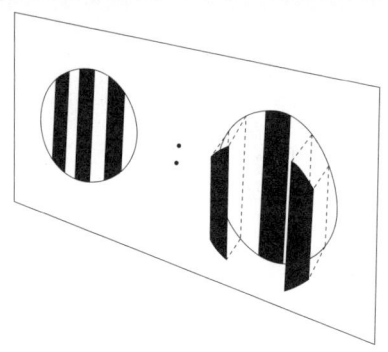

図 5-2　ヘルドら（1980）[11] で用いられた刺激例
成人には視差のついた縞は奥行きをもつものとして知覚される。

刺激
　二つの縞模様が左右に対呈示された。縞模様の一方には両眼視差がなく、もう一方には両眼視差がつけられていた。両眼視差がついていない縞模様は平らに見える。両眼視差がついている縞模様は、両眼視差から奥行きが知覚できる場合には立体的に見え、できない場合には平らに見える。乳児には、左右の眼に直交する偏光フィルムが入った眼鏡が装着された。そして、一対のプロジェクタから眼鏡の左右眼それぞれの偏光フィルムと同じ偏光フィルムを通して、リアスクリーンに刺激映像が投影された。一方の偏光フィルムを通して投影された映像は、直交する偏光フィルムを通しては入ってこないため、この装置により、左右眼に異なる映像を投影することができる。

手続き
　「選好注視法」が用いられた。両眼視差のある縞模様と両眼視差のない縞模様のどちらを乳児が長く見るかが調べられた。通常、乳児は、平面的な図よりも立体的な図を選好注視する。この性質から、乳児が両眼視差を用いて奥行きを知覚できるのならば、視差のついた刺激図形を視差のついていない刺激図形よりも選好注視すると考えられる。

結果および考察
　おおよそ生後 4 カ月で、両眼視差のついた縞模様を両眼視差のない縞模様よりも選好注視することが示された。この結果は、おおよそ生後 4 カ月の乳児は、両眼視差に対する感受性を獲得していることを示唆するものである。

第4節 絵画的奥行き手がかり

　絵画やコンピュータ画面の映像にも立体感を感じられるように，観察者も視対象も静止した状態で，さらに単眼視でも，成人は奥行きを知覚できる。これは，陰影・肌理の勾配・線遠近法といった絵画的奥行き手がかりを用いて，3次元空間を知覚できるからである。この絵画的手がかりに関して，生後3～4カ月から感受性をもつことが報告されている（たとえば，Bhatt & Waters, 1998[5]〈研究例3〉；Shuwairi et al., 2007[15]）。また，生後6～7カ月の乳児は，複数の絵画的奥行き手がかりから同じ形状を知覚することが示されている（Tsuruhara et al., 2009[17]〈研究例4〉，2010[16]）。そして，生後7カ月の乳児は，絵画的手がかりで示された奥行きに対して，手を伸ばす運動（リーチング）で応答することが示されている（たとえば，Yonas et al., 1978[21]〈研究例5〉；Yonas & Granrud, 2006[22]；Yonas et al., 1982[23]）。

1. 絵画的奥行き手がかりに対する感受性

　シュワイリらは，生後4カ月で重なり（interposition）とT字およびY字接合（T-Y-junction）という絵画的奥行き手がかりを3次元形状の知覚に利用できる可能性を示している（Shuwairi et al., 2007[15]；Shuwairi, 2009[14]）。図5-3に示す2種類の図のうち，左の図は，成人には，実物を3次元的に作成することが可能な立体であると知覚される。一方，右の図は不可能であると知覚される。この両者の区別は，重なりとT字およびY字接合という絵画的奥行き手がかりにより，2次元的に描画された図から3次元的な立体を知覚できるからである。シュワイリらは，これらの図を用いて，生後4カ月の乳児が，現実的に可能な図形（可能図形）と，不可能な図形（不可能図形）を区別できることを示した。実験で，乳児は，可能図形よりも不可能図形を長く注視した（Shuwairi et al., 2007[15]の実験3）。この結果は，現実には見ることのない不可能図形を新奇なものとして長く見たためであると解釈されて

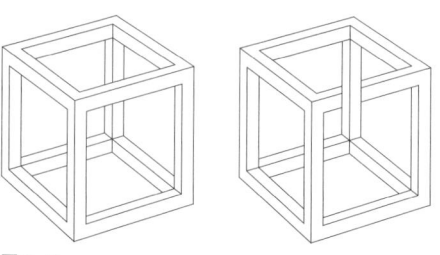

図 5-3
シュワイリら（2007[15]）の実験 3）で用いられた図
成人には，左の図は，実物を現実的に作成することが可能であるように知覚され，右の図は不可能であるように知覚される。

いる。このことから，生後 4 カ月の乳児は，重なりと T 字および Y 字接合という絵画的奥行き手がかりから，3 次元形状を知覚できる可能性が主張されている。

　バットらは，乳児は生後 3 カ月から陰影と Y 字接合（Y-junction）という絵画的奥行き手がかりに対して感受性を有することを示している（Bertin & Bhatt, 2006[3]；Bhatt & Bertin, 2001[4]；Bhatt & Waters, 1998[5]〈研究例 3〉）。図 5-4 に描かれている図形は，単眼視でも両眼視でも，成人には立方体として知覚される。そして，右の図には，3 次元的な傾きが異なる立方体が含まれているように知覚される。陰影と Y 字接合という絵画的奥行き手がかりから，奥行きを知覚できるためである。この図形を用いて，バットらは，少なくとも生後 3 カ月の乳児が，3 次元的な傾きが異なる立方体が含まれている図と含まれていない図を区別できることを示した（Bhatt & Waters, 1998[5]〈研究例 3〉）。この結果から，少なくとも生後 3 カ月でも，陰影と Y 字接合という絵画的奥行き手がかりから 3 次元形状を知覚できる可能性が考えられる。

2. 複数の絵画的奥行き手がかりから同じ形状を知覚する能力の発達

　空間知覚の発達研究において，注視行動を用いた実験の問題点の一つは，乳児が実際に 3 次元空間を知覚していると断定できないという点である。乳児を対象とした過去の研究において，両眼視差のついた図を視差のついていない図よりも選好すること（Birch et al., 1982[6]；Held et al., 1980[11]〈研究例

研究例3　乳児における絵画的奥行き手がかりを用いた空間知覚についての実験

バットとウォーターズ（1998）[5]

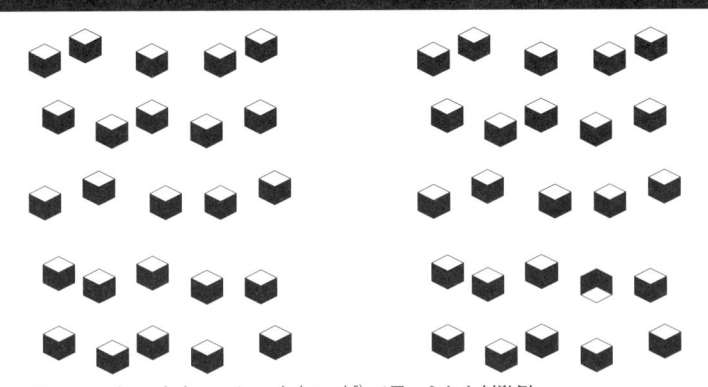

図5-4　バットとウォーターズ（1998）[5] で用いられた刺激例
左側は同じ傾きの立方体のみで構成され，右側には3次元的な傾きが異なる立方体が含まれているように，成人には知覚される。

刺激

陰影とY字接合の組み合わせ方によって，3次元的な傾きが異なる立方体に見える2種類の刺激図形が作成された。そして，同じ傾きの立方体だけで構成された図（**図5-4左**）と，同じ傾きの立方体の中に一つだけ異なる傾きをもった立方体が含まれている図（**図5-4右**）が呈示された。

手続き

「馴化法」が用いられた。まず，同じ傾きの立方体だけで構成された図（**図5-4左**）を，乳児が飽きて見なくなるまで，繰り返し呈示した（馴化試行）。その後，この馴化法で呈示された図と，その立方体の中に一つだけ異なる傾きの立方体が含まれている図（**図5-4右**）を対呈示した（テスト試行）。先に示したように，乳児は，見飽きた図よりも新しい図を長く見る（Fantz, 1964）[10]。この性質から，乳児が一つだけ異なる傾きの立方体が含まれている図を先の図と区別できるならば，この図を先の図よりも長く見ると考えられる。

乳児は，上記のように馴化試行において同じ傾きの立方体で構成された図を呈示されるグループと，一つだけ異なる傾きの立方体が含まれている図を呈示されるグループにランダムに分けられた。

結果および考察

馴化後のテスト試行において，生後3カ月の乳児でも，馴化試行で繰り返し呈示された図よりも，新奇な図を長く見ることが示された。この結果から，生

> 後3カ月の乳児でも，同じ傾きの立方体だけで構成された図と，一つだけ異なる傾きの立方体が含まれている図を区別できると言える。

2）），3次元の立体として不可能な図形を可能図形よりも選好すること（Shuwairi et al., 2007[15]；Shuwairi, 2009[14]），傾きの異なる立方体を含んだ図と含まない図を区別すること（Bertin & Bhatt, 2006[3]；Bhatt & Bertin, 2001[4]；Bhatt & Waters, 1998[5]〈**研究例3**〉）が示された。しかしこれらの注視行動が示しているのは，厳密に言えば，一方の図への選好や，二つの図の区別ということのみである。乳児が奥行きを知覚し，その知覚に基づいて2種類の図の区別や選好が行われたのか，あるいは，注視行動が単に図の2次元的な特徴に基づいているのかは明らかではない。

　この問題に対する一つの解決策として，鶴原ら（Tsuruhara et al., 2009[17]〈**研究例4**〉，2010[16]）は，複数の絵画的奥行き手がかりから，共通して同じ3次元形状を知覚することが乳児にできるかを調べる実験を行った。鶴原らの実験結果から，少なくとも生後6〜7カ月の乳児は，陰影（shading）と表面輪郭（surface contour）という異なる絵画的奥行き手がかりから，同じ3次元形状を知覚できる可能性が示された。一方，生後4〜5カ月の乳児では，そのような異なる手がかりから同じ形を知覚していることを示す結果は得られなかった。（Tsuruhara et al., 2009[17]〈**研究例4**〉）

　生後4〜5カ月では絵画的奥行き手がかりを利用している可能性が示されなかったという結果は，生後3カ月（Bertin & Bhatt, 2006[3]；Bhatt & Bertin, 2001[4]；Bhatt & Waters, 1998[5]〈**研究例3**〉）や生後4カ月（Shuwairi et al., 2007[15]；Shuwairi, 2009[14]）で絵画的奥行き手がかりに対する感受性を示した先行研究とは異なるものである。この違いに対する解釈の一つとして，鶴原ら（Tsuruhara et al., 2009[17]〈**研究例4**〉，2010[16]），は，絵画的手がかりを用いた奥行きの知覚は，段階的に発達するという可能性を示している。絵画的手がかりに対する感受性を示す段階から，手がかりから奥行きを知覚する段階，異なる手がかりから共通した情報を知覚する段階まで，順に発達するというものである。

　また，別の解釈としては，刺激の区別の困難さが結果に影響を与えたということも考えられる。この解釈では，バットらやシュワイリらの実験で用い

研究例 4　乳児における複数の絵画的奥行き手がかりを利用した空間知覚についての実験

鶴原ら (2009)[17]

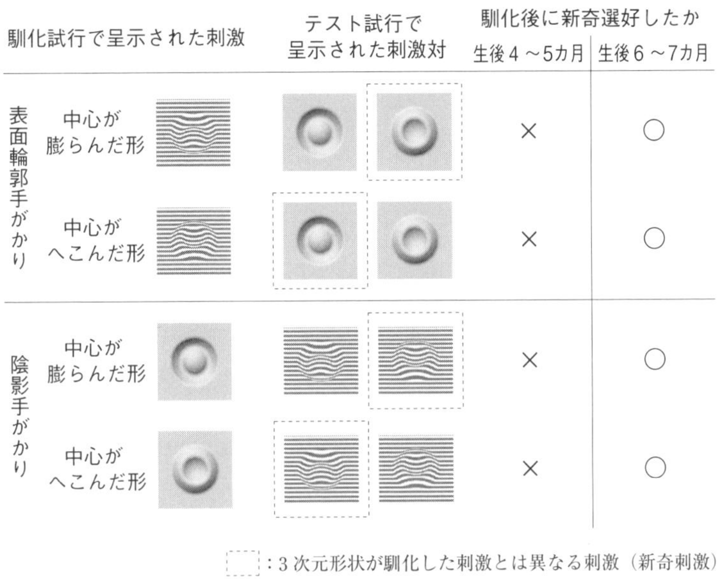

馴化試行で呈示された刺激		テスト試行で呈示された刺激対		馴化後に新奇選好したか	
				生後4〜5カ月	生後6〜7カ月
表面輪郭手がかり	中心が膨らんだ形			×	○
	中心がへこんだ形			×	○
陰影手がかり	中心が膨らんだ形			×	○
	中心がへこんだ形			×	○

[⋯]：3次元形状が馴化した刺激とは異なる刺激（新奇刺激）

図5-5　鶴原ら (2009)[17] で用いた刺激と実験結果

(Tsuruhara et al., 2009[17] をもとに作成)

刺激

　絵画的奥行き手がかりである表面輪郭手がかり（surface contour）もしくは陰影手がかりが3次元形状を示す図が刺激として呈示された。これらの手がかりから奥行きが知覚できるならば，一方の図では中心部分が奥にへこみ周辺が膨らんで見え，もう一方の図では逆に中心部分が膨らみ周辺がへこんで見える（図5-5）。

手続き

　「馴化法」が用いられた。表面輪郭手がかりを用いれば中心部分が手前に膨らんで見える刺激を繰り返し乳児に呈示した（馴化試行）。その後，陰影手がかりから，中心部分が手前に膨らんで見える刺激と奥にへこんで見える刺激を対呈示した（テスト試行）。このテスト試行において，中心部分が手前に膨らんで見える図と奥にへこんで見える図のどちらを乳児が長く注視するかを調べた。

　乳児は，繰り返し見て飽きた図よりも，新しい図を長く見る（Fantz, 1964）[10]。3次元形状としては，中心が手前に膨らんでいる形状を繰り返し見

> た後には奥にへこんでいる形状の方が新奇である。このため，テスト試行において，乳児が奥にへこんで見える刺激を長く注視したならば，表面輪郭手がかりと陰影手がかりから共通した情報を獲得できたと考えられる。馴化試行とテスト試行で異なる手がかりが用いられていることから，テスト試行で呈示された図の2次元的な特徴に対する反応だけでは，新しい形状への選好は生じない。
> 　生後4～5カ月と6～7カ月の乳児が実験に参加した。それぞれの年齢群で乳児は四つのグループにランダムに分けられ，2種類の手がかり（表面輪郭と陰影）と2種類の図（中心が膨らんでいるかへこんでいるか）の組み合わせのうちの一つに馴化した。
>
> **結果**
> 　生後6～7カ月の乳児は，馴化試行とテスト試行で異なる手がかりが用いられたにもかかわらず，テスト試行において新しい3次元形状を示す図形を長く見ることが示された。一方，4～5カ月の乳児では，そのような選好は見られなかった。

られた刺激は区別が容易であり，生後3～4カ月の乳児でも可能であったと考えられる。一方，鶴原ら（Tsuruhara et al., 2009[17]〈**研究例4**〉, 2010[16]）の実験で用いられた刺激は区別が困難であったために，生後4～5カ月の乳児における絵画的奥行き手がかりの利用を示す結果が得られなかったと考えられるのである。シュワイリ（2009）[14]も，乳児が絵画的奥行き手がかりを利用できる可能性について，彼らの研究では，他の研究（Kavšek, 1999[12]；Yonas et al., 2002[20]）よりも低月齢で示されたことに対して，刺激の区別しやすさが原因であると主張している。鶴原らの実験結果も，4～5カ月の乳児が絵画的奥行き手がかりから3次元形状を知覚する能力を否定するものではない。ただし，鶴原らで示された生後4～5カ月と6～7カ月の差は，異なる奥行き手がかりから共通して3次元形状を知覚する能力について，この間に発達が見られると解釈することも可能であろう。

3. リーチング応答を指標とした実験

　乳児が3次元空間を知覚しているかを調べる方法として，乳児が目標物に手を伸ばす応答（リーチング）を測定するという方法もある。乳児は，遠く

研究例 5　乳児におけるリーチング応答を指標とした実験

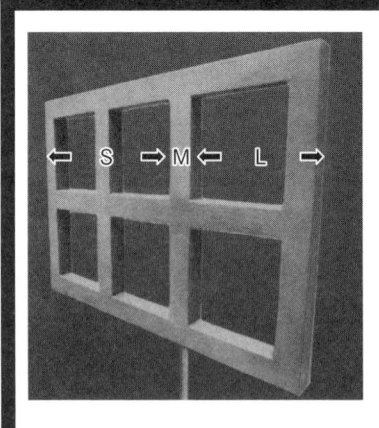

ヨナスら（1978）[21]

図5-6　ヨナスら（1978）[21]で用いられた刺激
成人には，窓枠の左右にある縦枠の長い方が短い方よりも近くに見える。エイムズの窓と呼ばれる錯視である。単眼で観察すると，その錯視の印象はより強くなる。この刺激は，実際の長方形の窓を45度斜め方向から撮影した写真をもとに作成された。写真の窓枠部分に合うように金属板を切り，その板に写真の枠部分を貼り，窓の部分からは実際に向こう側を見ることができた。

刺激

エイムズの窓と呼ばれる錯視図形が刺激として呈示された（図5-6）。この図では，大きく見えるものは手前にあるという絵画的奥行き手がかりによって，成人には窓枠の左右にある縦枠の長い方が短い方よりも手前にあるように見える。

手続き

乳児が窓にある縦枠の左右の長い方を含む部分（図5-6のL）・短い方を含む部分（図5-6のS）・その中間（図5-6のM）のどこにリーチングするかが記録された。乳児は，生後7カ月（実験2）と生後5カ月（実験3）であり，それぞれにおいて，半数の試行では窓の左右にある縦枠の長い方が乳児の右側に呈示され，半数の試行では乳児の左側に呈示された。

結果および考察

生後7カ月の乳児は，単眼視で，エイムズの窓の窓枠の長い方により多くリーチングを行った。一方，生後5カ月の乳児にはそのような傾向は見られなかった。この結果から，少なくとも生後7カ月の乳児において，大きく見えるものは手前にあるという絵画的手がかりが3次元空間の知覚に用いられていると言える。

にあるものよりも，近くにあるものにより多くリーチングすることが知られている（Yonas & Granrud, 2006)[22]。このリーチングの成立には，目標物までの距離という奥行きの知覚が不可欠である。言い換えれば，乳児が近くにあるものにより多くリーチングすることが示されれば，3次元空間を知覚していると結論付けることができる。

　ヨナスらのグループは，リーチングを指標として，乳児の3次元空間の知覚について多くの研究を行っている。ヨナスらの研究では，片眼を覆った単眼視の場合と両眼視の場合とで絵画的手がかりからの奥行き知覚を比較する手続きが多く用いられている（たとえば，Yonas et al., 1978[21] 〈**研究例5**〉；Yonas & Granrud, 2006[22]；Yonas et al., 1982[23]）。一般的に，絵画的手がかりからは，両眼よりも単眼で見る方が奥行きが強く知覚される。これは，両眼視では両眼視差などの両眼手がかりから，絵画的手がかりの示す奥行きと矛盾する平面の情報が得られ，単眼視ではそのような両眼手がかりによる矛盾した情報は得られないためである。絵画的奥行き手がかりをもつ図を乳児に呈示し，単眼視と両眼視で乳児のリーチングに差があれば，絵画的手がかりをリーチングに利用していると解釈できるのである。

　さまざまな実験の結果，ヨナスらのグループは，少なくとも生後7カ月の乳児で絵画的手がかりをリーチングに利用していることを示す結果を得ている。これに対し，生後5カ月の乳児については，生後7カ月の乳児ほどには明らかな結果が示されず，生後5カ月と7カ月の間で発達が見られると主張されている。

第5節　まとめ

　本章では，視覚的奥行き手がかりの利用による空間知覚の発達について，具体的な実験例を挙げながら概観した。大まかに言えば，運動性奥行き手がかりについては生後まもなくから，両眼視差という両眼奥行き手がかりについては生後4カ月頃から，絵画的奥行き手がかりについては生後3～7カ月

の間に，手がかりに対する感受性を示す実験結果が報告されている。とはいえ，未だ議論の残る部分も多く，統一的な見解は得られていないところがある。運動性奥行き手がかりについては生後まもなくからの感受性を示す研究（Bower et al., 1971）[8]がある一方で，生後3～4週齢になってから反応を示すとする研究（Náñez, 1988[13]；Yonas et al., 1979[24]）もある。さらに，運動から立体的な構造を復元することができるのは，生後4カ月であることが示されている（Arterberry & Yonas, 1988[2]〈研究例1〉）。また，絵画的奥行き手がかりについては，生後3～4カ月での感受性を示す研究（たとえば，Bhatt & Waters, 1998[5]〈研究例3〉；Shuwairi et al., 2007[15]）がある一方で，生後6～7カ月の乳児とそれよりも低月齢の乳児との発達差を示す研究もある（たとえば，Tsuruhara et al., 2009[17]〈研究例4〉；Yonas et al., 1978[21]〈研究例5〉）。

これらの実験結果の違いは，用いられた刺激の区別のしやすさによるものである可能性がある（Shuwairi, 2009）[14]。また，鶴原ら（Tsuruhara et al., 2009[17], 2010[16]）は，絵画的手がかりを用いた奥行きの知覚は，手がかりに対する感受性を示す段階から，手がかりから奥行きを知覚する段階，異なる手がかりから共通した情報を知覚する段階まで，順に発達する可能性を示している。

絵画的奥行き手がかりに関する先行研究で示された結果の違いについては，別の解釈も挙げられている。注視行動を測定した実験の結果と，リーチングなどの運動応答を測定した実験の結果の違いとする考え方である（Tsuruhara et al., 2009[17], 2010[16]）。成人では，知覚応答を行うか運動応答を行うかによって，エイムズの窓などの絵画的手がかりを用いた錯視図形の錯視量が異なることが示されている（Aglioti et al., 1995[1]；Bruggeman et al., 2007[9]）。運動応答を行った場合の方が，口頭での応答という知覚応答よりも錯視量が小さいのである。これは，知覚を行うか運動を行うかで，主に活動する脳内の情報処理経路が異なり，知覚では絵画的奥行き手がかりに，運動では両眼奥行き手がかりにより多く基づいて応答するためと考えられている（Bruggeman et al., 2007）[9]。このような違いが乳児にも見られる可能性があり，その場合，注視行動を測定した実験とリーチングなどの運動応答を測定した実験とで，同じ手がかりに対する異なる結果が示される可能性がある。

我々の現実空間での活動においては，コミュニケーションの相手や食物ま

での距離，物体の立体的な形状を知るために，縦横の2次元に奥行きを加えた3次元の情報が必要であることは言うまでもない。今後のさらなる実験的検討によって，我々の生活に必要不可欠である3次元空間の知覚がどのように発達し，そして運動を伴う実際の生活で利用されるのかが明らかになることが期待される。

【引用文献】

1) Aglioti, S., DeSouza, J. F. X., & Goodale, M. A. (1995). Size-contrast illusions deceive the eye but not the hand. *Current Biology*, **5**, 679–685.
2) Arterberry, M. E., & Yonas, A. (1988). Infants' sensitivity to kinetic information for three-dimensional object shape. *Perception and Psychophysics*, **44**, 1–6.
3) Bertin, E., & Bhatt, R. S. (2006). Three-month-olds' sensitivity to orientation cues in the three-dimensional depth plane. *Journal of Experimental Child Psychology*, **93**, 45–62.
4) Bhatt, R. S., & Bertin, E. (2001). Pictorial depth cues and three-dimensional information processing in early infancy. *Journal of Experimental Child Psychology*, **80**, 315–332.
5) Bhatt, R. S., & Waters, S. E. (1998). Perception of three-dimensional cues in early infancy. *Journal of Experimental Child Psychology*, **70**, 207–224.
6) Birch, E. E., Gwiazda, J., & Held, R. (1982). Stereoacuity development for crossed and uncrossed disparities in human infants. *Vision Research*, **22**, 507–513.
7) Bower, T. G. R. (1977). Comment on Yonas et al. "Development of sensitivity, to information for impending collision." *Perception and Psychophysics*, **21**, 281–282.
8) Bower, T. G. R., Broughton, J. M., & Moore, M. K. (1971). Infant responses to approaching objects: An indicator of response to distal variables. *Perception & Psychophysics*, **9**, 193–196.
9) Bruggeman, H., Yonas, A., & Konczak, J. (2007). The processing of linear perspective and binocular information for action and perception. *Neuropsychologia*, **45**, 1420–1426.
10) Fantz, R. L. (1964). Visual experience in infants: Decreased attention to familiar patterns relative to novel ones. *Science*, **146**, 668–670.
11) Held, R., Birch, E. E., & Gwiazda, J. (1980). Stereoacuity of human infants. *Proceedings of the National Academy of Sciences of the United States of America*, **77**, 5572–5574.
12) Kavšek, M. J. (1999). Infants' responsiveness to line junctions in curved objects. *Journal of Experimental Child Psychology*, **72**, 177–192.
13) Náñez, J. E. (1988). Perception of impending collision in 3- to 6-week-old

human infants. *Infant Behavior and Development*, **11**, 447–463.
14) Shuwairi, S. M. (2009). Preference for impossible figures in 4-month-olds. *Journal of Experimental Child Psychology*, **104**, 115–123.
15) Shuwairi, S. M., Albert, M. K., & Johnson, S. P. (2007). Discrimination of possible and impossible objects in infancy. *Psychological Science*, **18**, 303–307.
16) Tsuruhara, A., Sawada, T., Kanazawa, S., Yamaguchi, M. K., Corrow, S., & Yonas, A. (2010). The development of the ability of infants to utilize static cues to create and access representations of object shape. *Journal of Vision*, **10** (12)：2, 1–11.
17) Tsuruhara, A., Sawada, T., Kanazawa, S., Yamaguchi, M. K., & Yonas, A. (2009). Infant's ability to form a common representation of an object's shape from different pictorial depth cues：A transfer-across-cues study. *Infant Behavior and Development*, **32**, 468–475.
18) 山口真美・金沢創（2008）．赤ちゃんの視覚と心の発達　東京大学出版会 pp.137–152.
19) Yonas, A., Bechtold, A. G., Frankel, D., Gordon, F. R., McRoberts, G., Norcia, A., & Sternfels, S. (1977). Development of sensitivity to information for impending collision. *Perception and Psychophysics*, **21**, 97–104.
20) Yonas, A., Elieff, C. A., & Arterberry, M. E. (2002). Emergence of sensitivity to pictorial depth cues：Charting development in individual infants. *Infant Behavior and Development*, **25**, 495–514.
21) Yonas, A., Cleaves, W. T., & Pettersen, L. (1978). Development of sensitivity to pictorial depth. *Science*, **200**, 77–79.
22) Yonas, A., & Granrud, C. (2006). Infants' perception of depth from cast shadows. *Perception and Psychophysics*, **68**, 154–160.
23) Yonas, A., Pettersen, L., & Granrud, C. E. (1982). Infants' sensitivity to familiar size as information for distance. *Child Development*, **53**, 1285–1290.
24) Yonas, A., Pettersen, L., & Lockman, J. J. (1979). Young infants' sensitivity to optical information for collision. *Canadian Journal of Psychology*, **33**, 268–276.

第6章 顔認知の発達

大塚由美子 Yumiko Otsuka

第1節 乳児の顔選好
1. 新生児の顔選好を検討する際の問題
2. 顔選好の指標・実験手続き
3. 乳児の顔選好は顔に特異的な反応か？
4. 顔選好に対する経験の影響

第2節 顔の識別能力の発達
1. 馴化法と慣化法
2. 顔識別に対する経験の影響
3. 倒立効果
4. 表情の識別
5. 運動する顔の認識

顔を認識する能力は，ヒトが社会的な生活を営む上で欠かすことのできない能力であり，乳児期の知覚・認知発達研究の中でも顔認知能力の発達は古くから重要な位置を占めてきた問題である。本章では，乳児期の顔認知能力の発達について，主に注視行動を指標とした心理学的実験から得られた近年の知見を概観する。

第1節　乳児の顔選好

　誕生したばかりの乳児でも，顔らしい要素配置をもつパターン（顔模式図形〈図6-1a〉）や顔写真を，顔らしくないパターンよりも長く注視（選好注視）することが知られている。新生児が顔を選好注視するという知見は，ヒトは生得的に「顔」についての知識を備えて誕生することを示唆する。よって乳児の顔選好は，「顔」がヒトにとって特異的に重要な視覚刺激であるという主張を支持する証拠としてとらえられてきた。しかし，新生児の顔画像や顔図形に対する選好が顔認知に関連した反応であるかどうかについては，現在も議論の的である。また，新生児が顔を選好注視するという結果は90年代に入るまでは必ずしも研究間で一貫して示されてきたわけではなかった（Maurer & Young, 1983[44]；Morton & Johnson, 1991[47]）。本節では乳児の顔選好に関する知見，および顔選好の発達的変化に関する知見について実験手続きや分析指標の問題を含めて紹介する。

1. 新生児の顔選好を検討する際の問題

　新生児を対象とした実験を困難にする要因として，視力が非常に未熟であることや，図形の周辺部分の顕著な領域に注目する傾向（外枠効果）などの特性がある。外枠効果は主に生後2カ月未満の乳児に見られる特性として知られており，小さな要素が単独で呈示されれば，その図形に注目して識別することができるものの，同じ要素がより大きな枠で囲まれると，内部の要素

を処理しなくなってしまうという現象のことである（Bushnell, 1979[8]; Hainline, 1978[23]; Maurer & Salapatek, 1976[43]; Milewski, 1976[45]など）。近年の研究から，枠の中の要素が十分な大きさ・コントラストをもつ場合，新生児でも外枠に囲まれた要素についての情報を処理することが示されており（Valenza et al., 1996[77]; Turati & Simion, 2002[75]など），新生児が枠で囲まれた図形の内部特徴をまったく処理しないわけではないが，幼い乳児の反応を引き出すためには十分なコントラスト・大きさをもった画像を用いることが重要である。

視力の発達段階に見合った刺激を用いることの他に，実験手続きや実験中の姿勢の統制も実験結果に影響する可能性がある。幼い乳児では姿勢を制御する能力も未熟であり，乳児の注視行動を引き出すためには刺激観察中の乳児の姿勢を安定した状態に保つことが重要であると考えられる。そのためいくつかの研究では乳児を仰向けに寝かせた状態で実験を行っている（Fantz, 1961[15]; Morton & Johnson, 1991[47]）のに対し，より年長の乳児と同様に新生児であっても身体を起こした状態で実験を行っているグループもある。近年，新生児を対象として多数の成果を挙げているイタリアのパドヴァ大学のグループでは，後者の姿勢で実験を行っている。身体を起こした姿勢は実験中の乳児の覚醒状態を保つ効果もあることが推測される。

2. 顔選好の指標・実験手続き

乳児の選好注視反応を計測する際には，選好を計測するための指標や実験手続きの違いも顔選好の結果に影響する。モートンとジョンソン（1991）[47]は先行研究からの結果を検討し，月齢によって顔選好を引き起こすのに有効な手続きが異なっている可能性を報告した。モートンとジョンソンは生後2カ月までの乳児では，静止画像を一つずつ順番に呈示し注視時間を計測する手続きでは顔選好が生じないが，乳児の眼前に画像を呈示しそれを側方へ動かした際の追跡凝視反応を計測すると，顔らしい要素配置をもつパターンへの選好が生じると報告した（Goren et al., 1975[21]; Johnson et al., 1991[26]; Johnson & Morton, 1991[27]）。

ジョンソンとモートン（1991[27]; Morton & Johnson, 1991[47]）はこれらの

結果に基づいて,新生児の顔への選好注視は主にコンスペック（CONSPEC）と呼ばれる目や口などの特徴のおおよその配置に関する情報をもつ皮質下メカニズムの働きから生じると提案した。コンスペックは上丘に存在すると想定され,網膜視蓋（retinotectal）経路（上丘や視床枕核を経て,後頭頂葉や内側側頭葉へ至る経路）からの情報入力を受け,視野内にある顔のようなパターンに新生児の選好定位反応を引き起こすのである。ジョンソンとモートンは,このコンスペックの活動によって乳児に頻繁に顔を呈示すると,顔処理に特化した皮質回路が生後2カ月頃から現れると主張した。

シミョンら（Simion et al., 1998）[69]は顔選好が皮質下メカニズムに依存していることを示唆するジョンソンらの仮説と一致した証拠を報告している。シミョンらは視野の耳側に呈示された刺激と鼻側に呈示された刺激に対する反応の非対称性を検討した。視床の外側膝状体を通して大脳新皮質後頭葉の第一次視覚野へと投射される膝状体視覚経路（geniculostriate pathway）と比較すると,網膜視蓋経路は対側眼（耳側視野）からより多くの交差入力を受け,相対的に同側眼（鼻側視野）からの直接の入力が少ない。よって,乳児の顔選好が皮質下メカニズムに依存しているのであれば,視野の耳側への刺激呈示が鼻側への刺激呈示よりも有効であると予測された。乳児は単眼でテストされ,顔らしいパターンあるいは顔らしくないパターンが一つ,視野の耳側または鼻側に呈示された。実験の結果,耳側視野に刺激が呈示された場合は,乳児は顔パターンへの選好定位反応を示したが,鼻側に呈示された場合にはこの選好は生じなかったのである。シミョンらの結果は,新生児の顔選好が皮質下メカニズムに依存しているというジョンソンらの仮説と一致するものであると結論付けられた。

しかしながら,ジョンソンらの主張とは異なり,左右両側に対呈示する刺激がともに中心視野に収まるように近接した位置で呈示されたり,刺激が一つひとつ呈示されたため周辺視野にある刺激への定位を必要としない条件でも,新生児が顔選好を示すことが報告されている（Kleiner & Banks, 1987[34]；Valenza et al., 1996[77]など）。これらの研究からの結果は,新生児の顔選好が周辺視野への定位反応を引き起こす上丘のコンスペックの機能によって生じているというジョンソンの主張とは一見矛盾するように見える。

そこで,マッチカッシアら（Macchi Cassia et al., 2001）[41]は注視時間の指

標から示された新生児の顔選好がジョンソンらの主張と矛盾しない可能性を検討した。顔らしいパターンと顔らしくないパターンが視野の左右両側に対呈示される選好注視課題で，乳児が顔らしくない刺激を注視したときには，顔らしいパターンが視野周辺に位置する。よって，この場合はコンスペックが活性化され，乳児の顔パターンへの定位反応が引き起こされる。一方で，乳児が顔らしいパターンに注視したときには周辺視野には顔パターンは存在しないためコンスペックは活性化されず，定位反応は生じにくいと考えられる。このように，コンスペックによって引き起こされる定位反応によって注視時間を指標とした場合での顔選好の結果を説明できる可能性があると考えられた。この説明を検証するため，マッチカッシアらは視野の両側に二つの顔パターン，あるいは二つの顔らしくないパターンを呈示し，新生児の注視時間，凝視の持続時間，定位回数を計測する実験を行った。実験の結果，新生児は顔パターンが対呈示された条件で，顔らしくないパターンが対呈示された条件よりも多くの定位反応を示すとともに，より長く刺激を注視することが示された。一方で，1回の凝視の平均持続時間には刺激間での差異は見られなかった。これらの結果は注視時間の指標で現れる顔選好は顔パターンに対するより多くの定位反応から生じているという説明を支持するものであると考えられた。

　上記のように，顔への選好を計測する際にもいろいろな指標が考えられるが，近年の多くの研究では刺激を対呈示し，注視時間を計測することで顔選好の結果を一貫して報告している（Farroni et al., 2005[17]；Macchi Cassia et al., 2001[41], 2004[42]；Simion et al., 2002[68]）。

　刺激の対呈示による選好の計測に関しても，各試行の長さを実験者があらかじめ決定して刺激を呈示する手続き（fixed duration presentation procedure）や，乳児の行動に基づいて各試行の刺激呈示時間を決定するインファントコントロール手続き（infant-controlled procedure）などのバリエーションが考えられる。生後3カ月以降の乳児を対象とした研究では1試行の刺激呈示時間を10秒から20秒程度と固定して実験が行われることが多いが，新生児の顔選好（あるいは顔のようなパターンへの選好）を報告した近年の研究の多くはインファントコントロール手続きを用いている（Farroni et al., 2005[17]；Macchi Cassia et al., 2001[41], 2004[42]；Simion et al., 2002[68]）。この

手続きでは，各試行での刺激呈示時間に制限はなく，乳児が左右いずれかの刺激を注視しているかぎり呈示され，乳児がどちらの刺激からも目をそらしてから一定期間が経過した時点で試行が終了する。比較的注視時間が長く，注意を切り替える能力が未発達な幼い乳児を対象とした実験では，刺激呈示時間が固定された手続きよりもインファントコントロール手続きの方が乳児の反応を引き出す上で優れているのかもしれない。

3. 乳児の顔選好は顔に特異的な反応か？

　前項で述べた通り，近年の研究から新生児が顔のようなパターンを選好注視することが複数の研究で確認された。しかしながら，この乳児の反応が顔に選択的に生じる乳児の顔検出を反映する反応であるかどうかは現在も議論が続いている（山口，2003[79]；大塚ら，2008[54]）。

　ヒトの顔は二つの目の下に一つの鼻と口があるという共通の配置をもつ。シミョンら（Simion et al., 2001[67], 2002[68]）は，これらのうち高いコントラストをもつ目は顔の中心より上方に存在することから，顔は画像の上部に要素が多く配置されるという幾何学的特性（Top heavy）をもつパターンであると指摘した。シミョンらは，この特性が新生児の顔パターンに対する選好注視を引き起こす重要な要因である可能性を検討し，顔らしさに乏しい幾何学図形を用いた場合でも，新生児は顔と同様に要素が上方に多く偏った図形を要素が下方に偏った図形よりも選好することを発見した（図6-1b）。この結果から，シミョンらは新生児期の顔選好は，顔に特異的な反応ではなく，上方に要素の多いパターン一般に対する選好反応から生じている可能性を指摘した。

　さらに，マッチカッシアら（Macchi Cassia et al., 2004）[42] は顔写真を操作し，新生児のTop heavy選好を検討した。実験の結果，新生児は正立顔を倒立顔よりも選好するとともに（図6-1c），Top heavy特性を保つために，目・鼻・口のおおよその高さを保って作成されたスクランブル顔（図6-1d）を用いた場合にも正立パターンへの選好が生じることを示した。さらに，新生児はこのTop heavy特性を備えたスクランブル顔と正常な顔が対で呈示されても識別を示さなかったのである。これらの結果から，新生児の正立顔への

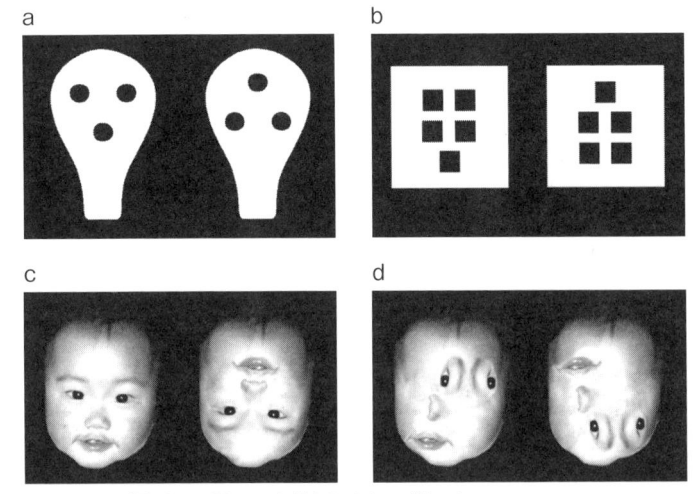

図6-1　a. 顔らしいパターンと顔らしくないパターン
　　　　b. Top heavy 特性をもつ幾何学パターンとその倒立画像
(Simion et al., 2002[68])をもとに作成)
　　　　c. 顔写真と内部要素が倒立した顔写真
　　　　d. Top heavy 特性をもつスクランブル顔とその内部要素が倒立した画像
(Macchi Cassia et al., 2004[42])をもとに作成)
新生児は，これらの画像で左側に示された画像を選好注視することが報告されている。

選好は顔らしい図形に対する反応ではなく，Top heavy 特性をもつパターン一般に対する反応であることが示唆された。トゥラティら（Turati et al., 2005)[76])は Top heavy 選好のその後の発達的変化を検討した。その結果，幾何学図形で Top heavy 選好をテストした場合，新生児が一貫した選好を示すのに対し，3 カ月齢児は一貫した選好を示さないことを発見した。この結果から，Top heavy 選好は生後 3 カ月までに弱まることが示唆される。

より近年，Top heavy パターンへの選好では新生児の顔選好を説明できないとする報告も得られている。顔選好や Top heavy 選好を報告した研究で用いられた刺激図形は，白地に黒い要素が描かれるという共通した特性を備えていた。ファローニら（Farroni et al., 2005)[17])は，この明暗関係が Top heavy 特性とともに新生児の顔選好を引き起こす役割をもつことを示した。ファローニらは図形の明暗関係が逆転した図形では，新生児が顔模式図形への選好を示さないことを発見した。また，新生児は顔写真を用いた場合も，顔への選好を示すが，ネガポジ反転された写真ではこの選好を示さないことがわ

図 6-2　Mooney face 画像の例
（Mooney, 1957[46]）をもとに作成）
白黒二色化され，目・鼻・口などの顔の特徴が独立した要素として存在しないため，この画像で顔を認識するためには画像を全体的に処理することが必要とされると考えられている。

かった。別の研究では，ファローニら（Farroni et al., 2002）[16]は新生児が正面向きの視線の顔写真と，横にそれた視線の顔写真を呈示されると，正面向きの視線画像に選好注視を示すと報告している。二つの顔画像は，視線方向以外は同一であり，ともに Top heavy 特性をもっていた。これらの研究の結果は新生児が Top heavy といった幾何学的特性のみに反応しているのではなく，顔や視線に反応していることを示唆するものである。

さらに，新生児が目・鼻・口などの顔の局所的な特徴を含まない白黒 2 色で描かれたムーニー顔画像（Mooney face〈図 6-2〉）（Mooney, 1957）[46]から顔を知覚することを示唆する報告もある。レオとシミョン（Leo & Simion, 2009b）[38]はムーニー顔画像の正立画像と倒立画像を対呈示すると，新生児が正立画像を倒立顔画像よりも選好注視することを発見した。レオとシミョン（2009b）[38]の結果は 3 カ月齢児や 6 カ月齢児などのより年長の乳児が静止したムーニー顔画像から顔を知覚しないと報告した他の研究からの結果とは異なるものである（Doi et al., 2009[14]；Otsuka et al., 印刷中[51]）。比較的単純な要素で描かれた顔パターンに対する選好は月齢が上がるに従って消失することが報告されており，顔の細部の情報を含まないムーニー顔画像は土居らや大塚らでテストされた年長児の注意を十分引きつけなかったのかもしれない。レオとシミョン（2009b）[38]の結果は，局所的な顔特徴や完全な輪郭をもたない図形から，全体的な情報に基づいてより顔と類似したパターンに新生児が注目することを示した点で興味深いものである。

4. 顔選好に対する経験の影響

顔への選好には生後の視覚経験が影響することが示されている。乳児の選

好は第2節で紹介する馴化法などの実験手続きによる視覚経験からの影響も受けるが，ここでは馴化を伴わない実験手続きで報告された自発的な選好注視反応への日常生活からの視覚経験の影響を報告した研究について述べる。

クインら（Quinn et al., 2002）[59]は，3～4カ月齢児が顔を性別に基づいて分類するか検討し，乳児が女性の顔を男性の顔よりも選好注視することを発見した。これらの乳児の第一養育者は母親であったが，父親が第一養育者である少数の乳児に対して同様の実験を行うと，第一養育者が母親の乳児とは反対に男性の顔を女性の顔よりも選好注視すると報告した。これらの結果から，生後3～4カ月頃までに，視覚経験の多い第一養育者の性別と別の性別の顔をカテゴリカルに識別するようになることが示唆される。

性別に対する選好と同様に，自分の属する人種の顔に対する選好も生後3カ月頃に発達することが複数の研究から示されている（Kelly et al., 2005[32], 2007a[30]；Bar-Haim et al., 2006[2]）。ケリーら（2005）[32]は生後3カ月のイギリスの白人乳児は白人の顔をアジア人や中東，アフリカ人の顔よりも選好注視すると報告した。ケリーら（2007a）[30]はさらに中国に住む中国人乳児を対象とした実験を行い，中国人乳児は他の人種の顔よりもアジア人の顔を選好注視すると報告した。バー=ヘイムら（2006）[2]も同様に，イスラエル人の乳児はエチオピア人（黒人）の顔よりもイスラエル人（白人）の顔を選好注視するとともに，エチオピア人の乳児はこれとは逆の選好を示すと報告した。バー=ヘイムらはさらに，イスラエルに移住し，頻繁にイスラエル人とエチオピア人の両方の人種の顔に接する機会をもつエチオピア人の乳児についても選好テストを行った。その結果，この乳児たちは，どちらの人種の顔にも選好を示さなかった。バー=ヘイムらの後者の結果は，自人種の顔への選好は視覚経験が自人種に限定される乳児でのみ生じ，異人種との接触の多い環境で育った乳児では生じないことを示すものである。これらの研究は一貫して，乳児の顔選好が生後の視覚経験による影響を受けることを示す。またこの視覚経験の影響は生後3カ月頃から生じることが示唆される。

しかしながら，より幼い乳児でも視覚経験が選好注視に影響することを示した研究もある。新生児において養育者の性別や人種に対する選好を示した研究はないが，複数の研究から生後まもない新生児が母親の顔を別の女性の顔よりも選好注視することが報告されているのである（Bushnell, 2001[9]；

Bushnell et al., 1989[10]）。ブッシュネルは，母親顔の視覚経験の量の変化に伴う母親顔への選好の強度の変化を検討し，母親の顔に対する視覚経験が長い乳児ほど強い母親顔選好を示すことを発見した。さらに，新生児が母親の顔を最後に注視してから，15分経過した後でも母親顔への選好は保たれることが明らかになった。ただし，パスカリスとデショーネン（Pascalis & de Schonen, 1994）[57]は，母親と母親以外の女性の両方がスカーフをかぶると新生児の母親顔への選好は消失したと報告している。新生児の母親顔の認識にとっては髪型などの顔の周辺部の情報も重要な手がかりとなっているようである。

第2節　顔の識別能力の発達

　顔の識別を調べる場合，選好注視法を用いる場合もあるが，多くの場合は繰り返し呈示された刺激への乳児の馴れ（habituation）に伴う注視時間の減少と，より新奇な対象を選好注視する（novelty preference）性質を利用した実験を行う。本節では，馴化手続きを用いた研究からの知見を紹介する。

1. 馴化法と慣化法

　選好注視を検討する際に，固定した呈示時間を用いる方法（インファントコントロール手続き）と乳児の反応に応じて呈示時間を決定する方法があることを前節で述べたが，馴化手続きにおいてもこれらの2種類がともに用いられている。インファントコントロール手続きを用いた馴化実験では，一般に乳児が刺激を注視し始めた時点を試行の開始とし，乳児が刺激から2～3秒間以上目をそらした時点で試行を終了する。このようにして，一連の連続した注視が1試行とみなされる。また，一般に連続した3試行の平均注視時間が，初めの3試行の平均注視時間の50％に減少するまで同一（あるいは同一カテゴリ）の刺激が繰り返し呈示される。馴化後のテストでは，馴化期間

からの注視時間の回復（脱馴化）を検討する場合と，比較刺激間での選好（一般に新奇選好）を検討する場合がある。

テスト試行では，脱馴化を計測する場合は，刺激を交互に3試行程度呈示する。この際の1試行の定義は馴化期間と同じく乳児が刺激を注視し始めてから2〜3秒間以上刺激から目をそらすまで，というものである。脱馴化ではなく刺激対呈示による新奇選好を検討する場合は，生後3カ月以上の乳児では10秒間の試行を2回行うことが多く，この際，刺激位置効果を排除するため左右の刺激の位置を入れ替える。新生児を対象とした実験でも刺激位置を変えた2試行のテスト試行を行うことが多いが，各試行は20秒間の注視が得られた時点で終了するという方法をとることが多い。

新生児などの非常に幼い乳児を対象として行われている馴化実験ではほとんどインファントコントロール手続きを用いているが，生後3カ月以降を対象とした実験では実験者が決定した呈示時間を用いる慣化（familiarization）手続きを用いることもある。慣化の期間は15秒間の試行を6回繰り返すという方法が多くの研究で用いられているが，より短い試行数や呈示時間を用いた研究もある（Otsuka et al., 2009[52]）など）。慣化手続きでは十分な注視時間の減少が生じることは保証されていないため，テスト期間には脱馴化ではなく刺激間の選好を検討する。

インファントコントロール手続きでは，記憶能力や刺激への注視持続時間の異なる乳児間（たとえば異なる月齢の乳児）での，刺激への馴化の度合いを一定に保つことができると考えられている。しかしながら，刺激の特性によっては，馴化の度合いは一定に保たれるものの，馴化期間の総注視時間が条件間で異なってしまう可能性もある。このため異なる条件間での画像識別パフォーマンスが，馴化期間の注視時間の差異に基づく反応でないか注意する必要がある。慣化手続きでは，あらかじめ刺激間で注視時間の差異が予測されるような場合には，比較的短く馴化期間を設定することにより，馴化期間の注視時間に差異が生じることを避けることができる（Otsuka et al., 2009[52]）。ただし，既知期間が不十分な場合，新奇な刺激への選好ではなく，既知刺激への選好（familiarity preference）が生じる場合がある。刺激の繰り返し呈示による選好方向の変化を検討した研究から，情報処理の初期の段階ではまず既知刺激への選好が生じ，その後より記憶が確立した時点で新奇選

好が生じることが報告されている（Roder et al., 2000[61]）など)。新奇選好か既知刺激への選好かという選好の方向は，乳児の刺激識別のみを検討する場合（どちらの刺激がより新奇であるか明確な場合）には結果の解釈上大きな問題とはならないが，乳児がテスト刺激のうちどちらを新奇に感じるかを検討したい場合には，十分な馴化期間を設けるなどの注意が必要である。

2. 顔識別に対する経験の影響

　前節で述べたように，生後の視覚経験が特定の顔への乳児の選好注視を引き起こすことが示されている。成人において視覚経験の顔認知に対する影響を示す現象としては，人種効果が挙げられる。成人は自分の属する人種の顔を容易に識別したり，年齢・性別・表情などを読み取ったりすることができるが，異人種の顔に対して認識の困難を示すのである。人種効果は，日常目にする機会の多い自分の属する人種の顔に特化して顔認知が発達することにより生じると考えられている。乳児においても，人種効果や人種効果と類似した効果を示した研究がある。

　先に，クインら（2002）[59]が3～4カ月齢児は，第一養育者と一致する性別の顔を選好注視することを述べたが，クインらはこれらの3～4カ月齢児は第一養育者の性別の顔に対してより高い顔識別精度を示すことも報告している。第一養育者が女性である乳児は，女性の顔を別の女性の顔と識別するが，男性の顔同士を識別しなかったのである。この結果は，成人での人種効果と同様，顔認知が視覚経験の多い顔に特化して発達することを初めて報告したものであり，生後3～4カ月という発達の比較的早い時点でそのような効果がすでに生じることを示した点で興味深い。クインらと一致して，生後3～4カ月頃から人種効果が生じる可能性を示した研究がある。サングリゴーリとデショーネン（Sangrigoli & de Schonen, 2004）[63]は人種効果が乳児にも生じる可能性を，白人の3カ月齢児を対象として検討した。乳児は白人顔およびアジア人顔の識別能力をテストされた。実験の結果，生後3カ月齢の白人乳児は白人顔を識別するが，アジア人顔を識別しないことが示された。しかし，人種効果はより遅く生後6カ月以降に発達するという報告もある。ケリーら（Kelly et al., 2007b）[31]は生後3カ月，6カ月，9カ月の白人乳児を対

象として，アフリカ人・中東人・中国人・白人の各人種の顔を識別するか検討した。実験の結果，3カ月齢児はすべての人種の顔を識別したが，6カ月齢児は中国人と白人の顔のみを識別し，9カ月齢児は白人の顔のみを識別することが示された。ケリーらの結果から，生後6カ月から9カ月の間に徐々に識別できる顔が狭まっていくことが示唆される。

ファーグソンら（Ferguson et al., 2009）[19] はさらに，自分の属する人種の顔と異人種の顔の処理様式の発達的な変化を調べた。成人を対象とした研究では，自人種の顔は異人種の顔よりも全体的に処理されることが示されており（Tanaka et al., 2004[71] など），このような顔処理傾向の差異を乳児ももつかどうか検討した。ファーグソンらは，生後4カ月児は人種に関係なく顔を全体的に処理するが，生後8カ月児は自人種の顔のみを全体的に処理するようになると結論した。ファーグソンらの知見は，ケリーらと一致して，生後8～9カ月にかけてより自人種の顔に特化した顔認知が発達することを示唆するものである。

また，これとほぼ一致する生後6カ月から9カ月にかけて，異種の顔を識別する能力が消失するという報告もある。パスカリスら（Pascalis et al., 2002）[56] は，6カ月齢児はヒトの顔と同様にサルの顔を識別するが，9カ月齢児は成人と同様にヒトの顔のみ識別すると報告した。さらに彼らは，生後9カ月までの期間に日常的にサルの顔を見る経験を積んだ場合は生後9カ月になってもサルの顔を識別する能力は維持されると報告した（Pascalis et al., 2005）[58]。このように，乳児期にも視覚経験による顔認知精度の変化が生じることが明らかにされてきたが，成人後の顔認知精度は乳児期のみで決定されるのではなく，それ以降にも高い可塑性を示すことが報告されている（Sangrigoli et al., 2005）[64]。

3. 倒立効果

成人は非常に優れた顔識別能力をもつが，この顔識別の能力は顔の呈示される方向に依存することが知られている。顔が正立で呈示されたときと比べ，顔が倒立で呈示されると顔の識別は困難になる（Yin, 1969）[80]。この現象は倒立効果と呼ばれる。日常生活の中で逆さまの顔を目にすることは稀であるこ

とから，正立顔の向きに偏った視覚経験を受け，顔認知能力が正立顔の処理に特化して向上するために倒立効果が生じると考えられている（Diamond & Carey, 1986[13]）など）。この考えに基づくと，成人と比較して顔に対する視覚経験のより少ない乳児では倒立効果は生じそうもない。しかしながら，近年の多くの研究は顔の倒立呈示により乳児の顔識別に障害が生じることを報告している。

トゥラティら（Turati et al., 2004）[74] は倒立効果が4カ月齢児にも見られるかを検討した。実験の結果，馴化した顔写真と同一の写真を用いて再認テストを行うと，正立・倒立の両条件で乳児は顔を識別し，条件間でのパフォーマンスの差はなかったものの，複数の異なる視点から撮影された顔写真に馴化し，馴化期間に呈示されなかった新しい視点からの写真で再認テストを行うと，乳児は正立条件でのみ顔を識別することが示された。トゥラティらの結果は生後4カ月の時点ですでにいくらかの倒立効果が生じていることを示す。より近年，目の間隔のみが異なる顔間の識別など，難しい課題についてテストした研究では，馴化期間とテスト期間に同一の画像を用いた場合でも倒立呈示によって乳児の顔識別が阻害されることが報告されている。

ベルティンとバット（Bertin & Bhatt, 2004）[4] は，乳児がサッチャー錯視を知覚する可能性を検討した。図6-3にサッチャー錯視の例を示す。図6-3の2枚の逆さまの顔は一見似通って見えるが，本を逆さまにしてこれらの顔を正立の向きから観察すると，図6-3bは目と口の部分の上下の向きが反転された非常にグロテスクな顔であることがわかる。乳児が顔をグロテスクに感じているかどうかを調べることは困難であるが，ベルティンらはサッチャー錯視が生じるならば，顔が正立呈示された場合は正常な顔と目・口の反転した顔を識別するが，顔が倒立呈示された場合はこの識別が消失すると予測した。実験の結果，6カ月齢児はこの予測通りの反応を示した。バットら（Bhatt et al., 2005）[5] は5カ月齢児も6カ月齢児と同様，顔が正立呈示された条件でのみ目や口の上下の向きが異なる顔を区別することを報告している。さらに，バットらは5カ月齢児は顔が正立した条件では目や口の相対的な位置だけが異なる顔も識別することを示した。一方で，3カ月齢児は，顔が正立呈示された場合でもこれらの顔を識別しなかったのである。

さらに，倒立呈示による顔認知の阻害効果が新生児にも生じることを報告

図6-3 サッチャー錯視の例 （Thompson, 1980[72]）をもとに作成）

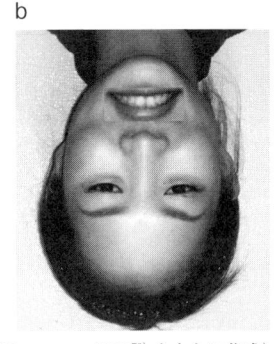

図のように顔が倒立している状態ではaとbの顔の違いはそれほど明確ではないが，これらの顔を正立方向から観察すると，成人にはbの顔がグロテスクに感じられる。

した研究もある。スレーターら（Slater et al., 2000）[70]は，成人によって魅力的であると判断された女性の顔と，魅力的でないと判断された女性の顔を新生児に対して対呈示した。その結果，顔が正立呈示された条件では，新生児は魅力的な顔への選好を示したが，顔が倒立呈示された条件ではこの識別を示さなかったのである。馴化手続きを用いた顔識別実験においても，スレーターと同様に倒立呈示の効果を示す結果が報告されている。トゥラティら（Turati et al., 2006）[73]は，新生児が顔を識別する際の，髪型や輪郭などの周辺手がかりと目・鼻・口などの内部特徴の手がかりの役割について検討した。実験の結果，髪型や輪郭などの周辺手がかりに基づいて顔を識別できる条件（髪型を含む頭部全体の画像が用いられた条件，および頭部画像から内部特徴が消された条件）では，新生児は呈示方向にかかわらず顔を識別したが，内部特徴のみが識別手がかりであった条件においては顔が正立呈示された場合のみ識別を示した。また，新生児でさえサッチャー錯視を知覚する可能性を示した研究もある。レオとシミョン（Leo & Simion, 2009a）[37]は，新生児は顔が正立した条件では目と口の上下が反転した顔と正常な顔を識別するが，顔が倒立の場合は識別しないと報告した。この結果は上記に示したバットら（2005）[5]の結果とは対照的である。より年長の乳児では，顔写真と線画刺激については異なる反応を示すという報告もあることから（たとえば，Schwarzer & Zauner, 2003[65]），レオらはバットらとの結果の違いが刺激の特

性の違いによって生じた可能性を指摘している。バットらは顔の絵を用いていたのに対し，レオらは実際の人物の顔写真を加工した画像を用いていたのである。新生児が細かな顔の陰影などの情報に感受性をもつかどうかは不明であるが，バットらが用いた2次元的な顔画像よりも，レオらが用いた顔写真の方が乳児の顔識別を引き起こす上で有効であったのかもしれない。

4. 表情の識別

　顔は個人を特定する情報をもたらすだけでなく，その表情から個人の感情状態を推測するための情報ももたらす。乳児も表情を読み取る能力を備えているのだろうか。フィールドら（Field et al., 1982)[20]は，新生児が眼前の人物の微笑み，驚き，悲しみなどの表情を模倣すると報告した。フィールドらの報告は乳児が誕生時からいくらかの表情認識能力を備えている可能性を示唆する。しかしながら，カイツら（Kaitz et al., 1988)[29]はフィールドらの結果を，実験者によるエラーやバイアスを除外するように改良された手続きを用いて追認しようと試みたが，モデルの表情に一致した模倣反応を示す結果は得られなかったと報告した。カイツらは，新生児に異なる表情や舌出しを行う実物の顔を呈示した。新生児の見ている顔の表情や動きを知らない実験者が，新生児の様子を観察してどの表情や動きが呈示されているか推測した。その結果，実験者は乳児が舌出しを観察していることは偶然よりも有意に高い確率で正しく判定したが，新生児がどの表情を観察しているのかについては正しく判定することができなかった。これらの結果からは，新生児が異なる表情を識別しているかどうかは不明である。

　より近年，ファローニら（Farroni et al., 2007)[18]は選好注視法を用いて新生児が表情を識別する可能性を検討した。新生児は，恐怖表情と中立表情が対で呈示されても選好を示さなかった。さらに，馴化法を用いてこれらの表情間の識別が検討されたが，新生児は識別の証拠を示さなかった。しかしながら，恐怖表情が幸福表情と対で呈示されると，新生児は有意に長く幸福表情を注視したのである。ファローニらの結果は，新生児でさえいくらかの表情識別能力をもつことを示す。

　より年長の乳児を対象とした研究は，主に馴化法を用いて表情をカテゴリ

カルに識別する能力を検討してきた。これらの研究では一般に，乳児は同一の表情をした異なる人物の顔に馴化した後に，新奇な表情と馴化表情を呈示され，識別をテストされた。このような研究から，生後7カ月になると幸福や驚きといった表情を，表情を表出している人物にかかわらずカテゴリカルに認識していることが示唆されてきた（Caron et al., 1982[11], 1985[12]；Kestenbaum & Nelson, 1990[33]など）。

　日常生活の中では，表情の表出度合いは刻々と変化するが，我々はそれらの強度変化にかかわらず同一の表情を認識することができる。ルードマンとネルソン（Ludemann & Nelson, 1988）[40]はこの能力の発達を検討し，7カ月齢児は異なる強度をもつ幸福表情を同じ幸福表情をもつものとしてカテゴリカルに認識したが，異なる強度をもつ恐怖表情についてはカテゴリカルな認識を示さなかったと報告した。ボーンスタインとアルタベリー（Bornstein & Arterberry, 2003）[6]はさらに，より幼い生後5カ月の乳児が強度の異なる表情を表情カテゴリに基づいて識別するか検討した。乳児はまず，同一人物の異なる強度の笑顔表情（口を閉じた状態の微笑，歯を見せた満面の笑顔，およびこれらの中間表情）に馴化した。テスト期間には馴化期間と同じ人物の新奇な強度の笑顔表情と恐怖表情が対呈示された。乳児が表情の強度にかかわらず，表情をカテゴリカルに識別するのであれば，新奇な表情である恐怖表情に選好注視を示すと予測された。実験の結果，乳児は恐怖表情に選好注視を示し，同一人物の異なる強度の表情をカテゴリカルに識別していることが示された。さらに，乳児は異なる人物の異なる強度の笑顔表情に馴化した後に，新奇な人物の顔を用いてテストされた。その結果，新奇な人物の顔を用いた場合でも乳児が恐怖表情への新奇選好を示すことが明らかになった。これらの結果から，5カ月齢児は表情の強度や表情を表出している人物にかかわらず笑顔表情をカテゴリカルに認識していることが示唆される。

　乳児はしばしば表情に無関係に歯が見えているか否かといった顕著な特徴の変化に基づいて顔を識別することが報告されているが，ファローニら（2007）[18]やボーンスタインとアルタベリー（2003）[6]の実験では恐怖顔と笑顔ともに歯を露出した表情が用いられており，これらの研究での乳児の表情識別は歯が露出しているか否かといった局所的な特徴に基づく反応では説明できないものである。

このように，乳児は遅くとも生後5カ月から7カ月頃までに表情を識別するようになることが示されている。では，乳児は表情が表している情動を認識しているのだろうか。顔表情と声の表す情動をモダリティを超えて一致させる能力を乳児がもつことを示した研究がある。ウォーカー（Walker, 1982）[78]は生後5カ月・7カ月の乳児に幸福表情の顔と怒り表情の顔の動画を対呈示し，一方の情動を表現した声を呈示した。すると，両月齢の乳児とも声の表現している情動と一致した表情の顔に選好注視を示したのである。ウォーカーの結果は乳児が顔や声から情動を認識している可能性を示すものである。さらに，カハナ＝カルマンとウォーカー＝アンドリュー（Kahana-Kalman & Walker-Andrews, 2001）[28]は，生後3.5カ月の乳児でも，母親の顔や声から情動を認識している可能性を報告した。カハナ＝カルマンらはウォーカーと同じ手続きを用いて実験を行った。その結果，生後3.5カ月児は，母親の顔と声が用いられた条件では，声の情動と一致した表情の顔動画像を選好注視したが，見知らぬ（未知の）人物の顔と声が用いられた場合にはこの選好を示さなかったと報告した。乳児期の表情認識は，最も身近な母親の表情を読み取ることから発達していくのかもしれない。

5. 運動する顔の認識

　顔認知の研究では，伝統的に静止した顔画像を用いて行われてきたが，近年の画像呈示技術の向上により，より自然な動画像を用いた研究が多く行われるようになってきた。このような研究では，身振りに伴う頭部全体の動きや，表情の変化と発話に伴う顔内部特徴（目・鼻・口）の動きなどの，日常目にする顔の運動情報が顔認知に及ぼす影響を検討している（O'Toole et al., 2002[50]；Roark et al., 2003[60]）。

　レイトンとロシャット（Layton & Rochat, 2007）[36]は画像の明暗が反転し顔認知が困難な条件で，乳児が母親顔と未知の女性の顔を識別するか，また，未知の女性同士を識別するかを検討した。実験の結果，生後8カ月の乳児は通常の明暗をもつ画像条件では動画・静止画にかかわらず母親顔と未知の女性の顔を識別するとともに，未知顔同士を識別したが，画像の明暗が反転したネガティブ画像では動画条件の母親顔と未知顔にのみ区別を示した。これ

らの結果から，乳児は顔の動きを手がかりとすることで，母親の顔を同定することができたと考えられた。レイトンらの結果は，特徴的な笑い方などの顔の動きが，特に既知の顔を認識する際の個人同定の手がかりとして有効であることを示した成人を対象とした研究からの知見と一致するものである（たとえば，Hill & Johnston, 2001[25]；Knappmeyer et al., 2003[35]）。

　顔の動きが，乳児の顔学習を促進するという知見もある。大塚ら（2005[55], 2009[52]）は顔の運動情報が乳児の顔記憶形成を促進するか検討した。生後 3 〜 4 カ月の乳児は動画あるいは静止画で 1 人の女性の顔を一定期間呈示され（馴化期間），その後，馴化顔と新奇な顔を対で呈示された。実験の結果，動画条件では 30 秒間という短い馴化期間の後に顔再認を示したが，静止画で学習した条件での再認を引き起こすにはより長い 90 秒間の馴化期間が必要とされることが示された。さらに，動画像をコマ送りで呈示した条件の結果から，動画条件での再認成績の向上は，単に動画条件では静止画条件よりも多くの画像を呈示されたために生じたわけではないことが確認された。大塚らの結果は顔の運動情報が乳児の顔認知を促進する効果をもつことを示唆するものである。

　大塚らと類似した，動画像で顔を学習することによる顔再認成績の向上が新生児を対象とした研究でも報告されている。ブルフとトゥラティ（Bulf & Turati, 2010）[7] は新生児を対象として，馴化期間に呈示された画像とは異なる視点から撮影された映像から顔を再認する能力を検討した。実験の結果，馴化期間に顔が剛体的な運動するような知覚印象を生じる仮現運動画像に馴化した場合には，新生児も横顔から顔を再認するが，静止画像で馴化した乳児は横顔からの再認を示さないことが明らかになった。ブルフとトゥラティの結果から，剛体的な顔の動きによって視点変化を超えて顔を認識する乳児の能力が促進されることが示唆される。これらの研究は，動画像を用いることで乳児の顔認知成績が向上することを示すが，バーリックら（Bahrick et al., 2002）[1] は，歯を磨いたり，髪の毛をとかしたり，シャボン玉をふいたり，という動作を行う女性の動画像では，動作が乳児の注意を引きつけるため，顔の学習が阻害されたと報告している。画像の運動情報がどのような状況で乳児の顔認知に促進的効果をもち，どのような状況で妨害する効果をもつのかについては，さらに今後の研究が必要である。

本稿で紹介したように、行動指標を用いた研究から乳児の顔認知についてのさまざまな特性が明らかにされつつある。一方で、その脳内基盤についての解明は始まったばかりである。**研究例1**の冒頭で説明した通り、数年前まで乳児を対象とした脳活動の計測方法は脳波に限られていた。新たな手法としてNIRS（近赤外分光法）が加わることにより今後さらにこの分野の研究が発展することが期待される。

研究例1　ERPを用いた研究事例

　健常な乳児の顔認知に関連する脳活動を計測する手法として初めに用いられたのは、脳電図（脳波：ERP）である。成人を対象とした研究から、刺激呈示の約170ms後に発現する負の電位（N170）が顔認知に関連することが示されてきた（Bentin et al., 1996[3]）など）。この電位は側頭部位の電極でより顕著な反応を生じ、顔以外の物体よりも顔に対してより大きな振幅を示すこと、顔を倒立呈示するとより反応潜時が遅延するとともに振幅が大きくなることが知られている（Rossion et al., 1999[62]）など）。

　乳児においては、より遅い潜時をもつN290（刺激呈示後およそ290～350msにかけて正中線後部にピークを示す負の電位）とP400（刺激呈示から約400ms後にピークをもつ後頭部の側頭寄りに生じる正の電位）と呼ばれる電位が、成人のN170と類似した特性をもつ脳波成分として報告されている（**図6-4**）。デハンら（de Haan et al., 2002）[22]）およびハリットら（Halit et al., 2003）[24]）は、これらの脳波成分がヒトの顔に対して特異的な反応であるかどうかを検討するため、ヒトの顔とサルの顔を正立または倒立で呈示した際の乳児と成人の脳活動を計測した。

　その結果、12ヵ月齢児のN290は、潜時がヒトとサルの顔で異なるとともに、ヒトのみで倒立呈示の影響を受けた。またP400はサルの顔よりもヒトの顔に対して潜時が短く、ヒトの顔では倒立呈示よりも正立呈示で潜時が短いことが示された。これらの12ヵ月齢児の結果は、ヒトの正立顔に特化した反応を示す点で成人のN170と類似していた。一方で、より幼い6ヵ月齢児や3ヵ月齢児では、これらの脳波成分は部分的には倒立呈示の影響やヒトとサルの顔に対する反応の差異を示したが、12ヵ月齢児ほど正立のヒトの顔に特化した反応を示さなかった。デハンらとハリットらの知見から、ヒトの正立顔に特化した反応を示す脳活動が、乳児期にかけて徐々に発達することが示唆される。

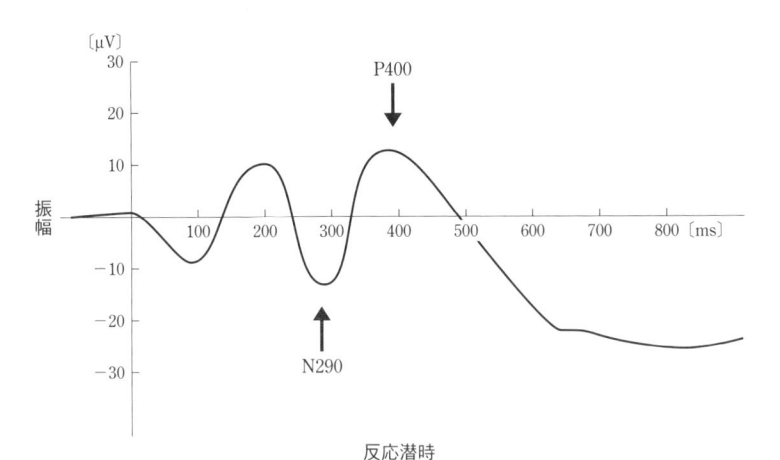

図6-4 乳児の後頭領域における顔反応性電位　　(Halit et al., 2003[24])をもとに作成)
顔画像呈示後およそ290 msに生じる負の電位N290と，400 ms後に生じる正の電位P400。

研究例2　NIRSを用いた研究事例

　近年，新たな脳活動計測法として近赤外分光法（NIRS）が開発され，乳児の顔認知やさまざまな知覚・認知機能のメカニズムを解明するための新たな方法として用いられている（Lloyd-Fox et al., 2010[39]；嶋田，2008[66]；仲渡ら，2009[48]）。

　大塚ら（Otsuka et al., 2007）[53] は，NIRSを用いて①顔の画像に対して異なる脳活動が生じるか，②正立と倒立の顔に反応の差が生じるか，③顔に対する反応に半球間機能差が見られるかという三点を検討する実験を行った。大塚らは，5～8カ月齢児を対象として正立顔と倒立顔に対する反応を計測した。実験では，物体（野菜）画像の呈示をベースラインとして正立顔と倒立顔に対する脳活動を左右側頭部位それぞれ12チャンネルから計測した（図6-5）。

　その結果，右側頭部位においてのみ，ベースラインと比較して正立顔呈示期間に酸化ヘモグロビン（Oxy-Hb）および総ヘモグロビン（Total-Hb）が上昇することが示された。一方で，このような活動の上昇は，倒立顔呈示期間には示されなかった。さらに，右側頭部位では正立顔呈示期間と倒立顔呈示期間のTotal-Hbに有意差が示された。これらの知見は乳児を対象として倒立効果を示した行動研究（Turati et al., 2004）[74] や，正立顔と倒立顔に対する皮質脳活動が異なることを示したERP研究（de Haan et al., 2002[22]；Halit et al.,

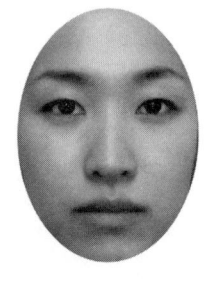

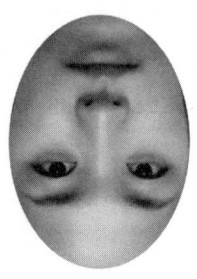

図6-5 野菜画像と正立・倒立顔画像　　　（Otsuka et al., 2007[53]）をもとに作成）

2003[24]）と一致するものである。さらに，大塚らは正面向きの顔画像を用い，5〜8カ月齢児の反応に発達的な差異を発見しなかったが，仲渡ら（Nakato et al., 2009）[49] は，横顔を用いた場合には8カ月齢児だけが物体と顔に対する反応の差異を示すと報告した。NIRS技術の顔認知発達研究への利用は近年開始されたばかりであるが，今後，知見を積み重ねることで，乳児の顔認知機能に関連する脳メカニズムの解明に貢献することが期待される。

【引用文献】

1) Bahrick, L. E., Gogate, L. J., & Ruiz, I.（2002）. Attention and memory for faces and actions in infancy：The salience of actions over faces in dynamic events. *Child Development*, **73**, 1629-1643.
2) Bar-Haim, Y. Z. T., Lamy, D., & Hodes, R. M.（2006）. Nature and nurture in own-race face processing. *Psychological Science*, **17**, 159-163.
3) Bentin, S., Allison, T., Puce, A., Perez, E., & McCarthy, G.（1996）. Electrophysiological studies of face perception in humans. *Journal of Cognitive Neuroscience*, **8**, 551-565.
4) Bertin, E., & Bhatt, R. S.（2004）. The Thatcher illusion and face processing in infancy. *Developmental Science*, **7**, 431-436.
5) Bhatt, R. S., Bertin, E., Hayden, A., & Reed, A.（2005）. Face processing in infancy：Developmental changes in the use of different kinds of relational information. *Child Development*, **76**, 169-181.
6) Bornstein, M. H., & Arterberry, M. E.（2003）. Categorization of facial expressions Recognition, discrimination and categorization of smiling by 5-month-old infants. *Developmental Science*, **6**, 585-599.
7) Bulf, H., & Turati, C.（2010）. The role of rigid motion in newborns' face recognition. *Visual Cognition*, **18**, 504-512.
8) Bushnell, I. W. R.（1979）. Modification of the externality effect in young

infants. *Journal of Experimental Child Psychology*, **28**, 211-229.
9) Bushnell, I. W. R. (2001). Mother's face recognition in newborn infants : Learning and memory. *Infant and Child Development*, **10**, 67-74.
10) Bushnell, I. W. R., Sai, F., & Mullin, J. T. (1989). Neonatal recognition of the mother's face. *British Journal of Developmental Psychology*, **7**, 3-15.
11) Caron, R. F., Caron, A. J., & Myers, R. S. (1982). Abstraction of invariant face expressions in infancy. *Child Development*, **53**, 1008-1015.
12) Caron, R. F., Caron, A. J., & Myers, R. S. (1985). Do infants see emotional expressions in static faces? *Child Development*, **56**, 1552-1560.
13) Diamond, R., & Carey, S. (1986). Why faces are not special : An effect of expertise. *Journal of Experimental Psychology* : *General*, **115**, 107-117.
14) Doi, H., Koga, T., & Shinohara, K. (2009). 18-Month-olds can perceive Mooney faces. *Neuroscience Research*, **64**, 317-322.
15) Fantz, R. L. (1961). The origin of form perception. *Scientific American*, **204**, 66-72.
16) Farroni, T., Csibra, G., Simion, F., & Johnson, M. H. (2002). Eye contact detection in humans from birth. *Proceedings of the National Academy of Sciences of the United States of America*, **99**, 9602-9605.
17) Farroni, T., Johnson, H. M., Menon, E., Zulian, L., Faraguna, D., & Csibra, G. (2005). Newborns' preference for facerelevant stimuli : Effects of contrast polarity. *Proceeding National Academy of Sciences of the United States of America*, **102**, 17245-17250.
18) Farroni, T., Menon, E., Rigato, S., & Johnson, M. H. (2007). The perception of facial expressions in newborns. *European Journal of Developmental Psychology*, **4**, 2-13.
19) Ferguson, K. T., Kulkofsky, S., Cashon, C. H., & Casasola, M. (2009). The development of specialized processing of own-race faces in infancy. *Infancy*, **14**, 263-284.
20) Field, T., Woodson, R., Greenberg, R., & Cohen, D. (1982). Discrimination and imitation of facial expression by neonates. *Science*, **218**, 179-181.
21) Goren, C., Sarty, M., & Wu, P. (1975). Visual following and pattern discrimination of face-like stimuli by newborn infants. *Pediatrics*, **56**, 544-549.
22) de Haan, M., Pascalis, O., & Johnson, M. H. (2002). Specialization of neural mechanisms underlying face recognition in human infants. *Journal of Cognitive Neuroscience*, **14**, 199-209.
23) Hainline, L. (1978). Developmental changes in visual scanning of face and nonface patterns by infants. *Journal of Experimental Child Psychology*, **25**, 90-115.
24) Halit, H., de Haan, M., & Johnson, M. H. (2003). Cortical specialisation for face processing : Face-sensitive event-related potential components in 3- and 12-month-old infants. *Neuroimage*, **19**, 1180-1193.
25) Hill, H., & Johnston, A. (2001). Categorizing sex and identity from the biological motion of faces. *Current Biology*, **11**, 880-885.
26) Johnson, M. H., Dziurawiec, S., Ellis, H., & Morton, J. (1991). Newborns'

preferential tracking of face-like stimuli and its subsequent decline. *Cognition*, **40**, 1-19.
27) Johnson, M. H., & Morton, J. (1991). *Biology and cognitive development : The case of face recognition*. Oxford : Basil Blackwell.
28) Kahana-Kalman, R., & Walker-Andrews, A. S. (2001). The role of person familiarity in young infants' perception of emotional expressions. *Child Development*, **72**, 352-369.
29) Kaitz, M., Meschulach-Sarfaty, O., Auerbach, J., & Eidelman, A. (1988). A re-examination of newborns' ability to imitate facial expressions. *Developmental Psychology*, **24**, 3-7.
30) Kelly, D. J., Liu, S., Ge, L., Quinn, P. C., Slater, A. M., Lee, K., Liu, Q., & Pascalis, O. (2007a). Cross-race preferences for same-race faces extend beyond the African versus Caucasian contrast in 3-month-old infants. *Infancy*, **11**, 87-95.
31) Kelly, D. J., Quinn, P. C., Slater, A. M., Lee, K., Ge, L., & Pascalis, O. (2007b). The other-race effect develops during infancy : Evidence of perceptual narrowing. *Psychological Science*, **18**, 1084-1089.
32) Kelly, D. J., Quinn, P. C., Slater, A. M., Lee, K., Gibson, A., Smith, M., Ge, L., & Pascalis, O. (2005). Three-month-olds, but not newborns, prefer own-race faces. *Developmental Science*, **8**, F31-F36.
33) Kestenbaum, R., & Nelson, C. A. (1990). The recognition and categorization of upright and inverted emotional expressions by 7-month-old infants. *Infant Behavior and Development*, **13**, 497-511.
34) Kleiner, K., & Banks, M. (1987). Stimulus energy does not account for 2-month-old infants' face preferences. *Journal of Experimental Psychology : Human Perception and Performance*, **13**, 594-600.
35) Knappmeyer, B., Thornton, I. M., & Bülthoff, H. H. (2003). The use of facial motion and facial form during the processing of identity. *Vision Research*, **43**, 1921-1936.
36) Layton, D., & Rochat, P. (2007). Contribution of motion information to maternal face discrimination in infancy. *Infancy*, **12**, 257-271.
37) Leo, I., & Simion, F. (2009a). Face processing at birth : A Thatcher illusion study. *Developmental Science*, **12**, 492-498.
38) Leo, I., & Simion, F. (2009b). Newborns' Mooney-face perception. *Infancy*, **14**, 641-653.
39) Lloyd-Fox, S., Blasi, A., & Elwell, C. E. (2010). Illuminating the developing brain : The past, present and future of functional near infrared spectroscopy. *Neuroscience amd Biobehavioral Reviews*, **34**, 269-284.
40) Ludemann, P. M., & Nelson, C. A. (1988). Categorical representation of facial expressions by 7-month-old infants. *Developmental Psychology*, **24**, 492-501.
41) Macchi Cassia, V., Simion, F., & Umilta, C. (2001). Face preference at birth : The role of an orienting mechanism. *Developmental Science*, **4**, 101-108.
42) Macchi Cassia, V., Turati, C., & Simion, F. (2004). Can a non specific bias

toward top-heavy patterns explain newborns' face preference? *Psychological Science*, **15**, 379-383.

43) Maurer, D., & Salapatek, P. (1976). Developmental changes in the scanning of faces by young infants. *Child Development*, **47**, 523-527.
44) Maurer, D., & Young, R. E. (1983). Newborns' following of natural and distorted arrangements of facial features. *Infant Behavior and Development*, **6**, 127-131.
45) Milewski, A. E. (1976). Infants' discrimination of internal and external pattern elements. *Journal of Experimental Child Psychology*, **22**, 229-246.
46) Mooney, C. M. (1957). Age in the development of closure ability in children. *Canadian Journal of Psychology*, **11**, 216-226.
47) Morton, J., & Johnson, M. H. (1991). Conspec and Conlern：A two-process theory of infant face recognition. *Psychological Review*, **98**, 164-181.
48) 仲渡江美・小林恵・山口真美（2009）．乳児の顔認識における脳活動について　電子情報通信学会誌, **92**（1），61-66.
49) Nakato, E., Otsuka, Y., Kanazawa, S., Yamaguchi, M. K., Watanabe, S., & Kakigi, R. (2009). When do infants differentiate profile face from frontal face? A near-infrared spectroscopic study. *Human Brain Mapping*, **30**, 462-472.
50) O'Toole, A. J., Roark, D. A., & Abdi, H. (2002). Recognizing moving faces：A psychological and neural synthesis. *Trends in Cognitive Sciences*, **6**, 261-266.
51) Otsuka, Y., Hill, H. C., Kanazawa, S., Yamaguchi, M. K., & Spehar, B.（印刷中，2011）. Perception of Mooney faces by young infants：Local feature visibility, contrast polarity and motion. *Journal of Experimental Child Psychology*.
52) Otsuka, Y., Konishi, Y., Kanazawa, S., Yamaguchi, M. K., Abdi, H., & O'Toole A. J. (2009). Recognition of moving and static faces by young infants. *Child Development*, **80**, 1259-1271.
53) Otsuka, Y., Nakato, E., Kanazawa, S., Yamaguchi, M. K., Watanabe, S., & Kakigi, R. (2007). Neural activation to upright and inverted faces in infants measured by near infrared spectroscopy. *Neuroimage*, **34**, 399-406.
54) 大塚由美子・仲渡江美・山口真美（2008）．乳児期における顔認知の発達と脳活動　映像情報メディア学会誌, **62**（12），1920-1923.
55) 大塚由美子・山口真美（2005）．乳児期初期における顔認知の発達と運動情報の効果　ベビーサイエンス, **5**，4-11.
56) Pascalis, O., de Haan, M., & Nelson, C. A. (2002). Is face processing species-specific during the first year of life? *Science*, **296**(5571), 1321-1323.
57) Pascalis, O., & de Schonen, S. (1994). Recognition memory on 3- to 4-day-old human neonates. *NeuroReport*, **5**, 1721-1724.
58) Pascalis, O., Scott, L. S., Kelly, D. J., Shannon, R. W., Nicholson, E., Coleman, M., & Nelson, C. A. (2005). Plasticity of face processing in infancy. *Proceedings of the National Academy of Sciences of the United States of America*, **102**, 5297-5300.
59) Quinn, P. C., Yahr, J., Kuhn, A., Slater, A. M., & Pascalils, O. (2002). Rep-

resentation of the gender of human faces by infants : A preference for female. *Perception*, **31**, 1109-1121.
60) Roark, D. A., Barrett, S. E., Spence, M. J., Abdi, H., & O'Toole, A. J. (2003). Psychological and neural perspectives on the role of motion in face recognition. *Behavioral and Cognitive Neuroscience Reviews*, **2**, 15-46.
61) Roder, B. J., Bushnell, E. W., & Sasseville, A. M. (2000). Infants' preferences for familiarity and novelty during the course of visual processing. *Infancy*, **1**, 491-507.
62) Rossion, B., Delvenne, J.-F., Debatisse, D., Goffaux, V., Bruyer, R., & Crommelinck, M., et al. (1999). Spatio-temporal localization of the face inversion effect : An event-related potentials study. *Biological Psychology*, **50**, 173-189.
63) Sangrigoli, S., & de Schonen, S. (2004). Recognition of own-race and other-race faces by three-month-old infants. *Journal of Child Psychology and Psychiatry*, **45**, 1219-1227.
64) Sangrigoli, S., Pallier, C., Argenti, A.-M., Ventureyra, V. A. G., & de Schonen, S. (2005). Reversibility of the other-race effect in face recognition during childhood. *Psychological Science*, **16**, 440-444.
65) Schwarzer, G., & Zauner, N. (2003). Face processing in 8-month-old infants : Evidenve for configural and analytical processing. *Vision Research*, **43**, 2783-2793.
66) 嶋田総太郎（2008）．乳児を対象とした脳機能計測　山口真美・金沢創（編）知覚・認知の発達心理学入門──実験で探る乳児の認識世界　北大路書房 pp.133-141.
67) Simion, F., Macchi Cassia, V., Turati, C., & Valenza, E. (2001). The origins of face perception : Specific vs. non-specific mechanisms. *Infant and Child Development*, **10**, 59-65.
68) Simion, F., Valenza, E., Macchi Cassia, V., Turati, C., & Umiltà, C. (2002). Newborns'preference for up-down asymmetrical configurations. *Developmental Science*, **5**, 427-434.
69) Simion, F., Valenza, E., Umiltà, C., & Dalla Barba, B. (1998). Preferential orienting to faces in newborns : A temporal-nasal asymmetry. *Journal of Experimental Psychology : Human Perception and Performance*, **24**, 1399-1405.
70) Slater, A., Quinn, P. C., Hayes, R., & Brown, E. (2000). The role of facial orientation in newborn infants' preference for attractive faces. *Developmental Science*, **3**, 181-185.
71) Tanaka, J. W., Kiefer, M.,& Bukach, C. M. (2004). A holistic account of the own-race effect in face recognition : Evidence from a cross-cultural study. *Cognition*, **93**, B1-B9.
72) Thompson, P. (1980). Margaret thatcher : A new illusion. *Perception*, **9**, 483-484.
73) Turati, C., Macchi Cassia, V., Simion, F., & Leo, I. (2006). Newborns' face recognition : Role of inner and outer facial features. *Child Development*, **77**, 297-311.

74) Turati, C., Sangrigoli, S., Ruel, J., & de Schonen, S. (2004). Evidence of the face-inversion effect in 4-month-old infants. *Infancy*, **6**, 275-297.
75) Turati, C., & Simion, F. (2002). Newborns' recognition of changing and unchanging aspects of schematic faces. *Journal of Experimental Child Psychology*, **83**, 239-261.
76) Turati, C., Valenza, E., Leo, I., & Simion, F. (2005). Three-month-olds' visual preference for faces and its underlying visual processing mechanisms. *Journal of Experimental Child Psychology*, **90**, 255-273.
77) Valenza, E., Simion, F., Macchi Cassia, V., & Umiltà, C. (1996). Face preference at birth. *Journal of Experimental Psychology : Human Perception and Performance*, **22**, 892-903.
78) Walker, A. S. (1982). Intermodal perception of expressive behaviors by human infants. *Journal of Experimental Child Psychology*, **33**, 514-535.
79) 山口真美 (2003). 赤ちゃんは顔をよむ —— 視覚と心の発達学　紀伊國屋書店
80) Yin, R. K. (1969). Looking at upside-down faces. *Journal of Experimental Psychology*, **81**, 141-145.

第7章 親子関係の比較発達

齋藤慈子 Atsuko Saito

第1節　霊長類の母子関係
  1. 社会性の基礎としての母子関係
  2. 霊長類研究 ── その背景

第2節　親子関係の発達的変化
  1. マカクザルの親子関係の発達的変化
  2. マーモセットの親子関係の発達的変化

第3節　親子の相互認識と接近
  1. マカクザルの母子認識の発達
  2. マーモセットの親子認識の発達

第4節　隔離実験

第5節　養育者による虐待

第6節　養育行動における生理学的基盤と影響
  1. 養育行動の発現
  2. 養育行動の個体差
  3. 養育環境が与える影響

第1節 霊長類の母子関係

1. 社会性の基礎としての母子関係

　私たちは単独で生活をしているわけではなく，社会の中で生きている。社会という集団の中で生活を維持していくためには，ヒトとヒトとの関わり合いの中で作られる，社会性が重要な働きをする。家族，学校，会社などに属する集団は，成長とともに増加，変化していくが，生後最初に接する社会的環境である養育者との関係は，その後の私たちの発達に最も大きな影響を与えるもののひとつである。事実，生後初期の母親（や養育者）との関係が，子どもの成長後の心理的健康面に大きな影響を与えることが知られている（Repetti et al., 2002)[54]。

　ヒトを含め，親が子を養育する多くの種では，親子の間に特別な結びつきが存在する。すなわち，特定の相手に対しての近接状態を維持しようとし，それが損なわれた場合には取り戻そうとするのである。このような結びつきはアタッチメント（attachment：愛着）と呼ばれる（Bowlby, 1969〈黒田ら訳，1991〉)[7]が，正常な母子（養育者-子）関係，アタッチメントの発達とはどんなものなのかを探ることは，ヒトの心の基礎が形成される過程を理解するだけでなく，後に生じる問題の原因を探り，その発生を未然に防ぐことにも役立つであろう。

2. 霊長類研究　　　　　　　　　　　　　　　　その背景

A. 霊長類研究の意義

　本章ではヒト以外の霊長類における母子（養育者-子）関係の発達とその研究方法について紹介する。ヒト以外の動物を研究対象とする意義は，進化

によってもたらされた共通性にある。まずヒトも他の動物と同様に進化の産物であり，他の動物とは連続的な存在であるという事実がある。そして，ヒトは哺乳類の中の霊長類の一種であるため，哺乳類という分類群に共通する特徴と，さらに系統的に近い霊長類に共通する特徴を備えていると考えられる。母親が未熟な子を母乳で育てるという特徴は，哺乳類に共通するものである。したがって，ヒトを含めた哺乳類に共通して見られる母子関係の特徴を調べるために，ヒト以外の哺乳類を対象とした研究は有用である。また霊長類（特に真猿類）では，個体が相互に認識するだけでなく，他者間の関係も認識して社会交渉を行うような群れを形成し，子がその中で成長をする。したがって，複雑な社会の中で発達する母子関係を知るためには，霊長類の研究が役に立つ。系統的に近い種に共通に見られる認知機能や行動を調べることによって，それらの系統発生を明らかにできる上，系統的に離れた種で類似の行動が見られれば，その行動を進化させた淘汰圧，進化要因を探ることも可能となる（藤田，1998[14]；渡辺，1997[67]）。もちろん淘汰圧を探るためには，それぞれの種がどのような物理的，社会的環境で生活しているのかという生態を理解することが欠かせない。このようにヒト以外の動物種を対象とすることは，ヒトの心が歩んできた道筋や，どのような淘汰圧のために特定の心の働きが生まれてきたのかなど，さまざまな角度からヒトの心を理解するために有効な方法となるのである。

　ヒト以外の動物を対象とするもう一つの利点として，多くの動物はヒトより寿命が短く，発達速度が速いため，ヒトに比べ短期間で発達全体の様相をつかむことができること，さまざまな実験的操作や条件の統制が可能であることが挙げられる。ヒトを対象とした場合，発達的変化を追うためには，かなり長期的な研究計画が必要となる上，生活環境を統一して実験や調査を行うことは困難である。薬物の投与等の実験的操作は制限されるし，ましてや後述するような，社会的隔離実験などは不可能である。また，ヒトの初期母子関係が子の成長後の心理面に影響を与えるという研究の多くでは，それらの間に関係があることは示されるが，因果関係について言及することは難しい。一方ヒト以外の動物を対象とした場合には，もちろん動物福祉，倫理的観点から，実験の実施には制約がかけられるものの，生育環境の操作を行い，出生から成体までの発達的変化を追う研究も比較的容易となってくる。

特に霊長類を対象とする理由には，先にも述べたヒトとの系統的な近さや社会性の共通点にも通じるが，ヒトと同様に，母子関係に経験的，認知的，社会的なプロセスが大きな影響を与えることが挙げられる。養育行動のメカニズム研究が進んでいるラット（Numan, 2007）[48]とヒツジ（Keverne, 1996）[27]は，この点でヒトと大きく異なると指摘されており，ヒトの養育行動のメカニズムを明らかにするためには，やはり霊長類の研究は非常に重要であると言える（Maestripieri, 1999[30]；Pryce, 1996[50]）。

B. マカクザルとマーモセット

現生霊長類は約200種で，ホミノイド，旧世界ザル，新世界ザル，メガネザルを含む真猿類と，ロリスやキツネザルの原猿類に大別される（図7-1）。霊長類の母子関係の特徴は，子が手足で母親にしがみつくことであるが，より原始的な特徴を保持していると考えられている原猿類では，子が一方的にしがみつくだけで，母親は手で子の体を支えることはしない。この特徴は新世界ザルにも見られるが，それ以外の真猿類では，子が母親にしがみつくだけでなく，母親が手で子を抱える。さらにホミノイドでは，相互の視線を合わせるという行動が特徴となるが，ヒトとそれ以外のホミノイドの間にも違いが見られる。チンパンジーなどの類人猿では，出産後約3カ月間，24時間母子は身体的接触をしたままであるが，ヒトでは，社会の変化や労働の分担，血縁者による子育て支援などの社会行動の変化に伴い，母子が離れる機会が増加した。母親は子を適当な場所に置き，子が助けを求めたとき，つまり，泣いたときに抱きあげるという行動が発達したとも言われる（Matsuzawa, 2006）[42]。

本章で紹介するのは，ハーロウの有名な代理母の研究（Harlow, 1958）[19]に始まり，母子関係の研究が多数行われているアカゲザルを含むマカクザルの仲間と，近年，実験動物として注目を集めているコモンマーモセットの研究である。それぞれの特徴をまず見てみよう。

マカクザルの仲間にはアカゲザルのほかに，ニホンザル，カニクイザル，ブタオザルなどが含まれる。生息地は西はアフガニスタンから東は日本までのアジアで，海抜0mから4,000mまで，熱帯雨林から温帯の森林，乾燥した雑木林までと，ヒトに次いでさまざまな気候や土地に適応している。食性

図7-1 現生霊長類の系統樹

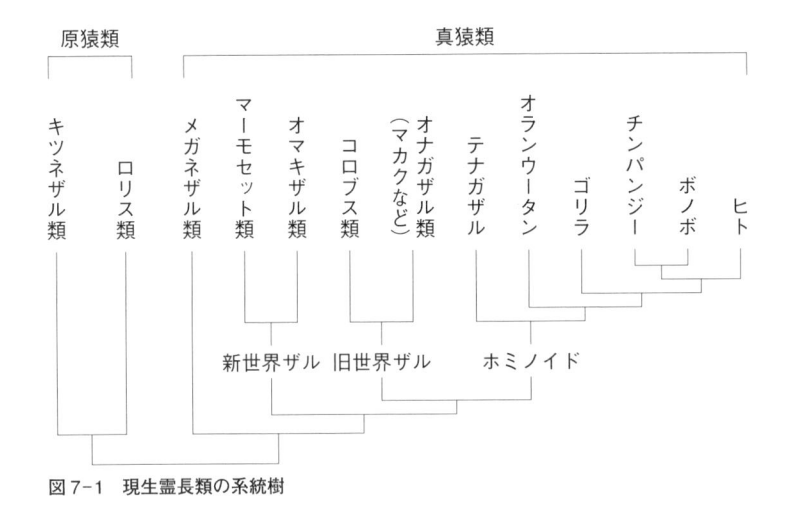

も多様で、果実が主食であるが、草や木の芽なども食べる雑食である。10頭から多い場合は100頭を超える複雄複雌群で生活し、群れ内の個体には順位が存在する。多くは母系社会で、アカゲザルの場合、メスは約3.5歳で性成熟し、成長後も生まれた群れにとどまるが、オスは約4.5歳で性成熟した後は生まれた群れを離れ、別の群れに移入する。マカクザルの妊娠期間は160〜180日で、多くの霊長類でそうであるように、ほとんどの場合メスは一度に1子を出産する（Melnick & Pearl, 1987）[43]。子育ては主に母親が行うが、父親ではなくともオトナオスが子どもの面倒をみるという報告もある（長谷川, 1983）[22]。

コモンマーモセットは、新世界ザルのマーモセット科に属し、この科にはタマリンの仲間も含まれる。中南米に分布し、熱帯雨林や森林周縁部に生息している。マーモセット科のサルは非常に小型で、体重は1kgにも満たない。歯で木の幹に穴をあけ、出てくる樹脂や樹液を餌とするほか、昆虫、果実や果汁なども食物とする。コモンマーモセットは10頭前後の群れで生活し、その構成は、複雄単雌、単雄複雌、複雄複雌などさまざまである。メスは約12カ月齢で、オスは約17カ月齢で性成熟するが（Harvey et al., 1987）[21]、オスもメスも生まれた群れにとどまるとも、両性ともに群れから離れるとも言われる（Goldizen, 1987）[15]。

最も特徴的な点はその繁殖の仕方である。多くの場合、群れ内で優位のメ

スとオスのみが繁殖するが（Saltzman, 2003）[57]、一度に2子を産むことが多く、メスは出産後1週間ほどで再び発情、排卵し、うまく妊娠すれば授乳しながら次の子をおなかの中で育てる。妊娠期間はおよそ5カ月のため、順調に繁殖すれば年に2回の出産で、4頭子どもが生まれることになる。また、生まれてきた子は、自らの力のみで養育者にしがみつくことができるが、母親だけでなく、父親や兄姉が子どもを背負って養育に参加する。この家族での協同繁殖という特徴は、ヒトの養育行動にも共通する点であり、マーモセットの養育者と子の関係の発達的変化やその背景にあるメカニズムを研究することは、ヒトの養育行動の理解を深めるのに役立つと考えられる。

第2節 親子関係の発達的変化

1. マカクザルの親子関係の発達的変化

マカクザルの子どもは、出生直後から手足によって母親にしがみつくことが可能であるが、発達初期では母親の方も手足で子を抱えている。生後約1週間は、子どもは母親とおなかとおなかを合わせる姿勢（腹側位接触）で常に接触して過ごす。2週目前後になると、子どもは母親の腹部から離れて周囲を探索し始めるが、母親は子どもの手足をつかんで引きとめたり、離れている子どもを連れ戻したりする拘束行動を見せる。子どもが探索したり固形物を食べたり、他の子どもと遊んだりして母親から離れている時間は、運動能力の発達に伴い増加し、それに従うように母親の拘束行動は生後2カ月頃までよく見られるものの、その後減少する。これとは逆に、1カ月頃から、母親が近づく子どもを拒絶する（子どもをたたいたり、子どもから離れたりする）行動も現れ始め、こちらは拘束行動が減少するのに合わせて増加していく。

こうした行動変化の結果、母子が離れている時間はどんどん長くなり、生

研究例1　アカゲザルの母子関係の観察　　ハインドとスペンサー=ブース (1967)[23]

ハインドとスペンサー=ブース (1967)[23]は，オトナオス 1 頭，メス 2〜4 頭とその子どもからなるアカゲザルの飼育下小集団で，8 頭の子どもを対象に母子関係の発達的変化を生後 2 年半観察した。観察は 9 時から 13 時の間に 5 人の観察者によって行われたが，観察者間の行動の分類は一致していた（複数の者によって観察が行われた場合，通常はデータの相関をとるなどして観察者間の信頼性を確認する）。最初の 6 週間は毎週 6 時間，7 週目から 26 週目までは 2 週間ごとに 6 時間，それ以降は 4 週間ごとに 6 時間の観察を行った。観察者は，30 秒のインターバルごとに，母子の接触，拒絶行動の有無をチェックシートに記録した。

これらのデータから，それぞれの行動が観察時間中の何パーセントのインターバルで見られたかが計算された。8 ペアのデータの中央値がプロットされたものが，図 7-2 である。

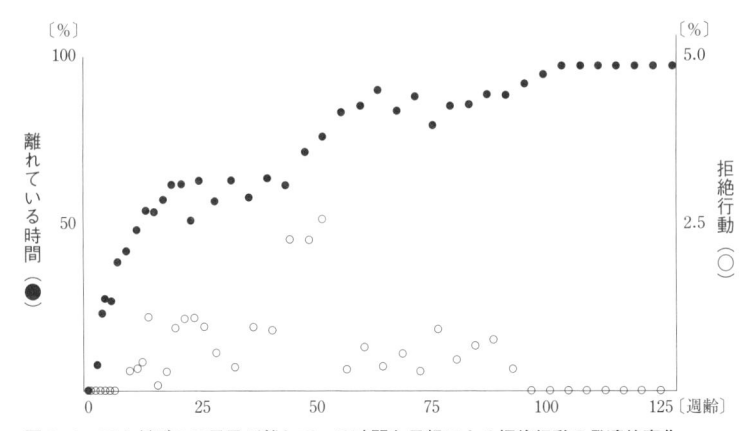

図 7-2　アカゲザルの母子が離れている時間と母親による拒絶行動の発達的変化
(Hinde & Spencer-Booth, 1967[23] をもとに作成)

後 3 カ月頃には，観察時間の半分ほどになり，その後はゆっくりと 100％ に近づく（図 7-2）。最初の 1 カ月間，子は母親以外の個体とほとんど接触しないが，それ以降はしだいに他のオトナメスにグルーミングされたり，子ザル同士で遊んだりと母親以外との社会行動が見られるようになる（Hinde & Spencer-Booth, 1967[23]〈研究例 1〉）。

2. マーモセットの親子関係の発達的変化

　マーモセットの子どもは，出生直後から自力だけで親の体にしがみつくが，向かい合わせの接触のマカクザルとは異なり，基本的に養育者の背中にしがみつくため，背側−腹側の接触となる。父親と母親のどちらが多く子を背負うかは，家族によって異なるが，最初の週は両親が多く背負い，兄姉個体は2週目以降背負い行動をよく行うようになる（**図7-3**）。養育者間の子どもの受け渡しは，多くの場合，背負っている養育者が子どもを壁や枝などにこすりつけて拒絶することによって，子どもが泣き声をあげ，それが刺激となって他の養育者が子どもに近づいて抱きとるという流れで生じる。拒絶された子どもがすぐに別の養育者に抱き上げられず，しばらく放置されるということもある。

　生後3週目を過ぎると，子どもが自ら養育者から離れて動いている様子も観察されるようになる。養育者が子を背負っている時間は次第に減少し，養育者から子が離れている時間が増加する。生後5週ほどで子が養育者から離れている時間は観察時間の半分ほどになり，12週頃までにはほとんどの時間

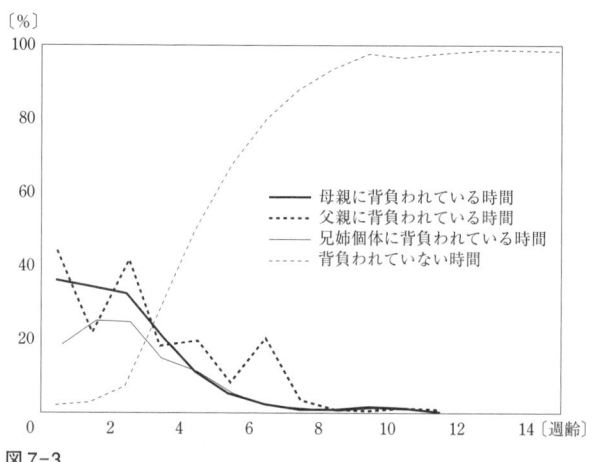

図7-3
マーモセットの子が家族内の各個体に背負われている時間と背負われていない時間の発達的変化

（Ingram, 1977[25]）をもとに作成）

自立しているようになる（図7-3）（Ingram, 1977)[25]。アカゲザルの子が生後しばらくは母親と100％接触しているのに対し，マーモセットの子は生後すぐに母親から離れ，群れ内の他の個体との接触が始まるという点で対照的である。

第3節 親子の相互認識と接近

親子が離れた後再び接触するのは，特定の相手を認識し，その相手との近接状態を維持しようとするアタッチメントによるものと考えられる。子が養育者を，養育者が子を他の個体と区別する能力は，発達の過程でいつ頃から見られるのであろうか。また，それぞれはどのような手がかりを使って認識しているのであろうか。

1. マカクザルの母子認識の発達

特定の相手を認識しているかを調べる，最も単純な方法は，母子を入れ替えてそれぞれの行動を観察する方法である。カニクイザルを対象としてさまざまな齢（0～6カ月）の子どもとその母親を，子どもの齢を合わせて入れ替えると，半月齢までは自他の子で母親の行動に違いは見られず，半月齢以上になるとリップスマッキング（口をリズミカルにパクパクと開け閉めする，親和的行動）やにおいをかぐ行動を他の子に対してより多く行う。一方子どもの行動には，半月齢までは自分の母親と他のメスで接近行動に違いが見られないものの，乳首に吸いついている時間には違いが見られることから，味覚，視覚，嗅覚いずれかによって乳首を自分の母親のものと他のメスのもので区別しているようである（Negayama & Honjo, 1986)[47]。

母親は本当に半月以上経たないと，自他の子を区別できないのであろうか。ブタオザルの母親に自分の子あるいは同年齢の子をアクリルガラス越しに見せ，そのときの活動量を比較すると，出産後6日目で自分の子のときと他の

子のときで違いが現れ，自分の子を呈示されたときの方が，落ち着いて，活動量が低下するという報告もある（Jensen, 1965）[26]。先のカニクイザルの結果とこの結果の違いは，種による違いなのか，子の呈示方法による違いなのか，あるいは記録した行動による違いなのかはわからないが，少なくともブタオザルでは，母親が出産後1週間以内に自分の子を視覚的に識別しているようだ。

社会的選択テスト（social preference test）と呼ばれる，他個体に対する認識・接近行動を調べるテストがある。これは，刺激となる複数の個体を小さめのケージなどに入れて呈示し，被験体が呈示された刺激個体に接近する行動を調べるものである。被験体と刺激個体の間にはアクリルガラスや網があり，直接接触はできない。主にマカクザルを対象に，母子間のアタッチメントを評価する方法として使われてきた（Sackett et al., 1967[56]；Suomi et al., 1973[64], 1983[65]）。このテスト方法で，母親と他のオトナメスを同時に呈示されたニホンザルの子は，2カ月齢になる頃には母親に選択的に接近・近接するようになる（Nakamichi & Yoshida, 1986[46]〈研究例2〉）。

ただし，選好注視法を用いて子ザルが視覚的に養育者を区別できるかを調べた実験では，もっと早期に母親と他のメス個体との弁別ができるようになるという結果が得られている。人工保育で育てられたニホンザルの子どもは，2日以内に育ての親である「代理母」の顔を好んで見るようになる（山口, 2003）[70]。子ザルは顔の違いを早い段階から認識してはいるが，それが社会的選択テストという場面で選択行動として現れるのはもっと後になってからということかもしれない。

マカクザルの母親は，自分の子と他の子を声により区別することもできる。音声に対する自然な反応を調べるには，一般的にプレイバック実験が行われる。たとえば，バーバリーマカクの母親は，二つの離れたスピーカーから2カ月齢の自分の子と他の子の音声が同時に流れてくると，自分の子の声の方へ顔を向ける（Hammerschmidt & Fischer, 1998）[16]。また，4～6カ月齢の自分の子の声と他の子の声を時間をあけて聞かせ，反応の大きさを比較すると，ニホンザルの母親は自分の子のときにより大きな反応を示す（Shizawa et al., 2005[62]〈研究例3〉）。ただし，ブタオザルの母と3～4カ月齢の子を別々の防音室に入れ，自分の子，あるいは他の子とスピーカーとマイクを介して音声

研究例 2　ニホンザルの子を対象とした社会的選択テスト

中道と吉田（1986）[46]

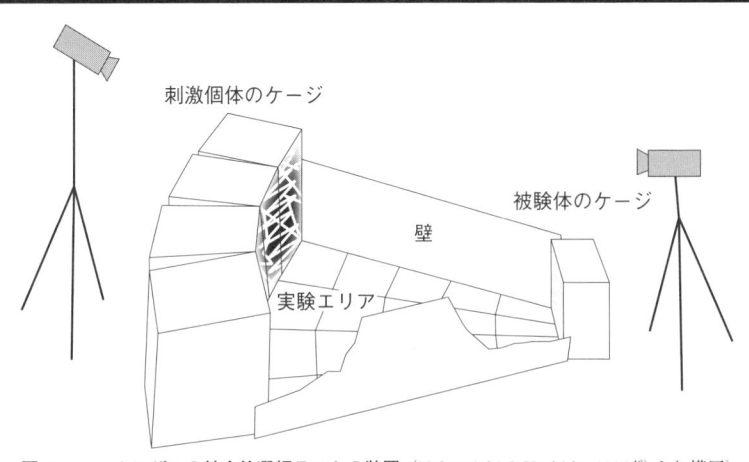

図7-4　ニホンザルの社会的選択テストの装置（Nakamichi & Yoshida, 1986[46] より模写）

　中道と吉田（1986）[46]は，5 頭のニホンザルの子どもを対象に，母親と同じ群れ内のオトナメス 3 頭を同時に呈示し，子がいつから母親に選択的に接近するかを調べる社会的選択テストを行った。

　実験は子ザルが 3 日齢から 84 日齢までの間，断続的に行われた。子どものケージから見て放射状に母親とオトナメスの入ったケージが並べられた（図7-4）。ケージを配置してから 60 秒後，子ザルのケージの扉が開けられ，子ザルは実験エリア内を 5 分間自由に動くことができた。子ザルが特定のメスのケージの 30 cm 以内で，そのメスの方を向いていた 1 秒のインターバルの数が記録され，母親とそれ以外の 3 頭とに分けて分析された。最初の 2 週間は，子ザルは実験エリア内をあまり動き回らなかった。21〜49 日齢までは，特定の刺激個体に近接するということはなく，56 日齢を過ぎると，子ザルが他のメスよりも自分の母親に接近，体を向けている時間が長くなった。

コミュニケーションを可能にした実験では，母親の発声頻度と活動量に，自分の子の声が聞こえてくる場合と他の子の場合で差が見られなかったという報告もある（Simons & Bielert, 1973）[63]。これらの結果の違いが種差によるものか，実験方法の違いによるものかは不明であり，明確な結論を出すためには，子の齢や方法をそろえて比較を行う必要がある。

研究例 3　母親による子の音声の弁別
志澤ら（2005）[62]

　志澤ら（2005）[62]は，放飼場で飼育されている 4～5 カ月半齢の子をもつニホンザルの母親を対象に，自分の子と同齢の他の子の声を区別しているかを検討した。8 親子を子の齢をそろえて四つのペアにし，ペアの相手の子の声と自分の子の声への反応を調べた。さらに，子どもを産んでいない非母親個体 4 頭にもこれらの声を聞かせ，ペアにした子の声への反応に違いがないかを確認した。放飼場から見えないところにスピーカーを置き，母子が離れていて，母親の視界に子が入っていないときに子の音声をプレイバックし，母親の行動をビデオカメラで記録した。自分の子と他の子の呈示順はランダムにした。

　母親の行動は，無反応からスピーカーの方まで走っていくという反応までの 7 段階で 3 人が評定した。その結果，母親は他の子に比べ自分の子の方により強く反応を示すという結果が得られた。

研究例 4　吸啜反射を用いた馴化－脱馴化法による子ザルの音声弁別
正高（1985）[40]

　正高（1985）[40]は，吸啜（きゅうてつ）反射を用いた馴化－脱馴化法により，生後 12～28 日（妊娠後 174～203 日）のニホンザル乳児 10 頭が，母親の音声を他のメスの音声と区別できるかを調べた。まず血縁関係のないオトナメスの音声を繰り返し乳児に聞かせ，吸啜頻度が十分に落ちてきたら（馴化），母親，母親の姉妹，血縁関係のないオトナメスの声を聞かせた。

　結果，出生後の日数には関係なく，妊娠後の日数が 190 日以上の乳児で，母親の声のときにだけ，音声が変化した後の吸啜頻度が高くなった（脱馴化）。このことから，妊娠からの日数によって，ニホンザル乳児の聴覚系の発達が決まり，妊娠後 190 日を過ぎると母親の声を聞き分けることができるということがわかった。

　一方，子ザルも声だけで母親を区別できる。1 歳 4～5 カ月のアカゲザルの子どもは，母親の声を聞いた後の方が，他のメスの声を聞いた後より，声をより多く発し，また活動量が多くなる（Hansen, 1976）[18]。さらに生後 12～28 日齢の子どもでも，吸啜反射を用いた馴化－脱馴化法により，母親の声と他のメスの声を区別していることがわかっている（Masataka, 1985[40]〈研究例 4〉）。

2. マーモセットの親子認識の発達

　マカクザルの母親が自分の子を比較的早い段階から区別しているのとは対照的に，コモンマーモセットの親は，自分の子が小さい頃は他の子と区別していないようである。出産後2週間以内の母親に他の子を呈示すると，自分の子と同様に近づいて背負う（Saltzman & Abbott, 2005)[58]。2〜4週齢の子どもの父親を対象に自分の子と他の子を呈示して反応を調べた研究でも，父親は自分の子であろうと，他の子であろうと近寄って抱きとろうとするという結果が得られている（Zahed et al., 2008)[72]〈研究例5〉）。

　一方，マーモセットの子の方は，生後2週で自分の親とそれ以外のオトナ個体を区別している可能性がある。研究例5の父親に子を呈示する研究では，父親でないオスが子を抱きとろうとした場合，子が嫌がる行動を見せたようである。定量的なデータはないため，まだ確定的なことはわからないが，養育者側，あるいは子側が相手をいつから認識するようになるのかが，種によって異なるならば，それらの差異は，群れの構成や繁殖形態の違いで説明されるかもしれない。

研究例5　マーモセット・オスの子どもへの反応を調べるテスト
ザヘッドら (2008)[72]

　ザヘッドら（2008)[72]は，2〜4週齢の子をもつマーモセットの父親15頭を対象に，乳児反応テストを行った。実験は父親を家族から離して飼育ケージとは別の部屋で行われた。装置は，網の橋でつながれた二つのケージからなり，一つのケージに自分の子，あるいは他の子が，もう一つのケージに父親が入れられた。

　この時期の子は，養育者から分離されると鳴き声をあげる。この声を聞いた父親が，子のいるケージに入るまでの時間と，子を抱きあげるまでの時間を測定したところ，自分の子と他の子で違いが見られなかった。またザヘッドらは子そのものではなく，子の音声を流すスピーカーを装置内に置いて同様の実験を行っているが，当然ながら，この場合も自分の子と他の子で父親の反応に違いは見られなかった。

第4節　隔離実験

　アタッチメントの発達はこのようにさまざまな方法で確認することができるが，親子関係のどの要素，あるいはどの時期がアタッチメントの形成や子の発達に重要であるかを調べるために，隔離実験が行われてきた。隔離実験としては，ハーロウらの研究が代表的である。たとえば，彼らは生後すぐのアカゲザルの子どもを母親から離し，3カ月間同種他個体だけでなく，ヒトとの接触も断ち，完全に社会的に隔離するという実験を行った。この子ザルが，初めて同年代の子ザルに遭遇すると，自分の体をつかんだり，体をゆすったりといった常同行動を示し，ショックがひどい個体は拒食になって死んでしまうということもあった。しかし，生き延びた個体は，同年代の子どもとの接触により，すぐに正常な社会行動を示すようになったことから，3カ月間の隔離の影響は比較的容易に取り除くことができるようである。一方，生後6カ月以上社会的に隔離して育てられた子どもは，他個体への威嚇行動や遊び行動などを，その後正常に行うことができなかった（Harlow et al., 1965）[20]。

　また，社会的隔離は，その個体が子どもを産んで，母親になったときの行動にも悪影響を及ぼす。1年半社会的に隔離されて飼育されたアカゲザルは，自分の子どもが生まれると，子どもを地面に押し付けたり上に乗ったりといった虐待的な行動をしたり，十分に授乳をしなかったりした。また正常な母子に見られるような接触と拒絶の発達的パターンも見られないことがわかっている（Seay et al., 1964）[61]。

　子どもが母親にアタッチメントを形成する要因としては，授乳により食物への欲求を満たしてくれるという点と，接触し保温をしてくれるという点が考えられる。母親へのアタッチメント形成には，授乳やその他の世話による快適さが重要とかつては考えられていたが，アカゲザルではそれが主なものではなく，むしろ肌ざわりのよさという身体の接触が，アタッチメントを形成するための刺激として重要であるということが，代理母を用いた隔離実験

研究例 6 　隔離・代理母実験　　　　　　　　　　　　　　　　　ハーロウ (1958)[19]

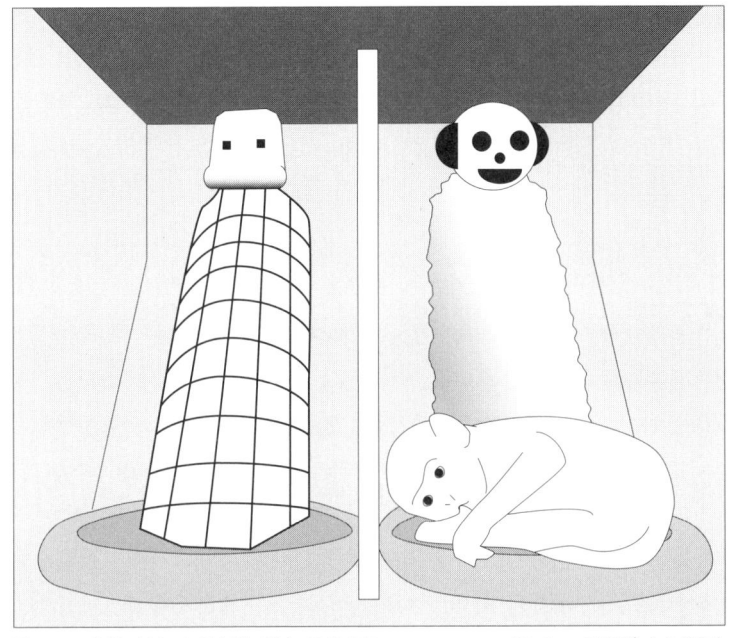

図7-5 　布製（右）と針金製（左）の代理母　　　　　　　（Harlow, 1958[19] より模写）

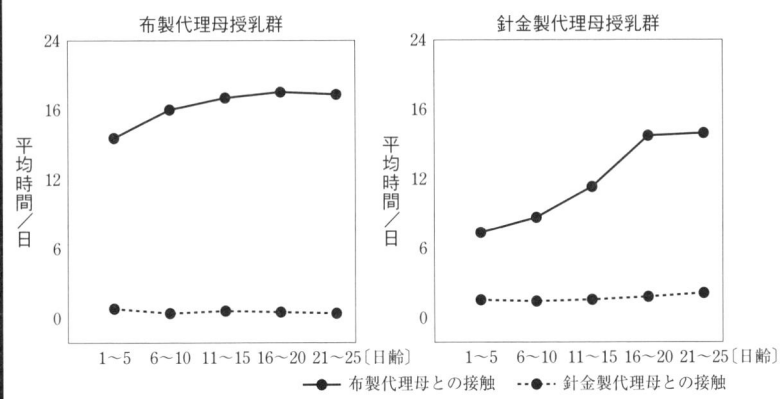

図7-6 　布製と針金製代理母への接触時間　　　　　　　（Harlow, 1958[19] をもとに作成）

ハーロウ (1958)[19] は，接触と食物のどちらが子のアタッチメント形成に重要かを調べるために，生後すぐに母親から離したアカゲザルの子を，代理母と

> して針金でできた模型と布でできた模型の両方をケージに設置して育てた（図7-5）。8頭のうち，4頭は布製の代理母から授乳され，他の4頭は針金製の代理母から授乳された。
> 　これらの子ザルがそれぞれの代理母に接触して過ごした時間を調べてみると，どちらの条件でも，子ザルは針金製代理母よりも布製代理母に長い間接触していた（図7-6）。このことから，食物によってもたらされる快適さよりも，接触による快適さがアタッチメントを発達させるのに重要であるということがわかった。

によりわかっている（Harlow, 1958[19]〈研究例6〉）。

　社会的な隔離によって子ザルが呈するようになる常同行動のうち，体をゆするロッキングという行動の発現には，母親の動きという要素が関わっているようである。メイスンとバークソン（Mason & Berkson, 1975）[41]は，アカゲザルの子を生後すぐに社会的に隔離し，2種類の代理母を与えた。一つは機械仕掛けで動く代理母で，他方は動かない代理母であった。動かない代理母とともに育った子ザル10頭中9頭はロッキング行動を発達させたが，動く代理母と育った9頭はロッキング行動を発達させなかった。母ザルの動きや運動が子どもの発達にも重要なことがわかる。

　長期にわたる完全な隔離実験は，あまりにもその後の行動に甚大な影響を与えてしまい，倫理的な面でも問題がある上，そのようなサルに見られる行動はヒトで多く見られるような不安障害や気分障害とはかけ離れているため，近年では研究対象として不適切と考えられるようになってきている。そのため，最近ではよりマイルドな隔離の方法がとられることが多い。完全に社会的な隔離を行うのではなく，1日に数時間，子どもを母親や同居個体から隔離するという操作を繰り返す方法や，母親から隔離してもヒトが3〜6カ月は人工保育を行い，その後同年代の仲間と一緒に飼育するなどの方法がとられ，その影響が調べられている（Pryce et al., 2005）[53]。具体的な研究例については第6節で紹介する。

第5節 養育者による虐待

　先にふれたように，社会的に隔離されて育ったアカゲザルは，自らが母親となったときに子どもを虐待することがあるが，虐待は野生個体あるいは自然に近い環境で飼育されている個体でも観察されている（Hiraiwa, 1981[24]；Maestripieri, 1994[29]；Troisi et al., 1982[66]）。このことから，虐待は単に飼育条件による副産物ではないと考えられる。

　アカゲザルとブタオザルの飼育下の群れを対象とした調査によると，数パーセントの子どもが母親から虐待を受けるようである。虐待は，子をひきずったり，地面に押し付けたり，投げたり，上に乗ったりといった身体的な暴行と，世話をしないという無視（ネグレクト）の2種類に分けられる。これらは同時に見られることはほとんどない，つまり，子に暴行を加える母は子を無視することはなく，子を無視する母は，子に暴行を加えないという傾向があった。ネグレクトは若い母親が小さな子に対して行うが，暴行は母親の子育て経験とは関係なく観察された。ネグレクトは，最初の子に対してのみ見られる行動であるのに対し，暴行は，最初の子だけでなく，次の子に対しても繰り返される。また，暴行は限られた家系（母娘や姉妹）に集中して見られ，他では観察されないという傾向があった。このことから，暴行とネグレクトは異なる現象であり，独立した要因によって引き起こされていると考えられる（Maestripieri & Carroll, 2000）[32]。

　このような傾向から，ネグレクトの原因としては，母親の養育経験の浅さが考えられる一方，暴行に関しては，家系的要因が考えられる。家系的要因といっても，遺伝的なものか，発達初期において母親から暴行を受けることが影響を与えているのかは不明である。どちらの原因が母親の子に対する暴行の世代を超えた伝達に関わっているのかを調べるために，マエストリピエリ（Maestripieri, 2005）[31]は，長期的な里子実験・観察を行い，遺伝的な影響ではなく発達初期における経験が，子に対する暴行の発現に重要であることをつきとめた（**研究例7**）。

研究例7　養育行動における遺伝要因と環境要因の特定

マエストリピエリ（2005）[31]

　マエストリピエリ（2005）[31] は，特定の家系に限定的に観察されるアカゲザルの虐待（ここでは身体的な暴行）が，遺伝的な要因によるものか，発達初期の経験，つまり母親から虐待を受けることによるものかを調べるため，長期的な里子実験を計画した。

　対象は，グループ飼育されているアカゲザル個体で，16頭のメスの子どもが，生後24～48時間の間に母親を交換された。

- うち7頭は，虐待の経験をもつ母から生まれた子どもで，非虐待個体によって育てられた（虐待／統制群）
- 9頭は非虐待個体の子として生まれたが，虐待個体によって育てられた（統制／虐待群）
- これらの個体の他に，8頭のメスは虐待個体の子として生まれ，そのまま飼育された（虐待／虐待群）
- 9頭のメスが非虐待個体の子として生まれ，そのまま飼育された（統制／統制群）

　母親個体の虐待の有無は，それ以前の出産後の行動観察により確認されていた。被験体の発達初期6カ月間と最初の出産後3～4カ月間，母親から受けた虐待や子に対して行った養育行動が観察された。出産後の観察は，実験条件を知らない観察者によって行われた（統制／虐待群の1個体は1歳半のときに死亡したため，また，虐待／統制群の1個体は出産に成功しなかったため，分析から外された）。

　虐待個体によって育てられた被験体は，母親を交換された個体，そのまま育てられた個体にかかわらず，みな虐待を受け，その程度は群によって違いはなかった。また虐待を受けた16頭中9頭は自分の子に対して虐待を行ったが，非虐待個体に育てられた15頭はまったく虐待を行わなかった。したがって，遺伝的な要因ではなく，発達初期，自らが母親に虐待されるという経験が，その後子どもに対して虐待行動を発現する重要な要因と言える。

第6節 養育行動における生理学的基盤と影響

　以上見たように,母親の養育行動は子どもの正常な発達に影響を与える。次に,母親が子を養育したいという欲求や養育行動の個体差をもたらすメカニズムについて考えてみたい。霊長類においては,虐待の発現に見られるように,発達初期や成長後の社会的な経験,さらに協同繁殖を行うマーモセット科に関しては,養育に関わる親以外の個体の数や質が,養育行動の発現にとって重要な要素であることは間違いないが,生理的な側面からも養育行動の発現を説明することが可能である (Pryce, 1996)[50]。これらは独立ではなく,密接に関係しており,昨今では,発達初期におけるストレスが,子どもの生理的な側面や成長後の行動へどのような影響を与えるのかが調べられている。養育行動におけるホルモンの役割とその発現を引き起こす神経回路の役割については,研究のほとんどがげっ歯類とヒツジを対象としており,霊長類の養育行動の神経基盤や内分泌基盤についての知見は今のところ数が少ないが,いくつかの研究を紹介したい。

1. 養育行動の発現

　養育行動に関係するホルモンとして,その働きが調べられている代表的なものには,プロゲステロン (P),エストラジオール-17β (E2),プロラクチン (Prl),オキシトシン (OT) の四つがある。これらのホルモンは,哺乳類のメスの繁殖に重要なホルモンであり,それぞれ着床 (P),妊娠の維持 (P, E2),乳腺の発達 (P, E2, Prl),出産 (P, OT),授乳 (Prl, OT) の際に必要となるが (Pryce, 1996)[50]※1,これらは末梢の器官で働くだけでなく,脳内の受容体に結合し,行動にも影響を及ぼす。中でも OT は,げっ歯類で個体

※1　PとE2はステロイドホルモンで,妊娠中に卵巣で作られ,血液脳関門を通過して脳にまで達する。Prl はタンパクホルモンで,脳内の下垂体前葉で作られる。OT はペプチドホルモンで,視床下部で作られ,末梢へは下垂体後葉を介して分泌される。また,OT は脳内の他の部位へ直接投射,分泌されてもいる。

認識やメスのペアボンド形成に関係しているだけでなく（Young & Wang, 2004）[71]，近年，ヒトで信頼行動にも影響を与えるとの報告があったり（Kosfeld et al., 2005）[28]，自閉症との関連も指摘されるなど（Hammock & Young, 2006）[17]，注目を集めている。その他，ストレス反応の指標として用いられる副腎皮質ホルモンのコルチゾール（C）や，オスでは，ステロイドホルモンで主に精巣で作られるテストステロン（T）も養育行動に関係していると言われる。

アカゲザルの妊娠期間は23～25週で，E2は妊娠中徐々に上昇し，妊娠最終週にピークを迎える。Pは妊娠5週前後にピークを示した後は，再び下がって出産にいたる（Bielert et al., 1976）[6]（図7-7）。Prlは出産日に最高値となり，授乳初期は高い値を示す（Weiss et al., 1976）[68]。マーモセットの妊娠期間は20～21週である。妊娠後12週まで血中のPのレベルは変わらないが，その後出産の1～2週前まで上昇し，出産前に急激に下がる。E2は12週頃から出産まで上がり続ける（Pryce et al., 1993）[52]（図7-8）。Prlは妊娠10週以降徐々に上がり，17週から出産に向けてさらに上昇する（Moro et al., 1995）[44]。また，マーモセット科のタマリンでは，オスのホルモンにも，ペアのメスの妊娠中に変化が見られる。子育て経験のあるオスでは，メスの妊娠3カ月頃にPrlレベルが上昇するが，子育て経験がないオスではこの上昇は見られない。Tは，経験に関係なく出産直前に上昇する（Ziegler & Snowdon, 2000）[73]。

このように，妊娠，出産に伴い，特徴的なホルモンの変動が見られるため，これらの変化が養育行動に影響を与えている可能性があると考えられる。マエストリピエリとゼア（Maestripieri & Zehr, 1998）[39]は，妊娠の経過に伴い，メスの子どもへの関心が変化するかを調べるため，社会的集団で飼育されているブタオザルの妊娠中のメスが，群れの中にいる3カ月齢未満の子に対して行う行動（触る，運ぶ，グルーミングするのほか，ひっぱったり，たたいたりといったハラスメント）を調べた。これらの行動は最後の8週間に増加し，この間の行動の頻度は，血中のE2，特にE2のPに対する比によって説明されることがわかった。

マーモセットのメスの妊娠の初期と後期，出産後の，見知らぬ子に対する行動を比較したところ，出産後の多くのメスは速やかに子を抱き上げて背

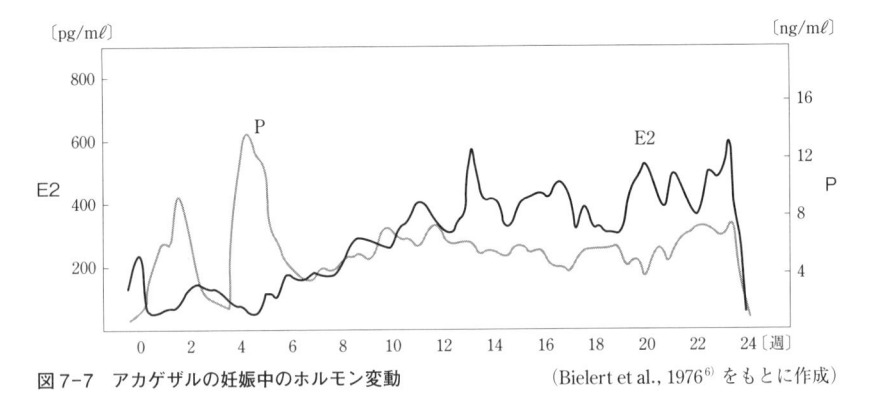

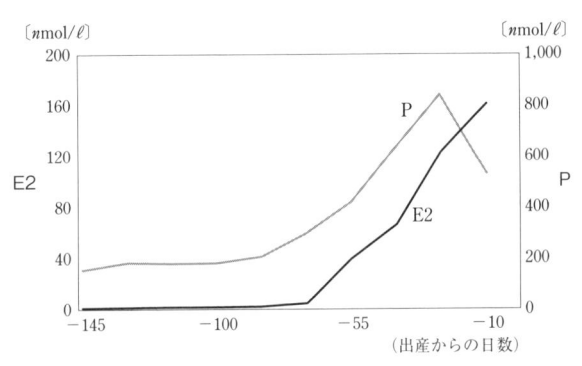

図7-7 アカゲザルの妊娠中のホルモン変動　　　　　　（Bielert et al., 1976[6]）をもとに作成）

図7-8 マーモセットの妊娠中のホルモン変動
（Pryce et al., 1993[52]）をもとに作成）

負ったのに対し，妊娠後期のメスは半数以上が子を抱かず，その割合は妊娠初期よりも多かった（Saltzman & Abbott, 2005）[58]。マーモセットのメスは，その排他的な繁殖形態のためか，自分の子ではない群れ内の乳児を妊娠中に殺すという報告があり（Bezerra et al., 2007）[5]，妊娠後期の子に対する養育行動の減少と子殺しが関係している可能性があると考えられる。ただしこの研究では，個々のメスの血中 E2 と P の値は，行動との相関が見られなかったため，これらのホルモン値が直接行動に関わっているとは言えないかもしれない。

　マーモセットは父親個体と兄姉も子育てをするため，これらの個体を対象にした研究も行われている。父親の養育行動と Prl の関係が最もよく調べら

れており，子どもが生まれた後，父親の Prl の値は高くなる（Schradin et al., 2003)[60]。子どもと接触した後に Prl の値が上昇するため（Dixson & George, 1982[11]；Mota et al., 2006[45]；Roberts et al., 2001[55]），Prl の値の上昇は養育行動発現の原因というよりは，結果と考えられるかもしれない。

2. 養育行動の個体差

ニホンザルとアカゲザルを対象に，出産前後の E2 と P（正確にはこれらの代謝産物）と C を糞から測定した研究によれば，出産前の E2 レベルが高いほど，母親の拒絶行動が少なく，出産後の C が高いほど拒絶行動が多いという相関関係があるようだ（Bardi et al., 2003a[1], 2003b[2], 2001[3]）。さらに，脳脊髄液中のセロトニン代謝産物[※2]と母親の拒絶行動，OT と母親の授乳とグルーミング時間が，それぞれ正の相関をしているという報告もある（Maestripieri et al., 2009[34], 2005[35]）。また虐待歴をもつ母親ともたない母親について，血中の E2 と P を測定してみると，これら 2 群間では特にホルモン測定値に差は見られないが，虐待群をさらに高虐待群と低虐待群に分けて分析すると，出産前の P に対する E2 の比や出産後の P の値に違いが見られるなどの報告があり（Maestripieri & Megna, 2000)[38]，単純に一つのホルモンから行動を予測することは難しい。

マーモセットでは，先述のように，メスは出産後すぐに排卵，発情し，次の子どもを妊娠することがある。この"次の妊娠"の時期が養育行動に影響を与える。出産後すぐに妊娠をした場合の方が，しばらくしてから妊娠した場合よりも，メスが子を背負う行動は少なくなる。この行動の背景には，妊娠により E2 と T の値が高くなることが関係しているようだ（Fite et al., 2005a[12], 2005b[13]）。オスの場合は背負い行動と尿中の T，E2，C との関連があり，よく背負い行動をしているオスは，これらのホルモンの値が低い（Nunes et al., 2001)[49]。マーモセットに関して，オス・メス合わせて考えると，T と E2 が低いほどよく子の世話をするということになる。これは一見マ

※2 セロトニンは神経伝達物質で，脳脊髄液中では，代謝産物（5-HIAA）として存在する。セロトニンは，衝動のコントロールや危険行動，攻撃行動の抑制に関係しており，脳脊髄液中のセロトニン代謝産物の値が低いと，衝動的な行動が見られる傾向がある（Berman & Coccaro, 1998)[4]。

カクザルの出産前の E2 レベルが高いほど拒絶行動が少ないという結果と相反するようだが，マカクザルでは，拒絶行動以外の養育行動とこのホルモンの間に関係がないことから，単純な比較はできないであろう．

3. 養育環境が与える影響

　人工保育で育てられたアカゲザルは，母親に育てられた個体に比べ，遅延非見本合わせ課題の学習が遅く，脳梁サイズが小さくなっているという報告や（Sánchez et al., 1998）[59]，社会行動にも変化が見られるという報告がある．たとえば，人工保育個体は母親に育てられた個体に比べ，脳脊髄液中の OT 濃度が低く，他個体との接触などの親和的行動も少なくなる．また，通常飼育された個体では，単独でいる場合よりも他個体と一緒にいる方が，新奇環境におけるストレス反応（Cの増加）が軽減されるが，人工保育された個体では，他個体の存在がストレスの軽減には役立たない（Winslow et al., 2003）[69]．

　発達初期に受けた養育行動が，その個体の神経内分泌学的側面に影響を与え，かつその個体の成長後の養育行動に影響を与えることがわかってきている．アカゲザルでは，子どもの頃に母親から拒絶行動を多く受けた個体は，拒絶行動をあまり受けなかった個体に比べ，2～3歳のときの脳脊髄液中のセロトニン代謝産物の濃度が低くなることがわかっている（Maestripieri et al., 2006a[33], 2006b[37]）．また，自分の受けた拒絶の頻度と，自分が親となって子どもに行う拒絶の頻度は正の相関を示し，さらにこれら子どもの頃受けた拒絶の頻度とセロトニンの値，親となってから子に対して行う拒絶の頻度とセロトニンの値，それぞれの間にも相関関係があることがわかった．このことから，セロトニン系は養育行動のスタイルが世代を超えて伝達される際の生理学的な基盤の一つと考えられる（Maestripieri et al., 2007）[36]．

　マーモセットでは，先述のマイルドな隔離方法のうち，短時間毎日繰り返し家族から隔離するという方法で，その影響が調べられている（Dettling et al., 2002a[8], 2002b[9], 2007[10]；Pryce et al., 2004[51]）．出生後 2～28 日の間の隔離操作により，Cの値や，社会行動への影響に加え（Dettling et al., 2002a[8]〈研究例 8〉），視覚刺激の弁別課題の学習が遅くなったり，課題へのモチベー

研究例 8　マーモセットの発達初期のストレスとその影響

デットリングら (2002a)[8]

　デットリングら (2002a)[8] は，発達初期のストレスがその後の子の発達に与える影響を調べるため，マーモセットの双子 10 ペア（合計 20 頭）をランダムに二つの群（ED：Early Deprivation〈早期はく奪群〉と CON：Control〈統制群〉）に分けた。ED 群は，出生後 2〜28 日間ランダムな時間に 30〜120 分間，週合計 9 時間，親から引き離して，23〜25℃に保たれた防音室に隔離された（分離操作を行う時間が予測不可能な方が，決まった時間に行われるよりストレスを与える。またマーモセットはよく通るコンタクトコールを発するため，完全に社会的な隔離を行うためには，防音室を利用する必要がある）。CON 群には，2 日目と 28 日目に親子を捕獲，体重測定をしてすぐに飼育ケージに戻すという操作を行ったが，他に操作は加えなかった。

　18〜20 週齢のときに，社会的分離／新奇性テストが実施された。このテストは，子を家族から隔離されたテストケージに 1 頭だけ入れ，45 分間行動観察をした後，父親もテストケージに入れて 15 分間さらに観察をするというものであった。テストの前と後に，サルは採尿され，尿中のコルチゾール (C) が測定された。また，ケージ内には新奇な物として青や黄色の箱が置かれ，それらに対する行動も記録された。

　テスト前の平常時の朝のコルチゾールの値は，ED 群の方が CON 群よりも低かった。また被験体が単独でテストケージにいるときの活動量とコンタクトコールの頻度は，ED 群に比べ，CON 群の方が多かった。父親がテストケージに入れられた後の行動を見ると，緊張を表す立毛は ED 群の方が多く見られ，子が父親に背負われている時間と接触している時間は，CON 群の方が長かった。この結果は，アカゲザルの人工保育された個体では，他個体の存在によるストレス反応の軽減があまり見られないという現象と同様のものと考えられるかもしれない。

ションが低下したりといった影響が見られる。

　以上のように，養育行動の発現や，養育者−子関係の発達，発達後の社会行動には，生育環境やホルモンなど複数の要因が複雑に絡み合って影響を与えている。したがって単純に特定のホルモンや神経伝達物質で，特定の行動を説明するのは難しいことが多い。しかし，ラットやヒツジだけでなく，ヒ

ト以外の霊長類でも母子関係, 社会行動に神経内分泌学的なメカニズムがどのような影響を与えているかということが少しずつわかってきている。いずれヒトの発達における問題の解決に, ヒト以外の霊長類を対象とした研究が具体的に役立つ日が来るであろう。

【引用文献】

1) Bardi, M., Shimizu, K., Barrett, G. M., Borgognini-Tarli, S. M., & Huffman, M. A. (2003a). Peripartum cortisol levels and mother-infant interactions in Japanese macaques. *American Journal of Physical Anthropology*, **120**, 298-304.
2) Bardi, M., Shimizu, K., Barrett, G. M., Borgognini-Tarli, S. M., & Huffman, M. A. (2003b). Peripartum sex steroid changes and maternal style in rhesus and Japanese macaques. *General and Comparative Endocrinology*, **133**, 323-331.
3) Bardi, M., Shimizu, K., Fujita, S., Borgognini-Tarli, S., & Huffman, M. A. (2001). Hormonal correlates of maternal style in captive macaques (*Macaca fuscata* and *M-mulatta*). *International Journal of Primatology*, **22**, 647-662.
4) Berman, M. E., & Coccaro, E. F. (1998). Neurobiologic correlates of violence: Relevance to criminal responsibility. *Behavioral Sciences and the Law*, **16**, 303-318.
5) Bezerra, B. M., Da Silva Souto, A., & Schiel, N. (2007). Infanticide and cannibalism in a free-ranging plurally breeding group of common marmosets (*Callithrix jacchus*). *American Journal of Primatology*, **69**, 945-952.
6) Bielert, C., Czaja, J. A., Eisele, S., Scheffler, G., Robinson, J. A., & Goy, R. W. (1976). Mating in the rhesus monkey (*Macaca mulatta*) after conception and its relationship to oestradiol and progesterone levels throughout pregnancy. *Journal of Reproduction and Fertility*, **46**, 179-187.
7) Bowlby, J. (1969). *Attachment and loss, Vol.1 Attachment*. Harmondsworth, Middlesex : Penguin Books. (ボウルビィ, J. 黒田実郎・大羽蓁・岡田洋子・黒田聖一〈訳〉〈1991〉. 母子関係の理論Ⅰ 愛着行動 新版 岩崎学術出版社)
8) Dettling, A. C., Feldon, J., & Pryce, C. R. (2002a). Early deprivation and behavioral and physiological responses to social separation/Novelty in the marmoset. *Pharmacology Biochemistry and Behavior*, **73**, 259-269.
9) Dettling, A. C., Feldon, J., & Pryce, C. R. (2002b). Repeated parental deprivation in the infant common marmoset (*Callithrix jacchus*, primates) and analysis of its effects on early development. *Biological Psychiatry*, **52**, 1037-1046.
10) Dettling, A. C., Schnell, C. R., Maier, C., Feldon, J., & Pryce, C. R. (2007). Behavioral and physiological effects of an infant-neglect manipulation in a bi-parental, twinning primate: Impact is dependent on familial factors.

Psychoneuroendocrinology, **32**, 331-349.
11) Dixson, A. F., & George, L. (1982). Prolactin and parental behaviour in a male New World primate. *Nature*, **299**, 551-553.
12) Fite, J. E., French, J. A., Patera, K. J., Hopkins, E. C., Rukstalis, M., & Ross, C. N. (2005a). Elevated urinary testosterone excretion and decreased maternal caregiving effort in marmosets when conception occurs during the period of infant dependence. *Hormones and Behavior*, **47**, 39-48.
13) Fite, J. E., Patera, K. J., French, J. A., Rukstalis, M., Hopkins, E. C., & Ross, C. N. (2005b). Opportunistic mothers : Female marmosets (*Callithrix kuhlii*) reduce their investment in offspring when they have to, and when they can. *Journal of Human Evolution*, **49**, 122-142.
14) 藤田和生（1998）．比較認知科学への招待──「こころ」の進化学　ナカニシヤ出版
15) Goldizen, A. W. (1987). Tamarins and marmosets : Communal care of offspring. In B. B. Smuts, D. L. Cheney, R. M. Seyfarth, R. W. Wrangham & T. T. Struhsaker (Eds.), *Primate societies*. Chicago : University of Chicago Press. pp.34-43.
16) Hammerschmidt, K., & Fischer, J. (1998). Maternal discrimination of offspring vocalizations in Barbary macaques (*Macaca sylvanus*). *Primates*, **39**, 231-236.
17) Hammock, E. A., & Young, L. J. (2006). Oxytocin, vasopressin and pair bonding : Implications for autism. *Philosophical Transactions of Royal Society London B Biological Science*, **361**, 2187-2198.
18) Hansen, E. W. (1976). Selective responding by recently separated juvenile rhesus monkeys to the calls of their mothers. *Developmental Psychobiology*, **9**, 83-88.
19) Harlow, H. F. (1958). The nature of love. *American Psychologist*, **13**, 673-685.
20) Harlow, H. F., Dodsworth, R. O., & Harlow, M. K. (1965). Total social isolation in monkeys. *Proceedings of the National Academy of Sciences of USA*, **54**, 90-97.
21) Harvey, P. H., Martin, R. D., & Clutton-Brock, T. M. (1987). Life histories in comparative perspective. In B. B. Smuts, D. L. Cheney, R. M. Seyfarth, R. W. Wrangham & T. T. Struhsaker (Eds.), *Primate societies*. Chicago : University of Chicago Press. pp.181-196.
22) 長谷川真理子（1983）．野生ニホンザルの育児行動　海鳴社
23) Hinde, R. A., & Spencer-Booth, Y. (1967). The behaviour of socially living rhesus monkeys in their first two and a half years. *Animal Behaviour*, **15**, 169-196.
24) Hiraiwa, M. (1981). Maternal and alloparental care in troop of free-ranging Japanese monkeys. *Primates*, **22**, 309-329.
25) Ingram, J. C. (1977). Interactions between parents and infants, and the development of independence in the common marmosets (*Callithrix jacchus*). *Animal Behaviour*, **25**, 811-827.
26) Jensen, G. D. (1965). Mother-infant relationship in the monkey *Macaca*

nemestrina : Development of specificity of maternal response to own infant. *Journal of Comparative and Physiological Psychology*, **59**, 305-308.
27) Keverne, E. B. (1996). Psychopharmacology of maternal behaviour. *Journal of Psychopharmacology*, **10**, 16-22.
28) Kosfeld, M., Heinrichs, M., Zak, P. J., Fischbacher, U., & Fehr, E. (2005). Oxytocin increases trust in humans. *Nature*, **435**, 673-676.
29) Maestripieri, D. (1994). Infant abuse associated with psychosocial stress in a group-living pigtail macaque (*Macaca-Nemestrina*) mother. *American Journal of Primatology*, **32**, 41-49.
30) Maestripieri, D. (1999). The biology of human parenting : Insights from nonhuman primates. *Neuroscience and Biobehavioral Reviews*, **23**, 411-422.
31) Maestripieri, D. (2005). Early experience affects the intergenerational transmission of infant abuse in rhesus monkeys. *Proceedings of the National Academy of Sciences of USA*, **102**, 9726-9729.
32) Maestripieri, D., & Carroll, K. A. (2000). Causes and consequences of infant abuse and neglect in monkeys. *Aggression and Violent Behavior*, **5**, 245-254.
33) Maestripieri, D., Higley, J. D., Lindell, S. G., Newman, T. K., McCormack, K. M., & Sanchez, M. M. (2006a). Early maternal rejection affects the development of monoaminergic systems and adult abusive parenting in rhesus macaques (*Macaca mulatta*). *Behavioral Neuroscience*, **120**, 1017-1024.
34) Maestripieri, D., Hoffman, C. L., Anderson, G. M., Carter, C. S., & Higley, J. D. (2009). Mother-infant interactions in free-ranging rhesus macaques : Relationships between physiological and behavioral variables. *Physiology and Behavior*, **96**, 613-619.
35) Maestripieri, D., Lindell, S. G., Ayala, A., Gold, P. W., & Higley, J. D. (2005). Neurobiological characteristics of rhesus macaque abusive mothers and their relation to social and maternal behavior. *Neuroscience and Biobehavioral Reviews*, **29**, 51-57.
36) Maestripieri, D., Lindell, S. G., & Higley, J. D. (2007). Intergenerational transmission of maternal behavior in rhesus macaques and its underlying mechanisms. *Developmental Psychobiology*, **49**, 165-171.
37) Maestripieri, D., McCormack, K., Lindell, S. G., Higley, J. D., & Sanchez, M. M. (2006b). Influence of parenting style on the offspring's behaviour and CSF monoamine metabolite levels in crossfostered and noncrossfostered female rhesus macaques. *Behavioural Brain Research*, **175**, 90-95.
38) Maestripieri, D., & Megna, N. L. (2000). Hormones and behavior in rhesus macaque abusive and nonabusive mothers. 2. Mother-infant interactions. *Physiology and Behavior*, **71**, 43-49.
39) Maestripieri, D., & Zehr, J. L. (1998). Maternal responsiveness increases during pregnancy and after estrogen treatment in macaques. *Hormones and Behavior*, **34**, 223-230.
40) Masataka, N. (1985). Development of vocal recognition of mothers in infant

Japanese macaques. *Developmental Psychobiology*, **18**, 107-114.
41) Mason, W. A., & Berkson, G. (1975). Effects of maternal mobility on the development of rocking and other behaviors in rhesus monkeys : A study with artificial mothers. *Developmental Psychobiology*, **8**, 197-211.
42) Matsuzawa, T. (2006). Evolutionary origins of the human mother-infant relationship. In T. Matsuzawa, M. Tomonaga & M. Tanaka (Eds.), *Cognitive Development in Chimpanzees*. Tokyo : Springer. pp.127-141.
43) Melnick, D. J., & Pearl, M. C. (1987). Cercopithecines in multimale groups : Genetic diversity and population structure. In B. B. Smuts, D. L. Cheney, R. M. Seyfarth, R. W. Wrangham & T. T. Struhsaker (Eds.), *Primate societies*. Chicago : University of Chicago Press. pp.121-134.
44) Moro, M., Torii, R., Koizumi, H., Inada, Y., Etoh, Y., Miyata, H., & Tanioka, Y. (1995). Serum levels of prolactin during the ovarian cycle, pregnancy, and Lactation in the common marmoset (*Callithrixjacchus*). *Primates*, **36**, 249-257.
45) Mota, M. T. D., Franci, C. R., & de Sousa, M. B. C. (2006). Hormonal changes related to paternal and alloparental care in common marmosets (*Callithrix jacchus*). *Hormones and Behavior*, **49**, 293-302.
46) Nakamichi, M., & Yoshida, A. (1986). Discrimination of mother by infant among Japanese macaques (*Macaca fuscata*). *International Journal of Primatology*, **7**, 481-489.
47) Negayama, K., & Honjo, S. (1986). An experimental study on developmental changes of maternal discrimination of infants in crab-eating monkeys (*Macaca fascicularis*). *Developmental Psychobiology*, **19**, 49-56.
48) Numan, M. (2007). Motivational systems and the neural circuitry of maternal behavior in the rat. *Developmental Psychobiology*, **49**, 12-21.
49) Nunes, S., Fite, J. E., Patera, K. J., & French, J. A. (2001). Interactions among paternal behavior, steroid hormones, and parental experience in male marmosets (*Callithrix kuhlii*). *Hormones and Behavior*, **39**, 70-82.
50) Pryce, C. R. (1996). Socialization, hormones, and the regulation of maternal behavior in nonhuman simian primates. *Advances in the Study of Behavior*, **25**, 423-473.
51) Pryce, C. R., Dettling, A. C., Spengler, M., Schnell, C. R., & Feldon, J. (2004). Deprivation of parenting disrupts development of homeostatic and reward systems in marmoset monkey offspring. *Biological Psychiatry*, **56**, 72-79.
52) Pryce, C. R., Döbeli, M., & Martin, R. D. (1993). Effects of sex steroids on maternal motivation in the common marmoset (*Callithrix jacchus*) : Development and application of an operant system with maternal reinforcement. *Journal of Comparative Psychology*, **107**, 99-115.
53) Pryce, C. R., Rüedi-Bettschen, D., Dettling, A. C., Weston, A., Russig, H., Ferger, B., & Feldon, J. (2005). Long-term effects of early-life environmental manipulations in rodents and primates : Potential animal models in depression research. *Neuroscience and Biobehavioral Reviews*, **29**, 649-674.

54) Repetti, R. L., Taylor, S. E., & Seeman, T. E. (2002). Risky families : Family social environments and the mental and physical health of offspring. *Psychological Bulletin*, **128**, 330-366.
55) Roberts, R. L., Jenkins, K. T., Lawler, T., Wegner, F. H., Norcross, J. L., Bernhards, D. E., & Newman, J. D. (2001). Prolactin levels are elevated after infant carrying in parentally inexperienced common marmosets. *Physiology and Behavior*, **72**, 713-720.
56) Sackett, G., Griffin, G. A., Pratt, C., Joslyn, W. D., & Ruppenthal, G. (1967). Mother-infant and adult female choice behavior in rhesus monkeys after various rearing experiences. *Journal of Comparative and Physiological Psychology*, **63**, 376-381.
57) Saltzman, W. (2003). Reproductive competition among female common marmosets (*Callithrix jacchus*) : Proximate and ultimate causes. In C. B. Jones (Ed.), *Sexual selection and reproductive competition in primates : New perspectives and directions*. Norman, OK : American Society of Primatologists. pp.197-229.
58) Saltzman, W., & Abbott, D. H. (2005). Diminished maternal responsiveness during pregnancy in multiparous female common marmosets. *Hormones and Behavior*, **47**, 151-163.
59) Sánchez, M. M., Hearn, E. F., Do, D., Rilling, J. K., & Herndon, J. G. (1998). Differential rearing affects corpus callosum size and cognitive function of rhesus monkeys. *Brain Research*, **812**, 38-49.
60) Schradin, C., Reeder, D. M., Mendoza, S. P., & Anzenberger, G. (2003). Prolactin and paternal care : Comparison of three species of monogamous new world monkeys (*Callicebus cupreus*, *Callithrix jacchus*, and *Callimico goeldii*). *Journal of Comparative Psychology*, **117**, 166-175.
61) Seay, B., Alexander, B. K., & Harlow, H. F. (1964). Maternal behavior of socially deprived rhesus monkeys. *Journal of Abnormal and Social Psychology*, **69**, 345-354.
62) Shizawa, Y., Nakamichi, M., Hinobayashi, T., & Minami, T. (2005). Playback experiment to test maternal responses of Japanese macaques (*Macaca fuscata*) to their own infant's call when the infants were four to six months old. *Behavioural Processes*, **68**, 41-46.
63) Simons, R. C., & Bielert, C. F. (1973). Experimental study of vocal communication between mother and infant monkeys (*Macaca-Nemestrina*). *American Journal of Physical Anthropology*, **38**, 455-461.
64) Suomi, S. J., Eisele, C. D., Grady, S. A., & Tripp, R. L. (1973). Social preferences of monkeys reared in an enriched laboratory social environment. *Child Development*, **44**, 451-460.
65) Suomi, S. J., Mineka, S., & DeLizio, R. D. (1983). Short-and long-term effects of repetitive mother-infant separations on social development in rhesus monkeys. *Developmental Psychology*, **19**, 770-786.
66) Troisi, A., D'Amato, F. R., Fuccillo, R., & Scucchi, S. (1982). Infant abuse by a wild-born group-living Japanese macaque mother. *Journal of Abnormal Psychology*, **91**, 451-456.

67) 渡辺茂 (1997). ハトがわかればヒトがみえる —— 比較認知科学への招待　共立出版
68) Weiss, G., Butler, W. R., Hotchkiss, J., Dierschke, D. J., & Knobil, E. (1976). Periparturitional serum concentrations of prolactin, the gonadotropins, and the gonadal hormones in the rhesus monkey. *Proceedings of the Society for Experimental Biology and Medicine*, **151**, 113-116.
69) Winslow, J. T., Noble, P. L., Lyons, C. K., Sterk, S. M., & Insel, T. R. (2003). Rearing effects on cerebrospinal fluid oxytocin concentration and social buffering in rhesus monkeys. *Neuropsychopharmacology*, **28**, 910-918.
70) 山口真美 (2003). 赤ちゃんは顔をよむ —— 視覚と心の発達学　紀伊國屋書店
71) Young, L. J., & Wang, Z. (2004). The neurobiology of pair bonding. *Nature Neuroscience*, **7**, 1048-1054.
72) Zahed, S. R., Prudom, S. L., Snowdon, C. T., & Ziegler, T. E. (2008). Male parenting and response to infant stimuli in the common marmoset (*Callithrix jacchus*). *American Journal of Primatology*, **70**, 84-92.
73) Ziegler, T. E., & Snowdon, C. T. (2000). Preparental hormone levels and parenting experience in male cotton-top tamarins, *Saguinus oedipus*. *Hormones and Behavior*, **38**, 159-167.

小椋たみ子 *Tamiko Ogura*

第8章 幼児の初期語彙発達

第1節 自然発話データと親の報告による子どもの語彙獲得過程
1. 初期に獲得される語
2. 語彙の構成
3. 初期の獲得語彙は名詞か動詞か

第2節 語学習のメカニズム解明に向けての実験的研究
1. 動詞学習の実験的研究
2. 語意学習モデル
   ── 動詞学習の困難さ

子どもは1歳前後から2歳半頃までの非常に短い期間に有意味語を獲得し，語と語を一定のルールに従って結合し，構造化された発話を発するようになる。3～4歳までには世界中のどこの子どもも，どんなに文法や音韻体系が複雑でも，彼らの周りで話されている言語の主な要素を獲得していく。子どもが生後数年で獲得する母国語の構成要素は，音韻，形態素，意味，統語と言語使用の実用面である。

　本章においては子どもの初期の語彙の獲得の過程について，まず，最初に自然発話データと親の質問紙による研究から概観する。次に，いろいろな語の種類に対応する概念，特に名詞-動詞を子どもがどのようなメカニズムで推論しているかについての理論的背景と実験的研究を紹介する。

第1節　自然発話データと親の報告による子どもの語彙獲得過程

1. 初期に獲得される語

　言語発達の速度は個人差が大であるが，初期に獲得する語の内容はどうか。米国で親の報告から8～30カ月齢の子どもの言語発達を評価するマッカーサー乳幼児言語発達質問紙（CDIs）（Fenson et al., 1993）[7]が開発され，各言語版の作成が行われている。日本語マッカーサー乳幼児言語発達質問紙（JCDIsと以下略記）（小椋・綿巻，2004[27]；綿巻・小椋，2004[34]）の8～36カ月齢の標準化データ4,091人の各語の出現率（小椋・綿巻，2008）[28]，小林・永田（2008）[18]の「gooベビー」のweb日誌による投稿からの早期表出語，小山（2009）[19]の一女児の毎日の記録から早期表出語20語を取り出し，表8-1に示した。3種類のデータ収集の方法は異にしているが，初語が「まんま」であるのは3データで一致し，また，共通の早期表出語は小椋・綿巻と小林・永田の結果は20語中11語が一致，小椋・綿巻と小山で10語，小山と小林・永田は7語で，3種類のデータで一致した語は6語であった。また，

表 8-1　日本の子どもの早期表出語

順位	JCDIs 横断データ 小椋・綿巻（2008）[28]		web 日誌 小林・永田（2008）[18]		一女児の横断データ 小山（2009）[19]	
	語彙項目	50%通過月齢	語彙項目	平均獲得月齢	語彙項目	出現月齢（月：日）
1	マンマ（食べ物）	15	まんま	14.4	マンマ	12：06
2	（イナイイナイ）バー	15	はい	15.6	ハーイ	13：11
3	ワンワン（犬）	15	ばー（いないいないばー）	15.6	ニャー	13：17
4	あーあっ	15	ママ	15.8	アッタ	14：06
5	バイバイ	16	パパ	15.9	ママ	14：07
6	はい	17	わんわん	16.4	テッテッテ（手）	14：16
7	ブーブー（車）	17	バイバイ	16.5	イタタタ	14：17
8	アイタ（いたい）	17	ないない	16.5	ジャージャー	15：04
9	ネンネ	17	おっぱい	16.8	ワンワン	15：17
10	ニャンニャン（ネコ）	17	ねんね	16.9	パパ	16：09
11	バーバ・ババ（祖母）	17	よいしょ	17.0	パンマン	16：16
12	クック（靴）	18	ニャンニャン	17.5	バーチャン	17：16
13	ないない（片づけ）	18	くっく	17.8	ジー	17：21
14	ママ	18	たっち	17.8	プリ（ン）	18：01
15	パン	19	おかあさん	18.1	ギュニュー	18：02
16	あった（見つけたときに）	19	アンパンマン	18.3	ジージー	18：08
17	だっこ	19	おとうさん	18.4	ポーン	18：08
18	お茶	19	どうぞ	18.5	ジャー	18：08
19	牛乳	19	パン	18.7	キティ	18：12
20	手	19	いや	18.7	ブーン	18：12

　縦断観察の小山のデータは初語3語に達する月齢が13カ月と早いが，JCDIs，とweb日誌ではほぼ15カ月で，20語に達した月齢は3種類のデータで18〜19カ月であった。日本の子どもの早期表出語彙の内容はデータ収集方法が異なっていても，かなり共通性が高いと言える。

2. 語彙の構成

　乳児は毎日新しい事物に出合い，また，新しい事象に遭遇している。彼らは事物や事象間の共通性や関係をとらえて概念を形成し，それらを表す語を学習していく。乳児は語を表出する前から概念発達と言語発達を基本的な様式でリンクさせている（Waxman & Booth, 2003）[36]。乳児が語を獲得し始めるとき，乳児は新奇な内容語を事物や事象間の広範囲の共通性に結びつける広い普遍的な期待をもっている。子どもは事物の名前（名詞），固有名詞，動作を表す語（動詞），属性を表す語（形容詞）などいろいろな種類の語を獲得していく。

　20カ月齢の子どもはどんな種類の語を獲得しているのか。ボーンスタインら（Bornstein et al., 2004）[2]は大規模な調査の結果を報告している。言語背景が異なるアルゼンチン（スペイン語），ベルギー（オランダ語），フランス（フランス語），イタリア（イタリア語），イスラエル（ヘブライ語），韓国（韓国語），米国（英語）の7カ国の20カ月齢の子どもの母親269人に子どもの語彙についてのチェックリスト（CDIsの前身であるEarly Language Inventory）への記入を依頼し，子どもの語彙サイズにより名詞（人や場所は含めない），動詞（動詞だけでなくゲームや活動のカテゴリの語を含む），形容詞，閉じた語類（代名詞，疑問詞，前置詞，冠詞，数量詞）の構成を調べた。その結果，七つの言語すべてにおいて，名詞が一番多く子どもの語彙に含まれていた。次に韓国では，動詞が形容詞よりも多く，ベルギー，フランスでは動詞と形容詞が閉じた語類よりも有意に多かった。

　子どもの語彙サイズ（0～50語，51～100語，101～200語）と語類の関係は語彙サイズが51～100語と101～200語で名詞が他の語類よりも有意に多かった。0～50語では名詞は形容詞や閉じた語類よりも多かったが，名詞と動詞の間には有意な差がなかった。101～200語では動詞が形容詞や閉じた語類より多く，また，形容詞は閉じた語類より多かった。201語から500語の大きな語彙サイズでも名詞，動詞，形容詞，閉じた語類の順で各語類間には有意な差があった。ボーンスタインら（2004）[2]は，ゲントナー（Gentner, 1982）[8]が提案した，名詞が動詞より初期の語彙に，より多く含まれていると

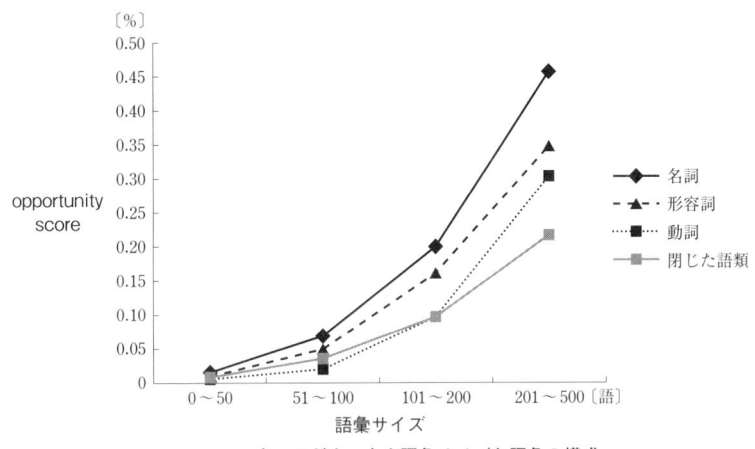

図8-1 日本の子どもの表出語彙サイズと語彙の構成

いう仮説が20カ月齢児の親の報告により明らかになったと結論付けている。

日本の子どもの結果はどうであろうか。語彙サイズと語彙の構成の関係について筆者らの日本の20カ月齢のJCDIs標準化データの総表出語彙数が0から500語の子ども158人（男児75人，女児83人）についてボーンスタインら（2004）[2] にならい分析した。表出語彙数を語彙サイズにより分け，それぞれの語の類のリスト語数で除した値（opportunity score）を図8-1に示した。

語類の間には有意差があり，opportunity scoreが高い順に名詞，形容詞，動詞，閉じた語類で各語類の間には有意差があった。語類×語彙サイズの交互作用も有意であった。動詞は51〜100語までは四つの語類で最低の得点であったが，201語を超えると閉じた語類よりも増加し，第三位となり，動詞と形容詞との間に有意な差はなくなった。ボーンスタインら（2004）[2] の結果では，名詞の得点が一番高く，次が動詞，その次が形容詞であったが，日本の子どもの結果は形容詞が第二位で，イタリアの結果の名詞，形容詞，動詞，閉じた語類の順と類似していた。日本の結果で名詞が第一位であったことは他の言語の結果と共通していたが，動詞についてはイタリア語以外の他の言語の結果とは一致していなかった。

3. 初期の獲得語彙は名詞か動詞か

　前項で述べたが，初期の語彙は名詞が優位（出現が早い，表出語彙の構成で名詞が多い）との研究結果が多くの言語で出されている。その理由として子どもに名詞を学習しやすくしている知覚的，認知的過程が基底にあることにより説明されるとしている。ゲントナーとボロディツキー（Gentner & Boroditsky, 2001）[9]は「自然分割仮説」（natural partition hypothesis）と「関係相対性」（relational relativity）の二つの仮説から，事物の名前（名詞）は関係を表す語（動詞）より早く獲得されるとした。「自然分割仮説」とは，名詞と述部の区別は，"人や物のような具体的概念"と，"活動，状態の変化，因果関係のような叙述的概念"の間にすでに存在している概念的区別に基づいている。事物の指示物を知覚的に利用する方が容易であり，名詞に対応したカテゴリは，動詞や他の述部に対応したカテゴリより，より単純で，より基本的であるという主張である。

　「関係相対性」は，我々が知覚世界を語彙化するとき，関係を表すタームの割り当ては，通言語学的に名詞類より，変動しやすい。述部（predicate）は概念から語へのいろいろなマッピングがある。事物を語彙化するよりも，互いに密着した事物間の関係を語彙化するのに，言語は自由度をもっている。したがって，動詞や他の関係を表すタームに対しては，子どもはどのように言語が知覚世界の要素を結合し，語彙化するかを発見しなければならない。以上に述べた仮説から，ゲントナー（1982）[8]は関係を表す語は，ものを指示する語より通言語学的にも変化しやすく，名詞が獲得しやすいとしている。

　一方，最近の乳児についての研究では，乳児はごく早い時期に運動の概念を獲得しており，事物概念に比べ動作概念の学習で困難はもっていないし，また，ごく初期の語彙に動詞や関係を表す語が発せられるので，名詞優位の証拠はないとする研究も提出されている。また，ゲントナー（1982）[8]が名詞優位の証拠として提示した英語，ドイツ語，日本語，カルリ語[※1]，標準中国語，トルコ語の六つの言語の子どものデータは年齢も1歳2カ月から2歳5

※1　パプアニューギニアのボサビ山の北部，南部の傾斜地に住んでいる人々の言語。

カ月にわたり，各言語のデータ収集の方法もテープの再生，想起，語彙リストの記録と異なっている。その後，この仮説はいろいろな言語でいろいろな方法で検討されている。

英語，イタリア語，ヘブライ語獲得児では日誌法，語彙チェックリスト法で名詞優位が報告されているが，タ－ディフ（Tardif, 1996）[32]やタ－ディフら（Tardif et al, 1997）[33]では標準中国語児では，子どもの自発発話の観察データでは，動詞優位であると報告している。韓国語児についての研究では，英語児と韓国語児を比較したチェとゴプニク（Choi & Gopnik, 1995）[5]では，英語児は名詞優位で，韓国語児では，名詞と動詞の比率が同じだった。また，キムら（Kim et al., 2000）[17]はチェックリストと親の報告から，最初の50語の時点で，英語児，韓国語児とも名詞が動詞よりも多く獲得されているが，韓国語児の方が，動詞数は英語児よりも多かったことを報告している。さらにタ－ディフら（Tardif et al., 1999）[31]は，文脈が大きく作用していることを示し，絵本場面では標準中国語児，英語児とも名詞優位，機械玩具場面では両言語とも動詞優位，普通の玩具場面では英語児は名詞優位，標準中国語児は動詞優位の証拠を提出した。また，初語，最初の3語についても調べ，測定方法の違いにもかかわらず，標準中国語児の方が英語児より，動詞をよく使うことを報告した。

名詞・動詞優位に寄与する要因として，言語に固有の文法と養育者の言語入力が取り上げられ，養育者の言語入力の名詞・動詞の頻度，発話での位置，形態の複雑さ，実用的観点からの分析がなされている。タ－ディフら（Tardif et al., 1997）[33]は標準中国語児の母親は英語，イタリア語児の母親とは異なり，頻度は動詞優位，発話の最後は動詞で，動詞の形態は他の二つの言語に比較し単純で，動詞が名詞より優位であった子どもの結果と対応していたことを報告している。チェとゴプニク（1995）[5]やキムら（2000）[17]も母親の自然発話を分析し，韓国語児母親も動詞，活動志向の発話が英語児の母親よりも多かった。チェ（Choi, 2000）[4]は，英語，韓国語児の玩具場面と絵本場面の母親の発話を分析し，チェとゴプニク（1995）[5]やキムら（2000）[17]と同様な結果と場面での違い（英語児の母親は両場面で名詞が多く，韓国語児の母親は絵本場面で名詞が多かったが，玩具場面では動詞が多く，かつ，行為に焦点をあてた発話が多かったこと）を見出している。これらの研究は

子どもの優位な語類と養育者の優位な語類が一致していると結論付けている。韓国語と言語構造が類似している日本語児の結果は興味があるところである。

筆者ら（Ogura et al., 2006）[26]は，子どもの言語発達段階，場面，データ収集方法，名詞のカウント法により，名詞，動詞数がどのような影響を受けるか検討し，日本の子どもは名詞優位なのか動詞優位なのかを明らかにした（**研究例 1**）。玩具場面では養育者の発話は動詞優位を喚起する発話であったにもかかわらず子どもは名詞優位であったことや，絵本場面で動詞を獲得しやすい手がかりが養育者の発話に含まれていたにもかかわらず子どもの発話が名詞優位であったことは大変興味深い。また，統語段階になると玩具場面で母親の発話に一致して子どもの発話が動詞優位になっている。このことから文法が出現する前の段階では，養育者の言語入力には関係なく，子どもは名詞を獲得しやすい傾向をもっていると言える。文法が出現してくると動詞の割合が増加する。これは養育者の言語入力が関係してくるというよりも，統語段階に入ると動詞優位の大人の発話の形式を獲得してくると考えられる。以上の結果から筆者らの研究は，一語発話段階においては名詞が動詞よりも優位で，ゲントナーとボロディッキー（2001）[9]の事物の名前（名詞）は関係を表す語（動詞）より早く獲得されるとの説を支持するものであった。

名詞が獲得しやすい語類であることは，マークマン（Markman, 1989）[24]らが挙げている子どもが生得的に有する認知的制約によっても裏づけられる。事物全体制約（幼い子どもは新奇な語を聞くと，その語は事物の部分や，属性や，あるいは活動ではなく，事物全体を指示すると仮定する），やランダウら（Landau et al., 1988）[20]の形状類似バイアスは環境内にある事物を図として認識しやすくし，その指示対象と語のマッピングを容易にする。また，類制約（その語は，もとの事物と同じカテゴリの事物に拡張できる）やワックスマン（Waxman, 1991）[35]の提案する名詞－カテゴリの結合（noun-category linkage）の語意学習の原理（乳児が語彙獲得過程に関わるとき，最初に事物に割り当てられた語を，その事物やその種類の他の事物を指示していると解釈するバイアスがある）は事物カテゴリの形成を促進する。

一方，動詞の学習が難しい理由として，今井・針生（2007）[13]は，まず，場面から動詞の指示対象を切り出すことが容易でないこと，それから，動詞の

研究例 1　日本の子どもの初期の語彙は名詞優位か動詞優位か？

小椋ら（2006）[26]

　対象児は 12，15，18，21，24 カ月齢児各 10 人（男 5 人，女 5 人）計 50 人のうち，語彙を観察場面で 11 以上表出した 31 人である。大学の遊戯室で一定の玩具での母子遊び場面 14 分間と絵本場面 5 分間の計 19 分間を VTR 録画した。母親に初期言語発達インベントリー（JCDIs 1991 年版）の記入を依頼した。

　分析方法は，名詞数，動詞数は，観察の 19 分間の言語データを最も厳しい名詞のカウント法として成人語形の事物名詞を名詞としたときと，最もゆるい名詞の定義として幼児語も人を表す語も名詞としてカウントした場合の 2 通りの方法でカウントした。動詞については成人語形の，動作動詞，状態，位置の変化を表す動詞，「ある」「いる」「なる」の存在動詞を動詞としたときと，行為を表す幼児語形の動作名詞も動詞とした場合の 2 通りの方法で算出した。名詞数，動詞数の差 1 以上からの名詞優位・動詞優位の人数，および名詞率（〈名詞／名詞＋動詞〉が，0.5 以上は名詞数が動詞数より多い）を算出した。各児の言語段階を小椋（1999）[25] に基づき，子どもの 19 分間に発した発話から以下の 3 段階（① 一語発話段階〈19 分間の観察場面で語彙が 11 以上あるが，助詞，助動詞の出現はない〉，② 前統語段階〈活用形付属語連鎖，終付属語連鎖，分離型二語発話のいずれかを 3 以上表出。次の統語段階の発話を 2 以上表出しない〉，③ 統語段階〈自立語 2 語，自立語＋格助詞以上の発話を 3 以上表出〉）を設定した。

　母親の発話については，a．名詞，動詞の玩具場面，絵本場面でのタイプ数，トークン数をカウントした。名詞は成人語形と幼児語形の事物，人を表す名詞，固有名詞（子どもの名前を除く）を名詞としてカウントし，ゆるい名詞の定義で分析した。動詞については成人語形の，動作動詞，状態，位置の変化を表す動詞，「ある」「いる」「なる」の存在動詞を動詞とした。分析には，名詞率を測度とした。b．名詞，動詞の形態複雑さ（morphological complexity：平均屈折数）を算出した。名詞の形態論的マーキングとして，基本形と，名詞に格助詞，係助詞が付加された語形の数をカウントし，異なり語数で除し，名詞の形態複雑度を算出した。動詞については基本形と，活用形動詞の数をカウントし，動詞の異なり語数で除し，動詞の形態複雑度を算出した。c．名詞，動詞の語の位置は，一語発話，多語発話に分け，一語発話での名詞数，動詞数，多語発話の文末の名詞数，動詞数をカウントし，各場面の発話数で除した値を測

表8-2 日本の子どもと養育者の発話における名詞，動詞のバランスの結果のまとめ

	指標	玩具場面 一語発話段階	前統語段階	統語段階	絵本場面 一語発話段階	前統語段階	統語段階
子ども（名詞に人を含めない）	語のタイプ数	N>V	N=V	V>N	N>V	N>V	N>V
子ども（名詞に人を含める）	語のタイプ数	N>V	N=V	N=V	N>V	N>V	N>V
養育者（名詞に人を含める）	語のタイプ数	V>N	V=N	V>N	N>V	N>V	N>V
養育者（名詞に人を含めない）	語のトークン数	V>N	V>N	V>N	N>V	N=V	N=V
特別なキュー							
養育者	形態複雑さ	V>N	V>N	V=N	V>N	V>N	V=N
養育者	目立ちやすさ（一語発話）	V>N	V>N	V>N	N>V	N>V	N>V
養育者	目立ちやすさ（多語発話の文末）	V>N	V>N	V>N	V>N	V>N	V>N
養育者	実用機能（名前志向・動作志向）	V>N	V>N	V>N	N>V	N>V	N>V

注）＞あるいは＜は名詞と動詞に有意な差があり，＝は名詞と動詞の間に有意な差がないことを表している。ただし，N＝Vは名詞と動詞の間に有意な差がないが名詞が動詞より多いことを，V＝Nは名詞と動詞の間に有意な差がないが動詞が名詞よりも多いことを示している。　　　　　　　　　　　　　　　　　（Ogura et al., 2006[26]) p.22）

度とした。d. 語用論的機能は，物や人の命名を喚起する名前志向の発話，行為と動詞を含む発話や動作志向の発話の頻度を場面ごとに算出し，分析には，場面ごとの発話数で除した値を測度とした。

　詳しい数値の結果は小椋ら（Ogura et al., 2006）[26]を参照していただくとして，母子の発話の分析のまとめを表8-2に示した。子どもについては，一語発話段階においては名詞優位が生起していたが，玩具場面で名詞の中に固有名詞や人を表す語を含めないカウント法では，前統語段階において名詞と動詞の間に有意差はなく，統語段階においては動詞が名詞よりも多く表出されていた。養育者については，玩具場面では養育者の発話は子どもの言語発達段階の違いにはあまり関係なく，タイプもトークンの頻度，文末の位置の語で動詞が多く，形態複雑さは動詞が高く，動作志向の発話が多かった。絵本場面ではタイプ，トークンの頻度は名詞が高く，名前志向の発話が有意に多かったが，多語発話での文末には動詞が有意に多く，また，動詞の方が形態複雑度が高かった。

般用にあたっては，動作主体や動作対象の同一性ではなく，それらの間にある関係に注目しなければならないが，このような関係レベルの同一性を般用基準とすることが子どもにとって難しいことを挙げている。次に動詞学習の困難さについての実験的研究を見ていこう。

第2節 語学習のメカニズム解明に向けての実験的研究

1. 動詞学習の実験的研究

　近年，感覚様相間（モダリティ間）選好注視法（intermodal preferential looking paradigm：IPLP）という新しい実験的手法が言語研究に取り入れられ，乳幼児期の言語発達研究に画期的な変化が起こっている。この方法では，乳児は母親のひざに抱かれて，2台のビデオモニターの正面に位置し，中央に置かれたスピーカーから言葉や文が流れてくる。それと同時に二つのモニター上に事物や行為の短い場面の一部が示される。一方は子どもが聞いた語や文にマッチしているが，もう一方はマッチしていない。子どもは聞いたものにマッチしたビデオの一部を好んで見るので，もし，子どもが語や文を理解しているならば，マッチしたスクリーンを長く見るという原理で実験が行われている。この方法ではビデオ編集技術を利用し，動画も呈示でき，動詞学習の実験的研究を可能にした。

　マグワイアら（Maguire et al., 2002）[22] は，1歳半の子どもを対象として，語は事物，行為，事象を指示（refer）している，また，語は一つの例だけでなく，事物，行為，事象のカテゴリを指示しているという指示（reference）の原理を動詞学習について調べた（**研究例 2**）。

　マグワイアら（2002）[22] の実験では18カ月齢児では新しい動詞を別の動作主体による同じ動作に般用することができなかった。3歳児ではどうであろうか。今井ら（Imai et al., 2005）[14] で，「AgentがObjectをVerbしている」と

研究例2　1歳半の子どもの動詞学習　　　　　マグワイアら（2002）[22]

マグワイアら（2002）[22]は，乳児は新奇な語を新奇な行為にマップできる，さらに行為のカテゴリを形成し，そのカテゴリに新しい学習ラベルを般化できると仮定して，「Agent が Verb している場面」の動詞般用の三つの実験を 18 カ月齢児を対象として IPLP 法で行った。

表 8-3 に基本的な手続きを示した。実験 1 では，両画面を子どもが見ていることを確認し（注意），2 人の人が両画面で別の行為を行っているのを 1 回見た（確認）。訓練段階で子どもは**表 8-3** に示されたオーディオ刺激を聞きながら，1 人の行為者が新奇な行為を各回 6 秒間行うのを 4 回見た。その後のテスト段階では同じ行為をしている新奇な行為者（既知動作場面）とこれまでとはまったく違う動きをしている場面（新奇動作場面）を同時に呈示した。子どもが既知動作場面を長く注視するならば，子どもは動詞を動作に般化できたとみなされた。実験 2 では，例を多く呈示することにより動詞カテゴリ形成が促進されると考え，子どもは訓練段階で 4 人の異なった行為者が新奇な同じ行為を次々に遂行しているのを見て，そのたびに同じ動詞が繰り返し言われた。テストでは，同じ行為をしている第 5 番目の新奇な行為者に新奇なラベルを般化できるかが調べられた。実験 3 では，実験 1 と類似していたが，訓練段階で人の姿を見せないで，関節につけた小さな光の動き（ポイントライト）で行為を単純化して呈示した。

三つの実験の「差の差得点」（最初の確認段階でのターゲット注視時間－非ターゲット注視時間）－（テスト試行でのターゲット注視時間－非ターゲット注

表 8-3　マグワイアら（2002）[22] の動詞学習実験の手続き

段階	オーディオ	ビデオ
注意	見て，女の子が歩いているよ。 女の子が歩いているのが見える？ 女の子が歩いているのを見て。	女の子が最初，片方のテレビ画面を歩いている。次にもう一方の画面を歩いている。
確認（1）	ここで，何が起きているのかな？ 見てここを。どうしているかな。	人 A が行為 1 を，人 B が行為 2 を遂行している。
訓練（4）	見て，彼女が blick している！ 彼女が blick しているのを見て。 彼女が blick しているのが見える？	ターゲットの行為を遂行している（実験ごとにかわる）。
テスト（2）	誰が blick しているかな？ 彼女が blick しているのが見える？ blick するのは面白いね。	確認と同じ。

（　）は試行数　　　　　　　　　　　　　　　　　Maguire et al., 2002[22] p.373 をもとに作成）

視時間)を算出した結果を**図 8-2**に示した。実験 1,実験 2 とも「差の差」得点で有意な差はなく,テスト段階で新しい動詞を別の動作主体に般化することはできなかった。実験 3 のポイントライトでは,テスト段階でポイントライトと同じ動きをしている人を長く注視した。動作主体がはっきり見えない状態では,1 歳半の子どもで,動作パターンを動詞に対応づけることができた。1 歳半の子どもでは動作主体と動作を切り離してとらえ,動作の方だけを動詞に対応づけることは難しいことを示していた。

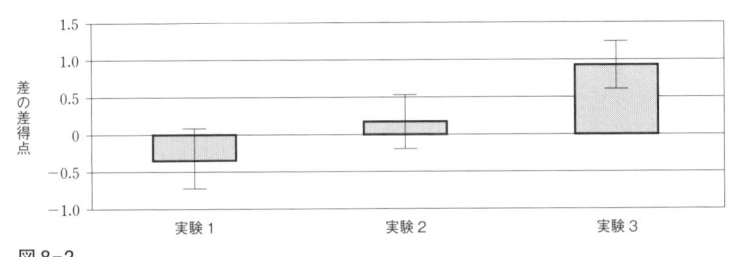

図 8-2
三つの実験での「差の差得点」(最初の確認段階でのターゲット注視時間-非ターゲット注視時間)-(テスト試行でのターゲット注視時間-非ターゲット注視時間)の得点

(Maguire et al., 2002[22] p.378 をもとに作成)

記述されるような動作主体と動作対象の両方を含むイベントに新しい動詞が導入された場合,3 歳児は動詞がモノではなく動作であることを理解していた。また,動作主体が変わっても,同じ動詞に適用できることも知っているが,動作対象のモノを変数として扱うことができず,動詞の意味を「特定のモノで行う特定の動作」のようにとらえてしまうことを報告している。

今井ら(Imai et al., 2008[15], 2006[16])は英語,中国語,日本語児に対して,名詞,動詞の概念的な違いがそれぞれの言語の言語学的特性や分布的特性とどのように相互作用しているかを明らかにするために,新奇名詞・動詞の般用実験を行っている(**研究例 3**)。

今井・針生(2007)[13],今井ら(2008)[15]は動詞の学習は言語普遍的に名詞の学習よりも難しく,どの言語圏でも 5 歳頃に成功し,動詞に適切な概念を対応づけるために必要な認知能力が整ってくるのも,この年齢であるとしている。また,新しい語が動詞かどうかを見極めるために使える手がかりは言語により異なるとしている。

研究例3　日本語・英語・中国語を獲得している子どもの動詞学習

今井ら（2008[15]，2006[16]）

a. 標準場面

b. 動作同一，モノ異なる場面　　　c. モノ同一，動作異なる場面

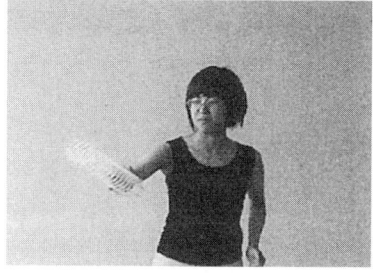

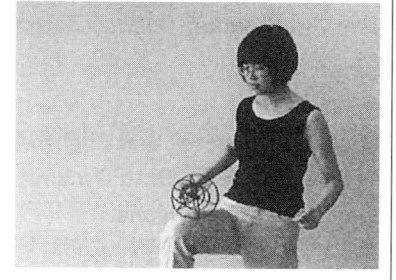

図8-3　今井らで使用された動画刺激例　　　　　　　　　（Imai et al., 2006[16] p.456）

　今井らは，若い女性が新奇なモノを使って新奇な動作をしているところ（標準刺激）をビデオで見せ，その最中に新しい語を導入し，子どもがその語をどのように解釈するかを検討した。図8-3に今井ら（Imai et al., 2006）[16]からの動画刺激の例を示した。

　日本語では主語や目的語を明示しないので，動詞項省略条件でも不自然な文ではないが，英語圏では主語，目的語を明示するので，動詞項明示条件も設けて実験を行った。動詞項明示条件では，日本語児へは"見て，お姉さんが何かをXている"，英語児へは"Look！ she is X-ing it"，中国語児へは"你看（見て），阿姨（お姉さん）在（助動詞）X（新奇語）一个东西（1個のもの）呢（感嘆助詞）！"（「見て，お姉さんが何かをXている」）と言って導入した。動詞項省略条件では，日本語児へは"見て，Xている"，英語児へは"Look！ X-ing"，中国語児は単に新奇語を呈示する"你看（見て，X！）"（裸語条件）で行った。名詞条件は，日本語児へは"見て，Xがある"，英語児へは"Look！ This is a X"，中国語児へは"你看（あなた見て），有る（ある）X（新奇語）"と言って

表 8-4　動作同一場面の選択率　　　　　　　（Imai et al., 2008[15]）より一部変更して筆者が作成）

言語	年齢	条件			
		名詞条件	動詞項省略条件	動詞項明示条件	裸語
日本語児	3歳	0.07** (0.11)	0.38 (0.41)	0.39 (0.44)	—
	5歳	0.00** (0.00)	0.77* (0.42)	0.69 (0.45)	—
英語児	3歳	0.14** (0.15)	0.49 (0.39)	0.42 (0.35)	—
	5歳	0.09** (0.12)	0.56 (0.42)	0.70* (0.33)	—
中国語児	3歳	0.15** (0.23)	—	0.08** (0.15)	0.15** (0.23)
	5歳	0.06** (0.19)	—	0.20** (0.38)	0.22* (0.33)
	大人	0.29* (0.37)	—	1.00 (0.00)	0.73* (0.24)

注）数値が 0.5 より小さくて、*あるいは**がついている場合、モノ同一反応が有意にチャンスレベル以上であることを示している。* $p<.05$,　** $p<.01$

導入した。6セットの呈示順序はランダムにされ、各シーンは3回反復呈示された。テストでは、二つの刺激が同時に呈示され、各条件に従い、たとえば、日本語児へは、動詞項明示条件では「お姉さんが何かをXているのはどっち？」、動詞項省略条件では「Xているのはどっち？」、名詞条件では「Xがあるのはどっち？」とたずねられた。

表 8-4 に結果を示した。日本語、英語、中国語児とも、新しい名詞をモノに対応づけることは3歳でできた。しかし、新しい動詞を別のモノを使って同じ動作が行われている場面に般用することは日本語児、英語児では5歳になり可能となった。中国語児は5歳でも 80％ がモノに対応づけた。今井らは、中国語児へは新奇語が動詞であると子どもが気づくチャンスを増やすために、新奇語の前に '在 (zai)' という助動詞をつけた文だけでなく、'正在 (zhengzai)' や '一直在 (yizhizai)' をつけた三つの文も同じ子どもに呈示した。しかし、これだけ言語学的手がかりを強くしても、動詞を動作に対応づけることができたのは、3歳児で 34％、5歳児で 39％ であった。また、6歳児、8歳児にも実施した。8歳児になりようやく、新しい動詞を適用できる場面として、動作同一場面を選べることがわかった（72％）。

今井らは中国語児が5歳になっても新奇な動詞の意味を推論できないことを不思議に思い、中国側の共同研究者からの指摘により、言語外の手がかりが動詞同一場面を選ぶことを困難にしていることをつきとめた。新しい語を導入するときに、登場人物の女性が動作を始める前に 0.5 秒間、動作で使うモノを両手で身体の前に持っており、それから動作をする姿勢に移り、動作を始めた。この 0.5 秒間のシーンが中国語児にモノに注目させる原因を作っていたのでは

> と推測した。この場面をカットして，子どもが映像を見たときはすでに登場人物は動作に入っているビデオで，動詞であると気がつくように助動詞をつけた文で実験した結果，3歳児は41%でチャンスレベル，5歳児は88%の高い選択率で動作同一場面へ新しい動詞を般用できた。同じようにモノを持っているシーンをカットした場合，3歳の日本語児は動詞項省略条件で52%，英語児は動詞項明示条件で53%が動作同一場面を選択し，選択率が上昇したが，チャンスレベル以上ではなかった。また，中国語児で統語的な手がかりがない裸語条件で新奇な語をモノの名前と推測したことは中国語児の名詞バイアスを示していた。

ワックスマンら（Waxman et al., 2009）[37]は，日常場面での子どもの動詞の獲得は2歳頃，実験室での獲得年齢が就学前というギャップに疑問をいだき，子どもは行為に関わっている対象をかえると他の同じ種類の行為に新奇な動詞を般化できないので，同じ対象で行為をかえる行為テストと，行為は同じでモノをかえる事物テストをIPLP法で24カ月齢児に対して行った。その結果，24カ月齢児でも，新奇な動詞をイベントカテゴリに，新奇な名詞を事物カテゴリにマップできた。ワックスマンら（2009）[37]は，今井らをはじめとする動詞学習実験ではテストは両方の場面とも新奇で（一つは見慣れた行為で新奇なモノの場面と，もう一つは見慣れたモノで新奇な行為の場面），子どもにとっては過大な要求であるとしている。また，動詞学習をサポートする条件を今後の研究はさぐる時期にきているとしている。

2. 語意学習モデル　　　　　　　　　動詞学習の困難さ

動詞獲得の困難さについて，マグワイアら（Maguire et al., 2006）[23]は次のように説明している。動詞学習の問題は，動詞が符号化している基底にある概念を学ぶことにあるよりも，行為や事象に動詞をマップすることにある。動詞のいくつかの側面は子どもにとり難しい。第一に動詞は本来，関係を表していて，関与する行為者と事物が行為そのものよりも目立っている。第二に動詞は知覚的に利用できない（たとえばknowとかwant），また，動詞の意味はわずかな違いを引き起こす（たとえば, chase対flee）ので，子どもは

動詞を学ぶのに補助的な手がかりを必要とする。第三に動詞が命名する事象は言語で異なっている。ポラン゠デュボワとグラハム（Poulin-Dubois & Graham, 2007）[29]は動詞を学習するのに子どもは現在起こっている事象のどの側面が指示されているのかを決定しなければならない。動詞は動きの様態（歩く／走る），話者に関係する方向（行く／来る），必要とされる道具（スプーン／ペダル），あるいは達せられた結果（いっぱい／空）などのようなたくさんの意味的要素から解釈しなければならない。さらに，動詞が指示するどの側面が意味と融合しているかを学習するのに加えて，子どもは行為者の意図や話者が意味する意図を解釈しなければならない。したがって，動詞は名詞に比べて獲得が難しい。

ゴリンコフとハーシュ゠パセック（Golinkoff & Hirsh-Pasek, 2008）[10]は，ECM（Emergentist Coalition Model：創発連立モデル）（Hollich et al., 2000）[12]とSICI（名詞や動詞の学習に寄与する要因として，形状〈shape〉，個別性〈individuation〉，具体性〈concreteness〉，心像性〈imageability〉を挙げ，これらの頭文字からSICI continuum：SICI連続体）（Maguire et al., 2006）[23]から動詞と指示する事象のマッピングの複雑さを説明できるとしている。

ECMモデルを図8-4に示した。ECMモデルでは語学習を認知的制約，社会‐実用要因，全般的な注意のメカニズムを含む多要因の産物とした。語学

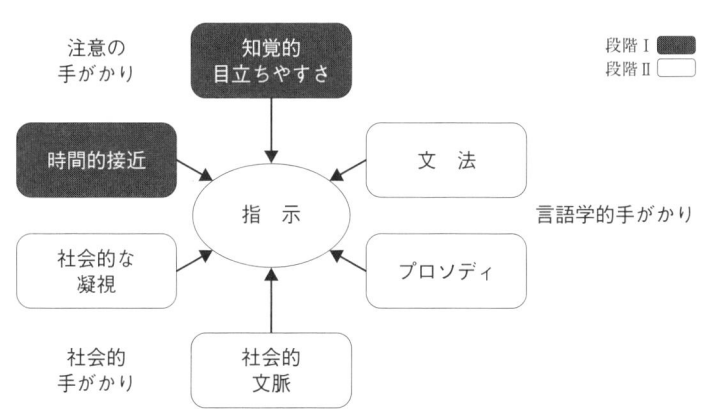

図8-4 指示（reference）に対して実行されるECMモデル
子どもは知覚的な目立ちやすさのような注意の手がかりから社会的な言語学的な手がかりに大きく依存するようになる。　　　　　　　　　　　（Hollich et al., 2000）[12]

SICI 連続体

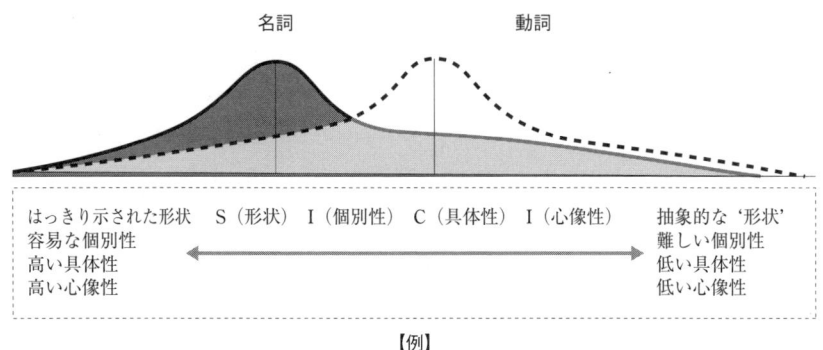

	名詞				動詞	

はっきり示された形状　S（形状）　I（個別性）　C（具体性）　I（心像性）	抽象的な'形状'
容易な個別性	難しい個別性
高い具体性	低い具体性
高い心像性	低い心像性

【例】

固有名詞	具体名詞	関係名詞	抽象名詞
(Mary, Sue)	(spoon, ball)	(uncle, grandmother)	(peace, hope)

道具動詞	行為動詞	経路動詞	意図動詞	心的動詞
(hammer)	(jump, hug)	(exit, ascend)	(pour, spill)	(think, believe)

図8-5　SICI 連続体　　　　　　　　　　　　（Maguire et al. 2006[23] p.374 をもとに作成）

習のいくつかの過程を考え，最初は連合過程（associative process）で始まるが，次第に言語学的手がかりとともに話者の社会的意図の社会的手がかりを使用して語が指示しているモノや事象を推測する。子どもは初めは知覚的に目立つとか，時間的な接近といった注意の手がかりを使用し，視線のような微妙な手がかりや言語学的な手がかりは後になって用いられる。

　SICI 連続体は，ゲントナーとボロディツキー（2001）[9] らの認知的に決定される語と言語学的に決定される語の分割の連続体にヒントを得たものであるが，動詞，名詞は概念的観点からの二分法的なカテゴリ的なシステムに区分されるのでなく，名詞，動詞の処理の間での連続体であるという考えから作成されている。図8-5 に示されるように，語はより具体からより抽象の連続体に位置している。動詞は一般に SICI 連続体のより抽象性の端に位置しており，マッピングは曖昧で，意味を推測するのにたくさんの手がかりを必要としている。名詞，特に事物名詞は SICI 連続体で動詞よりも具体性の端に位置する。また，これらの語はイメージしやすい語である。大人の評定でイメージのしやすい語が語類に関係なく，CDIs のような親の報告のチェックリストでの子どもの語の獲得の年齢と相関しているとの研究もある。

　動詞の獲得が難しいといっても子どもの初期の語彙にいくつかの動詞があ

表 8-5　日本の子どもの早期理解動詞，早期表出動詞

早期理解動詞			早期表出動詞		
動詞	8〜18カ月平均出現率	50%出現率を超えた月齢	動詞	16〜36カ月平均出現率	50%出現率を超えた月齢
すわる	38.7	15カ月	行く	69.3	22カ月
たつ（立つ）	35.9	15カ月	ねる（寝る）	69.3	22カ月
たべる（食べる）	39.9	15カ月	あける（開ける）	64.7	23カ月
ぬぐ（脱ぐ）	31.5	15カ月	ぬぐ（脱ぐ）	58.5	24カ月
ねる（寝る）	39.6	15カ月	ある	60.3	24カ月
のむ（飲む）	37.5	15カ月	あるく（歩く）	58.4	24カ月
あるく（歩く）	30.5	16カ月	おきる（起きる）	59.2	24カ月
行く	29.7	16カ月	おりる（降りる）	57.2	24カ月
かたづける	26.1	16カ月	すき	60.4	24カ月
きる（着る）	29.2	16カ月	たべる（食べる）	62.9	24カ月
捨てる	27.6	16カ月	のむ（飲む）	64.9	24カ月
はく（履く）	26.3	16カ月			
持ってくる	27.6	16カ月			

る。CDIs（Fenson et al., 1994)[6] の米国児の標準化データで動詞理解が50%の出現率を超える月齢は10カ月で kiss, 12カ月で, eat, drink, hug, dance, 13カ月で look, give, go, bite, walk, wash であった。動詞表出は19カ月で eat, go, sit の3語，21カ月で bite, drink, hug, kiss, see, walk の6語であった。22カ月では12語，23カ月は24語で23カ月までに計45語の動詞が表出された。中国語児については CDIs 中国語版からの動詞表出の出現年齢を見ると，16カ月で3語，17カ月で10語，18カ月で10語，19カ月で26語で，19カ月までに49語の動詞が50%の出現率を超えていた（Ma et al., 2009)[21]。我々の JCDIs 標準化データから日本語児の早期理解動詞，早期表出動詞の一部を 表8-5 に示した。名詞より獲得は遅れるが，27カ月までに50%の出現率を超える動詞は58語であった。CDIs のデータで動詞獲得の状況を比較すると，中国語児の獲得が米国児，日本語児に比べ早期であった。マら（2009)[21] は中国語児が早期に獲得した動詞は心像性が高く，また，中国語児の親は動詞入力が米国児よりも高いことが中国語児が早期に動詞を獲得する要因の一つであるとしている。

マグワイアら（2006）[23]は早期に獲得される動詞は，SICI 連続体では，より具体性の端に位置するとしている。ブルームら（Bloom et al., 1975）[1]は行為や動きの事象（movement event）を記述したり，行為者の身体的な動きを記号化する動詞を最初に子どもは表出し，心的状態の動詞は2歳半まで用いられないことを報告している。表8-5の日本語児の早期に理解，表出される動詞は，理解では「すわる」「たつ」「たべる」，表出では「行く」「ねる」「あける（開ける）」などで，ブルームらの報告のように動作を表す，具体的で，イメージしやすい動詞であった。また，ターディフ（Tardif, 2006）[30]は標準中国語児で早期に学習された動詞は知覚的にアクセスしやすく，文脈依存の動詞であったことを報告している。

　ECM モデルで示したように，子どもが新しい語を学習する初期には知覚的手がかりが強く働くが，その後，社会的手がかり，言語学的手がかりが利用できるようになる。ブランドンら（Brandone et al., 2007）[3]は 21〜24 カ月齢児の単一の行為をユニークに強調した知覚的手がかりが社会的，言語学的手がかりと一致しているときには子どもは動詞学習ができたが，知覚的手がかりが社会的，言語学的手がかりと連合していないときには関連ある話し手の情報を利用できず，動詞学習が困難となるものの，33〜36 カ月齢頃までに社会的な，言語学的な手がかりを利用して動詞学習が可能になることを報告している。子どもが語学習で利用できる手がかりは子どもの認知能力の発達に大きく依拠している。

　本稿では主に名詞，動詞の獲得の問題を取り上げたが，形容詞や空間関係を表す語など語の種類により獲得に必要な手がかりは異なっていると考えられる。針生（2006）[11]は，どのタイプの語彙についてのメタ知識が早い時期にできあがるかは，そのタイプの語彙が指示する概念のつかみやすさ（属性の相関構造，知覚的なわかりやすさ），語の性質（適用範囲，文法的特徴），語が使われる頻度のバランスにより決まるとしている。

　語の学習は概念的知識と言語学的知識の交差するところで生起する。どのような語類が発達のどの時期にどのようなメカニズムで獲得されるかの解明には実験的方法が強力であるが，現実の日常の子どもの語彙獲得を説明できるパラダイムの設定が必要となる。また，語彙発達のメカニズム解明には発達心理学，認知心理学，比較言語学からのアプローチの統合が必須である。

【引用文献】

1) Bloom, L., Lightbown, P., & Hood, L. (1975). Structure and variation in child language. *Monographs of the Society or Research in Child Development*, **40** (2) (Serial No.160).
2) Bornstein, M. H., Cote, L. R., Maital, S., Painter, K., Park, S.-Y., Pascual, L., Pêcheux, M.-G., Ruel J., Venuti, P., & Vyt, A. (2004). Cross-linguistic of vocabulary in young children : Spanish, Dutch, French, Hebrew, Italian, Korean and American English. *Child Development*, **75**, 1115-1139.
3) Brandone, A. C., Pence, K. L., Golinkoff, R. M., & Hirsh-Pasek, K. (2007). Action speaks louder than words : Young children differentially weight perceptual, social, and linguistic cues to learn verbs. *Child Development*, **78**, 1322-1342.
4) Choi, S. (2000). Caregiver input in English and Korean : Use of nouns and verbs in book-reading and toy-play contexts. *Journal of Child Language*, **27**, 69-96.
5) Choi, S., & Gopnik, A. (1995). Early acquisition of verbs in Korean : A cross-linguistic study. *Journal of Child Language*, **22**, 497-529.
6) Fenson, L., Dale, P. S., Reznick, J. S., Bates, E., Thal, D., & Pethick, S. (1994). Variability in Early Communicative Development. *Monographs of the society for research in child development*, **59** (5), (Serial No.242).
7) Fenson, L., Dale, P. S., Reznick, J. S., Thal, D., Bates, E., Hartung, J. P., Pethick, S., & Relly, J. S. (1993). *MacArthur Communicative Development Inventories : User's guide and technical manual*. San Diego : Singular Publishing Group.
8) Gentner, D. (1982). Why nouns are learned before verbs : Linguistic relativity versus natural partitioning. In S. A. Kuczaj (Ed.), *Language development : Vol.2. Language, thought, and culture*. Hillsdale, NJ : Erlbaum. pp.301-334.
9) Gentner, D., & Boroditsky, L. (2001). Individuation, relativity and early word learning. In M. Bowerman & S. C. Levinson (Eds.), *Language acquisition and conceptual development*. Cambridge : Cambridge University Press. pp. 215-256.
10) Golinkoff, R. M., & Hirsh-Pasek, K. (2008). How toddlers begin to learn verbs. *Trends in Cognitive Sciences*, **12**, 397-403.
11) 針生悦子 (2006). 子どもの効率よい語彙獲得を可能にしているもの —— 即時マッピングを可能にしているメタ知識とその構築にかかわる要因について 心理学評論, **49** (1), 78-90.
12) Hollich, G. J., Hirsh-Pasek, K., & Golinkoff, R. M. (2000). Breaking the Language Barrier : An emergentist coalition model for the origins of word learning. *Monographs of the Society for Research in Child Development*, **65** (3), (Serial No.262).
13) 今井むつみ・針生悦子 (2007). レキシコンの構築 —— 子どもはどのように語と概念を学んでいくのか 岩波書店
14) Imai, M., Haryu, E., & Okada, H. (2005). Mapping novel nouns and verbs

onto dynamic action events : Are verb meanings easier to learn than noun meanings for Japanese children ? *Child Development*, **76**, 340-355.
15) Imai, M., Li, L., Haryu, E., Okada, H., Hirsh-Pasek, K., Golinkoff, R., & Shigematsu, J. (2008). Novel noun and verb learning in Chinese, English, and Japanese children : Universality and language-specificity in novel noun and verb learning. *Child Development*, **79**, 979-1000.
16) Imai, M., Haryu, E., Okada, H., Li, L., & Shigematsu, J. (2006). Revisitng the noun-verb debates : A cross-linguistic comparison of novel noun and verb learning in English, Japanese, and Chinese-speaking children. In K. Hirsh-Pasek & R. M. Golinkoff (Eds.), *Action meets word : How children learn verbs*. New York : Oxford University Press. pp.450-476.
17) Kim, M., McGregor, K. K., & Thompson, C. K. (2000). Early lexical development in English- and Korean-speaking children : Language-general and language-specific patterns. *Journal of Child Language*, **27**, 225-254.
18) 小林哲生・永田昌明 (2008). 日本語を母語とする幼児の初期語彙発達——ウェブ日誌法による早期出現語彙の特定　日本心理学会第72回大会論文集, 1122.
19) 小山正 (2009). 言語獲得期にある子どもの象徴機能の発達とその支援　風間書房
20) Landau, B., Smith, L. B., & Jones, S. S. (1988). The importance of shape in early lexical learning. *Cognitive Development*, **3**, 299-321.
21) Ma, W., Golinkoff, R. M., Hirsh-Pasek, K., McDonough, C., & Tardif, T. (2009). Imageability predicts the age of acquisition of verbs in Chinese children. *Journal of Child Language*, **36**, 405-423.
22) Maguire, M. J., Hennon, E. A., Hirsh-Pasek, K., Golinkoff, R. M., Slutzky, C. B., & Sootsman, J. (2002). Mapping words to actions and events : How do 18-months-olds learn a verb ? In B. Skarabela, S. Fish & A. H. Do (Eds.), *Proceedings of the Boston University Annual Conference on Language Development*. Somerville, MA : Cascadilla Press. pp.371-382.
23) Maguire, M. J., Hirsh-Pasek, K., & Golinkoff, R. M. (2006). A unified theory of word learning : Putting verb acquisition in context. In K. Hirsh-Pasek & R. M. Golinkoff (Eds.), *Action meets word : How children learn verbs*. New York : Oxford University Press. pp.364-391.
24) Markman, E. M. (1989). *Categorization and naming in children : Problems of induction*. Cambridge : MIT Press.
25) 小椋たみ子 (1999). 初期言語発達と認知発達の関係　風間書房
26) Ogura, T., Dale, P. S., Yamashita, Y., Murase, T., & Mahieu, A. (2006). The use of nouns and verbs by Japanese children and their caregivers in book reading and toy-play contexts. *Journal of Child Language*, **33**, 1-29.
27) 小椋たみ子・綿巻徹 (2004). 日本語マッカーサー乳幼児言語発達質問紙「語と身振り」手引　京都国際社会福祉センター
28) 小椋たみ子・綿巻徹 (2008). 日本の子どもの語彙発達の規準研究——日本語マッカーサー乳幼児言語発達質問紙から　発達・療育研究 (京都国際社会福祉センター紀要), **24**, 3-42.

29) Poulin-Dubois, D., & Graham, S. A. (2007). Cognitive process in early word learning. In E. Hoff & M. Shatz (Eds.), *Blackwell handbook of language development*. Malden, MA : Blackwell Publishing. pp.191-211.
30) Tardif, T. (2006). But are they really verbs ? Chinese words for action. In K. Hirsh-Pasek & R. M. Golinkoff (Eds.), *Action meets word : How children learn verbs*. New York : Oxford University Press. pp.477-498.
31) Tardif, T., Gelman, S. A., & Xu, F. (1999). Putting the "noun bias" in context : A Comparison of English and Mandarin. *Child Development*, **70**, 620-635.
32) Tardif, T. (1996). Nouns are not always learned before verbs : Evidence from Mandarin speakers' early vocabularies. *Developmental Psychology*, **32**, 492-504.
33) Tardif, T., Shatz, M., & Naigles, L. (1997). Caregiver speech and children's use of noun versus verbs : A comparison of English, Italian, and Mandarin. *Journal of Child Language*, **24**, 535-565.
34) 綿巻徹・小椋たみ子（2004）．日本語マッカーサー乳幼児言語発達質問紙「語と文法」手引　京都国際社会福祉センター
35) Waxman, S. R. (1991). Convergences between semantic and conceptual organization in the preschool years. In S. A. Gelman & J. P. Byrnes (Eds.), *Perspectives on language and thought : Interrelations in Development*. Cambridge : Cambridge University Press. pp.107-145.
36) Waxman, S. R., & Booth, A. (2003). The origins and evolution of links between word learning and conceptual organization : New evidence from 11-months-olds. *Developmental Science*, **6**, 128-135.
37) Waxman, S. R., Lidz, J. L., Braun, I. E., & Lavin, T. (2009). Twenty four-month-old infants' interpretations of novel verbs and nouns in dynamic scenes. *Cognitive Psychology*, **59**, 67-95.

小林哲生 *Tessei Kobayashi*

第9章 数の認知発達

第1節 数とは何か？
1. はじめに
2. いろいろな数
3. 心理学での数

第2節 乳児期における数の認知
1. 研究の背景——ピアジェから乳児研究へ
2. 基数の弁別
3. 序数の同定
4. 数の抽象性
5. 初歩的計算
6. 順序性の理解

第3節 数の認知処理モデル
1. カウンティングとスービタイジング
2. ニューメロン・リスト仮説
3. オブジェクト・ファイル仮説
4. アキュミュレータ仮説
5. 統合モデル

第4節 数の認知発達と今後の展開
1. 乳児期から幼児期へ
2. 今後の展開

第1節 数とは何か？

1. はじめに

　現在，数に関わらないで生活することは，基本的に不可能に近い。朝7時にセットした目覚ましの音で起床し，食パンを2枚焼いて食べ，チャンネルを8に合わせて30％という降水確率を見てから，8時11分の電車に3番ホームから乗り込み，六つ目の駅で降りる。こうした何気ない朝の風景を見るだけでも，私たちがいかに多くの数に日々遭遇し，それらを正しく認知しながら生活しているかがわかる。私たちの生活に密接に関わっているこうした数を，私たちがどのように獲得し，認知しているのかを明らかにすることは，発達心理学の重要な役目と言える。本章では，発達心理学で行われてきた数の認知に関する研究，特に乳児期に関する研究を概観すると同時に，方法論的議論および最近の理論的動向も解説する。

2. いろいろな数

　数と言ってもさまざまな種類のものがあり，それらをどの程度まで子どもが区別して理解し，学習するのかは，数の認知発達を考える上で重要な問題である。たとえば，お皿にある食パンの枚数（2枚）やクラスの人数（35名）などは，ある集合の中に含まれる分割可能な対象の総合的大きさを示し，専門的には基数（cardinal number）と呼んでいる。一方，「前から3番目の座席」や「六つ目の角を曲がる」といった場合に使う数は順番を表し，これを序数（ordinal number）と呼んでいる。こうした基数と序数について，普段はその区別をあまり意識しないかもしれないが，幼児に「3個のボールを取って」あるいは「3番目の箱をあけて」と言う場合，同じ「3」という数を使用しても，前者が対象全体を表すのに対し，後者はある特定の対象だけを示す

ので，指示対象（referent）が異なる。

このほかに，数は名義的（nominal）にも使用される。たとえば，郵便番号（112-0012）やユニホームの背番号（55）は，基数のような集合数を示すわけでも，序数のような順番を示すわけでもなく，ある対象の名義的ラベルとして働く。もちろん，数学の世界に一歩足を踏み入れれば，虚数や複素数，無理数など複雑で難解な数が豊富に存在するが，子どもが日常生活で出合うものに限定したとしても，基数・序数・名義数などの異なる性質をもった数が混在していることになり，それらを覚えようとする子どもにとっては難しい学習課題と言える（Dantzig, 1954[19]；Wiese, 2003[82]）。

なお，数には重要な性質がいくつかある。そのひとつが，数の抽象性（number abstraction）である。これは，数が，事物や事象，心的イメージなどのあらゆる対象を項目として扱うことが可能な，属性に限定されない性質をもっていることを示す。もうひとつ重要な数の性質は，順序性（ordinality）である。これは，「3 は 2 より 1 大きい」「3 は 6 より 3 小さい」のような，基数に順序構造があることを指し，数概念の基礎をなすものである。こうした数の性質を子どもがどのように理解していくかを知ることも，数の認知発達の重要なテーマである。

3. 心理学での数

ここで注意しておきたいのは，数が，「いち，に，さん」のような数詞ラベルで表現されることが多いため，数という用語に言葉の存在を暗黙に仮定してしまうことである。しかし，心理学の分野では，数という用語を，一般の人々が考えるよりも広義の意味で使用し，たとえ数を言葉で表現できなくても，それに相当する反応・行動を示す場合は，数の認知ができると考える。つまり，赤ちゃんやネズミ，サルなどは当然，数詞を言えないが，数を正確に弁別さえできれば，数がわかっていると仮定する。しかし，人間の大人がもつ数とは明らかに異なるため，それらの数を numerosity や numerousness と呼ぶことにより，number と厳密に区別することもある（Davis & Perusse, 1988[20]；Gelman & Gallistel, 1978[32]）。

第2節 乳児期における数の認知

1. 研究の背景　　　ピアジェから乳児研究へ

　数の認知発達に関する研究は古くから行われており，特にジャン・ピアジェは，この分野の先駆的研究を数多く行った発達心理学者の一人である。ピアジェは，赤ちゃんが五感と原始反射しかもたない無能力な存在であり，数概念を獲得するには長い年月をかけて環境と相互作用し，内的表象を徐々に構成していき，分類や系列化といった認知発達を段階的にたどりながら，7，8歳頃になってようやく数概念を獲得すると主張した（Piaget, 1952[62], 1954[63]）。彼の理論のよりどころになっていたのは，自ら考案した保存課題（conservation task）の研究結果であり，その課題の正否が数概念の達成を示す唯一の指標と考えた。しかしその後の研究で，保存課題における方法論的問題が徐々に明らかになると（McGarrigle & Donaldson, 1974[54]；Mehler & Bever, 1967[56]），ピアジェが考えたよりも幼い時期から数を認知できるのではないかと考えられるようになった（Gelman & Gallistel, 1978）[32]。

　こうした議論の中，ここ30年間に，児童から幼児，そして乳児へと研究対象の低年齢化が進み，そこで生み出された知見がピアジェ流の発達観を大きく変え，現在では，乳児期から赤ちゃんに数の知識があると考えられるようになった（Spelke, 2000[68], 2003[69]）。こうした数の認知の起源を探る，乳児を対象とした研究を，以下で紹介する。

2. 基数の弁別

　乳児における数の認知研究で最もよく調べられてきたのは，2個と3個の区別ができるかを調べる基数の弁別能力に関する研究である。これまでの研究では，乳児の言語機能がまだ十分に発達していないので，言語反応に頼ら

ない馴化-脱馴化法(habituation-dishabituation method)を主に用いてきた。

A. 視覚刺激の場合

　この馴化-脱馴化法を用いて，乳児における基数の弁別能力を初めて調べたのは，スターキーとクーパー(Starkey & Cooper, 1980)[72]である。4〜6カ月齢児を対象として，彼らはまず，馴化試行で水平に並んだ2個のドットをスクリーン上に毎試行呈示した。乳児は最初スクリーンを注視するが，試行を重ねるにつれて次第に注視しなくなった(馴化)。最初の2試行の平均注視時間よりも50%以下の注視時間になったところで，今度は2個から3個のドットに切り替えて，乳児がその切り替えに気づくかどうかをテストした。その結果，乳児はスクリーンに対する注意が復活し，直前の試行よりも注視時間が有意に長くなった(脱馴化)。

　この実験では，水平に並んだドットの間隔は毎試行変化させたので，それらの密度や長さが手がかりになることはなく，またドットは1列に並んでいたので，それらがなす特徴的な空間配置(たとえば，2個のドットは「線分」に，3個のドットは「三角形」になるといった配置)が手がかりになることもなかった。したがって，4〜6カ月齢児が数的手がかりに基づいて2個から3個のドットへの切り替えに気づいたことが示唆された。またその後の実験では，同様の手続きを用いて，3個から2個のドットへ切り替えても脱馴化が起こったので，小から大(2→3)だけでなく，大から小への方向(3→2)でも基数を弁別できることがわかった。さらに，4個から6個への切り替えでは，脱馴化が見られなかった。これらの一連の結果に基づいて，スターキーらは，4〜6カ月齢児が2や3などの小さい数であれば，その変化に対する感受性を備えていると結論づけた。

　スターキーらの研究以降，乳児が基数を弁別できるという彼らの知見が本当に正しいかどうかについてさらなる検証が進められた。ストラウスとカーティス(Strauss & Curtis, 1981)[76]は，スターキーらの実験で呈示されたドットが常に同じ大きさだったので，2個から3個に変化する際にそれらが占める面積も数と共変することから，数ではなく量の違いに反応している可能性もあると考えた。この点を統制するため，ストラウスらは刺激をドットから自然物の画像にして，対象の大きさと種類，配置を毎試行変化させる実験

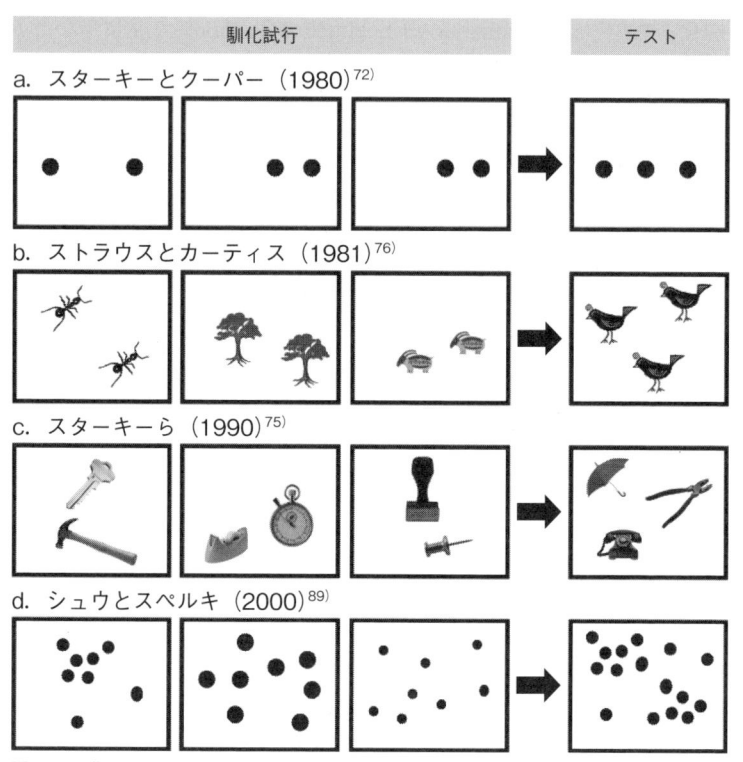

図9-1 乳児の基数弁別実験で呈示された視覚刺激の例

を行った。たとえば，ある試行で2匹の小さい犬が呈示された後に，2匹の大きい猫が呈示された。こうした操作により，刺激が占める面積量だけでなく，それらの大きさや色，形態といった手がかりも同時に統制できた。その結果，10～12カ月齢児は，こうした状況でも2個から3個への切り替えのときに脱馴化が起こった。したがって，数的手がかりに基づいて基数を弁別している可能性が高いと結論された（Antell & Keating, 1983[2]）も参照）。

さらに，スターキーら（Starkey et al., 1990）[75]の実験では，基数がどの程度抽象的に処理されるかを検討するために，これまでの研究で呈示されてきた同種項目（homogeneous items）ではなく，異種項目（heterogeneous items）からなる刺激を毎試行呈示し，6～8カ月齢児に馴化させた。たとえば，ある試行では「みかんとスプーン」，次の試行では「バナナとコップ」の組み合わせを毎試行ランダムに呈示した。したがって，異種事物からなる刺

激を「そこに事物Aと事物Bがある」と認知しているだけでは，この課題のテスト試行で3個の物体が出てきたときに，基数の切り替えに気づかない可能性もある。しかし，実際には，6～8カ月齢児は2個から3個への切り替えのときに脱馴化が起こったので，基数の弁別は，異種事物からなる刺激を呈示された場合にも，ある程度抽象的に処理されていることがわかった。

　基数の弁別は，これまで述べたような同時的に呈示された視覚刺激だけでなく，継時的に呈示された視覚刺激でも成功することが報告されている。ウイン（Wynn, 1996）[87]は，5カ月齢児に，人形が2回ジャンプする事象を繰り返し呈示した後に，テスト試行では，2回（同じ数）と3回（新しい数）のジャンプする事象を交互に呈示した。その結果，5カ月齢児は新しい数の事象に対してのみ脱馴化した。また，シャロンとウイン（Sharon & Wynn, 1998）[65]は，ジャンプ事象だけでなく落下事象でも同様の結果が示されることを確認し，継時刺激での基数弁別の証拠を強固なものにした。

B. 聴覚刺激の場合

　上で述べた例はすべて，視覚刺激を用いた場合の実験結果であったが，他の感覚モダリティで刺激が呈示される場合，視覚刺激と同様に基数弁別ができるかは，数の認知メカニズムを考える上で重要な問題である。ビエルジャック＝バビックら（Bijeljac-Babic et al., 1993）[7]は，聴覚刺激を用いて生後数日以内の新生児が基数の弁別をできるかを，高振幅吸啜法（high-amplitude sucking procedure）という方法を用いて検討した。

　彼らはまず，新生児におしゃぶりをくわえさせ，それをしゃぶると2音節からなる発話（リホ，ズチ）が自動的にスピーカーから流れるセッティングにしておいた。こうした実験セッティングに新生児を置くと，彼らの吸啜率は徐々に上昇し，興奮が高まっていった。しかし，時間が経つと，吸啜率は徐々に低下し，馴化した。吸啜率の低下をコンピュータが察知すると，今度は3音節からなる新しい発話（マゾプ，ケソパ）が自動的に呈示される仕組みになっており，彼らがそれらに脱馴化するかどうかをテストできた。

　その結果，彼らの吸啜率は再上昇し，脱馴化が起こった。このことから，3音節の発話に馴化させてから2音節の発話に切り替えた場合でも，音節数と継続時間を厳密に統制した場合でも，音節数を弁別できることが示された。

一方で，4音節から6音節の刺激に切り替えた実験では脱馴化が起こらなかったので，より大きな数では弁別できないこともわかった。これは視覚刺激の実験と同様の結果であり（Starkey & Cooper, 1980)[72]，感覚モダリティを超えて基数の処理容量に類似性が見られた点は，その認知メカニズムを考える上でも興味深い。

C. 大きな数の場合

上で述べた先行研究では，2や3などの小さい数であれば乳児は弁別できたが，4以上になると弁別ができなくなったので，乳児は基数弁別能力を幼い頃から備えているものの，その能力には限界があることを示している。しかし，4以上の大きな数であっても，数どうしが大きく離れていれば，それらを区別できる可能性があるのではないかと考えたのが，シュウとスペルキ（Xu & Spelke, 2000）[89]であった。彼らは馴化－脱馴化法を用いて，5カ月齢児を8個のドットにまず馴化させ，ドットの大きさや配置は毎試行統制した。テスト試行では，馴化試行で用いられた数（8個）と新しい数（16個）が交互に呈示された。その結果，5カ月齢児は，新しい数（16個）が呈示された試行で脱馴化を示した。また16個のドットで馴化した場合でも，テスト試行で新しい数（8個）を呈示すると，脱馴化が起こった。しかし，同様の手続きを用いて，8個と12個のドットを呈示した場合は，それらを弁別できなかった。

8と16のような大きな数の弁別は，聴覚刺激を用いた実験でも検討され，選好振り向き法（head-turn preference procedure）（Kemler-Nelson et al., 1995）[43]により，6カ月齢児が聴覚刺激の回数を弁別できるかどうかがテストされた（Lipton & Spelke, 2003）[49]。馴化試行で，乳児はまず，異なる種類からなる音（ベルや太鼓，笛など）を8回呈示され，音の継続時間や呈示間隔などは毎試行統制された。テスト試行では，馴化試行で呈示された数（8回）と新しい数（16回）が交互に呈示された。その結果，6カ月齢児は新しい数（16回）の方をより長く聴取することがわかった。また16回の聴覚刺激で乳児を馴化した場合でも，テスト試行では新しい数（8回）の方をより長く聴取することがわかった。なお，追加実験として8回と12回のテストをした場合には，乳児は弁別に成功することができなかった。

以上の結果から，大きな数の場合，視覚と聴覚のいずれの刺激でも，8と16であれば弁別可能で，8と12では弁別できないことが示された。これは，二数間の距離に応じて弁別能力が左右されることを意味している。その後の研究では，5～6カ月齢児が「4と8」や「16と32」は弁別できるが，「4と6」や「16と24」は弁別できないという結果も報告された（Lipton & Spelke, 2004[50]；Wood & Spelke, 2005[83]；Xu et al., 2005[90]）。これらの結果からわかるのは，大きな数の弁別にはある一定の関係性が成り立っており，刺激間の比が「1：2」ならば弁別できるが，「2：3」になると弁別できないということである。こうした特徴は，心理物理学の分野で有名な「ウェーバー比」（$\Delta S/S = K$ [ΔS：刺激Sにおける弁別閾，S：刺激Sの大きさ，K：定数]）によく似ており，大きな数の弁別がウェーバー法則に従うと主張する研究者もいる（Dehaene, 2003[22]）。さらに，こうした弁別能力は月齢とともに変化することもわかっており，5～6カ月齢では「1：2」の刺激が限界だったが，9～10カ月齢になると「2：3」の刺激まで弁別できるようになった（Lipton & Spelke, 2003[49]；Wood & Spelke, 2005[83]）。なお，大人では，「7：8」の刺激まで弁別能力が向上する（Barth et al., 2003[5]；Brannon, 2003[12]）。

3. 序数の同定

　第1節で述べたように，序数は「何番目」を表す数であり，「いくつ」を示す基数とは性質が違う。こうした序数を乳児がどの程度理解できるかについては，数の認知発達の上で重要なテーマでありながら，これまでほとんど検討されてこなかった。しかし，唯一，貴重な証拠を報告しているのは，キャンフィールドとスミス（Canfield & Smith, 1996）[14]の行った，予期的なサッカード反応を利用した5カ月齢児での研究である。この実験では，モニター上の左右に異種の事物からなる刺激（笑い顔，走る犬，回転する車輪など）を順番に呈示していくパラダイムを用いて，ある条件では，「左→左→左→右」といつも4番目の呈示で左から右へ変えるのに対し，もう一つの条件では，「左→右→右→左」や「左→左→右→左」のようにランダムに刺激を呈示した。

　その結果，いつも4番目で左から右に刺激がスイッチする条件の乳児は，3

番目の刺激が消えて4番目の刺激が現れる前に，予期的に視線を右にシフトすることがわかった。当然，刺激の呈示間隔や呈示時間は操作したので，こうした行動を示すのに唯一利用可能だった手がかりは序数だけであった。この結果から，キャンフィールドらは乳児が4番目に右に刺激が現れることを学習し，幼い時期から序数同定能力があると主張した（なお，予備的実験として小林，2001[44]）も参照）。

4. 数の抽象性

　数はそもそも，事物・事象・心的イメージなどのあらゆる対象を項目として扱うことが可能な，非常に抽象的な概念である。しかし，上記の基数実験などでは，同一の感覚モダリティ内で呈示された刺激のみを対象にしていたため，そこで示された乳児の能力がどの程度抽象的なものかは明確になっていない。この問題を検討する方法のひとつは，異なる感覚モダリティから入った刺激を数の点から関連づけできるかどうかを示すことである。つまり，3回鳴った音と3個の物体が，どちらも同じ数だと判断できるのであれば，乳児が数を抽象的に処理していることを示す明確な証拠になると考えられる。

　こうした問題を最初に検討したのは，スターキーら（Starkey et al., 1983[74]，1990[75]）であり，モダリティ間（感覚様相間）選好注視法（intermodal preferential looking paradigm：IPLP）を用いて，実に巧妙な実験を行った。彼らはまず，左右に並んだスクリーンを二つ用意し，それぞれに2個と3個の異種事物からなる刺激（右：ペンとリンゴ，左：バナナ，フォーク，洗濯バサミ）を呈示した。それと同時に，実験者が太鼓を2回（ドン，ドン）もしくは3回（ドン，ドン，ドン），スクリーンの背後から打ち鳴らすことにより，聴覚刺激を呈示した。そのときに，乳児がどちらのスクリーンをどのくらい注視するかを，両スクリーンの間に用意した覗き穴から実験者が随時記録した。

　通常，この手法を用いた場合，聴覚刺激と物理的に関連がある視覚刺激の方をより長く注視するが，スターキーらの実験では，継時的に呈示される聴覚刺激と同時的に呈示される視覚刺激の間に物理的関連性はなく，唯一考えられるのは刺激間の数が同じという点だけであった。こうした状況で，6〜8カ月齢児は，聴覚刺激の数と一致する視覚刺激のスクリーンをより長く注視

することがわかった。つまり，太鼓の音が2回聞こえると，2個の物体を示したスクリーンをより長く注視したのに対し，太鼓の音が3回聞こえると，今度は3個の物体のスクリーンをより長く注視した。これらの結果から，スターキーらは，乳児が異なる感覚モダリティで呈示された刺激を数の点から関連づけできる能力をもっていると主張した。

「音を3回聞いた場合に3個の物体を見る」という行動は，高度な抽象的処理を行っているように見えるが，これが実際にどういった方略で達成されているかは明確でない。スターキーらの説明のひとつは，1対1対応（one-to-one correspondence）の能力を用いて，音が聞こえてくるたびに事物を一つずつ対応させ（♪-■，♪-■，♪-■），それらの数が同じかどうかを判断した（♪♪♪ = ■■■）のではないかというものであった。もうひとつの説明は，乳児が聴覚と視覚のそれぞれの刺激に対して基数を表す何らかの表象を心的に形成し（♪♪♪ = "3"，■■■ = "3"），それらを心的につき合わせて同じだと判断する（"3" = "3"）というものであり，1対1対応よりも高次の能力を想定している。当然ながら，6〜8カ月齢児はまだ数詞（1, 2, 3）を獲得していないので，数詞上の対応づけ（3＝3）ができるとは想定しにくい。しかし，数詞とは異なる形式であっても，"3"らしき数的表象をもっているならば，こうした数の等価性判断（"3" = "3"）は可能かもしれない。

こうしたスターキーらの研究は，数の抽象性を考える上で示唆に富む知見ではあるが，その後の研究で一度も追認されていないため，その結果を疑問視する研究者もいる（Moore et al., 1987[59]；Mix et al., 1997[58]）。たとえば，ムーアら（1987）[59] は，スターキーらとまったく同じ手法で実験を再現したにもかかわらず，6〜8カ月齢児は音の数に一致する視覚対象をいつも注視しなかった。つまり，音を2回聞いた場合，2個の物体の方を注視することもあれば，3個の物体の方を注視することもあり，結果を平均すると，乳児は音の数に一致しない視覚対象の方をより長く注視するという結果になった。また，ミックスら（1997）[58] の実験では，刺激を物体からドットに変えてスターキーらの追試を行ったところ，この場合も6カ月齢児は音の数に一致しない視覚対象の方をより長く注視した。さらに音のリズムを毎試行ランダムに変えると，今度はいずれの視覚刺激に対しても選好が見られなくなった。スターキーらの結果を追認できない理由はまだわかっていないが，この手法

を用いた場合は一貫した結果が出にくいということは言えそうである。

近年，モダリティ間選好注視法以外の方法でこの問題を再検討した試みから，新しい証拠が得られている（Féron et al., 2006[27]；Kobayashi et al., 2005[45]）。たとえば，小林ら（2005）[45]はまず，スターキーらの実験状況で乳児が一貫した傾向を示さないのは，3回の音を聞いても3個の物体を見る必要性や動機づけがまったくないからではないかと考え，方法論的な問題点を指摘している。また2画面を対呈示する場合，一方の画面を見続けてしまう「サイド・バイアス」を示す乳児が多く（Fisher-Thompson & Peterson, 2004）[28]，本来測定したいものが十分に測定できない場合がある。こうした問題を回避するために，小林らは，視覚と聴覚の刺激がより自然な結びつきをもち，一種の因果的事象とも言える場面で，モダリティ間の数的対応づけができるかどうかを検討した。その自然な因果的事象として彼らが用いたのは，モノが落下して地面に衝突すると，音がするという衝突場面であり，乳児の生活環境で頻繁に起こりうるなじみ深い事象と考えた。またサイド・バイアスが関与しないように，刺激の呈示法を2画面から1画面にして，期待通りの事象（expected event）と期待に反する事象（unexpected event）を交互に呈示し，乳児の注視時間を測定する期待違反法（violation of expectation paradigm）を用いた。

実験ではまず，コンピュータ画面上で，物体が1個ずつ上から落下し地面に衝突すると「ドン」と音がする動画を6カ月齢児に呈示した。こうした衝突場面を数回呈示し馴致させた後に，今度は遮蔽物を挿入して物体が落下する様子を見せないようにし，衝突音だけを呈示した。次に，遮蔽物が取り除かれて物体が現れた。この課題で乳児が要求されたのは，衝突音が2回聞こえた場合，遮蔽物の背後に物体が2個存在することを正しく期待できるかということであり，実験では，衝突音が2回聞こえた後に物体が2個現れる事象（期待通りの事象）と，衝突音が3回聞こえたのに物体が2個しか現れない事象（期待に反する事象）を交互に呈示して，それらの注視時間を測定した（図9-2）。

その結果，6カ月齢児は，期待通りの事象よりも，期待に反する事象の方をより長く注視することがわかった。また，衝突音が3回聞こえた後に物体が3個現れる事象（期待通りの事象）と，衝突音が2回しか聞こえなかった

a. 期待通りの事象

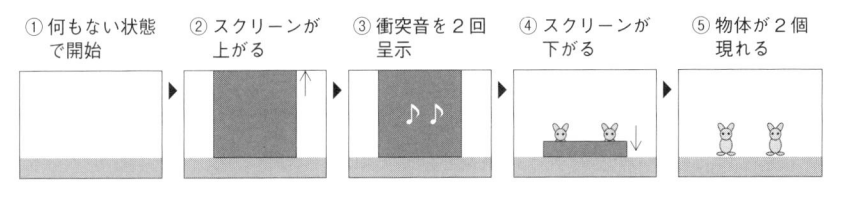

① 何もない状態で開始　② スクリーンが上がる　③ 衝突音を2回呈示　④ スクリーンが下がる　⑤ 物体が2個現れる

b. 期待に反する事象

① 何もない状態で開始　② スクリーンが上がる　③ 衝突音を3回呈示　④ スクリーンが下がる　⑤ 物体が2個現れる

図 9-2　小林ら（2005）[45]のモダリティ間数的対応づけに関する実験
コンピュータモニター上で，a. 2回の衝突音がした後に2個の物体が現れる「期待通りの事象」と，b. 3回の衝突音がした後に2個の物体が現れる「期待に反する事象」。

のに物体が3個も現れてしまう事象（期待に反する事象）を呈示した場合でも，彼らは期待に反する事象の方を期待通りの事象よりも長く注視した。期待違反法を用いた先行研究でも，乳児が大人と同じようにその状況を正しく認知できる場合，期待通りの事象よりも期待に反する事象をより長く注視することがわかっているので（Baillargeon, 1987[3]；Spelke, et al., 1992[70]），この実験で得られた期待に反する事象をより長く注視する結果は，乳児が衝突音の回数から遮蔽物の背後にある物体の数を正しく期待できたことを示している。この実験結果から言えるのは，適切な実験状況を設定しさえすれば，乳児が異なる感覚モダリティからの刺激を数の点から対応づけられるということであり，スターキーらの主張がおおむね正しかったことを示唆している（最近の証拠として Izard et al., 2009[40] も参照）。

もうひとつの新しい知見として，フェロンら（2006）[27]は，5カ月齢児が触覚から視覚への数的対応づけに成功したことを報告している。この実験ではまず，馴化試行で異種からなる物体（球，立方体，リング）を一つずつ2個か3個，乳児に握らせていき，その後のテスト試行で2個と3個の物体を示したスクリーンを対呈示した。その結果，3個の物体に馴致された乳児は，2個の物体を示したスクリーンをより長く注視したのに対し，2個の物体に馴

致された乳児は，3個の物体を示したスクリーンをより長く注視した。これは，乳児が触覚刺激による物体数を記憶し，その記憶と視覚的に呈示された物体数を対応づけできるからこそ，一致しない数の方を長く注視したと解釈された。

このように，スターキーらの独創的な実験から始まった，数の抽象性を検証するモダリティ間数的対応づけの一連の研究は，小林らとフェロンらの新しい証拠を経て，乳児が感覚モダリティ（視覚，聴覚，触覚）や刺激呈示（系列的，同時的）に左右されることなく，数を抽象的に処理できることを示唆している。

5. 初歩的計算

赤ちゃんに計算ができるとはにわかに信じ難いが，数式（1+1や2−1）を見て答えを導き出すのではなく，実際の物体で計算問題を模した状況で乳児がどういった反応を示すかを問題にした研究は，現在までにいくつかなされてきた。

独創的な手法で最初にこの問題に着手したのは，ウイン（Wynn, 1992a)[85]である。図9-3の実験では，人形劇の中に「1+1」や「2−1」の計算問題を挿入して，5カ月齢児が計算を理解できるかを期待違反法のパラダイムで検証した。この人形劇のシナリオは以下の通りである。まず実験者が舞台上に人形を1個置いて，しばらくしてからスクリーンを下から巻き上げ，その人形を覆い隠した。次に，舞台脇から人形をもう1個見せて，スクリーンの背後に隠し，実験者の手に何もないことを示してから，舞台脇に手を引っ込めた。ここまでが「1+1」の問題部分である。

今度はスクリーンを巻き下ろして人形を登場させるのだが，そのときに見せるのは，人形が2個現れる場面（期待通りの事象）か，1個しか現れない場面（期待に反する事象）のどちらかであった。いわば，正しい計算結果（1+1＝2）と間違った計算結果（1+1＝1）を交互に呈示することになる。その結果，5カ月齢児は2個の人形が現れた場面（1+1＝2）よりも，1個の人形しか現れなかった場面（1+1＝1）の方をより長く注視した。ウインはまた，同様の手法で5カ月齢児で「1+1」が「2」か「3」のどちらかになる実

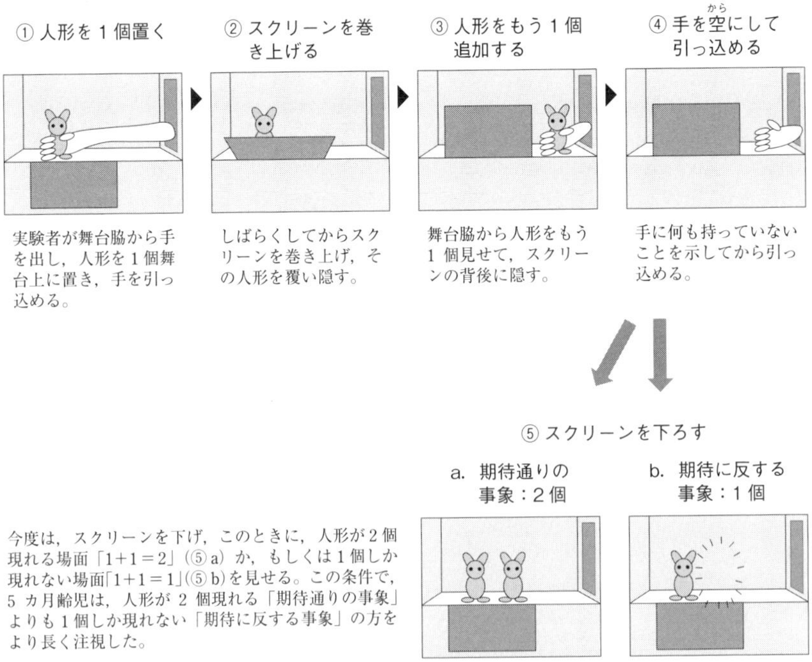

① 人形を1個置く ② スクリーンを巻き上げる ③ 人形をもう1個追加する ④ 手を空にして引っ込める

実験者が舞台脇から手を出し、人形を1個舞台上に置き、手を引っ込める。

しばらくしてからスクリーンを巻き上げ、その人形を覆い隠す。

舞台脇から人形をもう1個見せて、スクリーンの背後に隠す。

手に何も持っていないことを示してから引っ込める。

⑤ スクリーンを下ろす

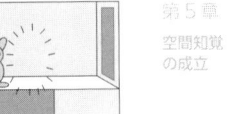

a. 期待通りの事象：2個　　b. 期待に反する事象：1個

今度は、スクリーンを下げ、このときに、人形が2個現れる場面「1+1=2」（⑤a）か、もしくは1個しか現れない場面「1+1=1」（⑤b）を見せる。この条件で、5カ月齢児は、人形が2個現れる「期待通りの事象」よりも1個しか現れない「期待に反する事象」の方をより長く注視した。

図9-3　ウイン（1992a）[85] の実験

験も行ったが、この場合でも、5カ月齢児は「1+1=2」よりも「1+1=3」の方をより長く注視した。これらの結果から、ウインは、「1+1」が「1」や「3」でなく、確かに「2」であることを5カ月齢児がわかっているのではないかと主張した。

さらに、ウインは「2-1」などのひき算の能力の検討も行った。まず人形を2個舞台に置き、次にそれらをスクリーンで覆い隠した後で、舞台脇から手を出してスクリーンの背後にある人形を1個取り出した。最後にスクリーンが巻き下ろされて、物体が1個あるいは2個現れた。その結果、5カ月齢児は、「2-1=1」（期待通りの事象）よりも「2-1=2」（期待に反する事象）の方をより長く注視したので、ウインは、乳児が非常に幼い時期からたし算やひき算などの初歩的計算の基礎を理解していると結論づけた。

ウインの結果は、その後のさまざまな実験条件下でも、間違った計算場面では乳児の注視時間が一貫して上昇することが追認され、コンセンサスが得られている（Koechlin et al., 1997[47]；Simon et al., 1995[67]；Uller et al.,

1999[80])。しかし，結果の解釈については議論があり，ウインの結果が計算能力以外の他の要因で説明できると主張する研究者もいる。コーエンとマークス（Cohen & Marks, 2002）[17]は，「1＋1＝1」や「2－1＝2」などの間違った計算場面で注視時間が上昇するのは，乳児期の一般的反応としてよく知られている既知刺激への選好（familiarity preference）（Hunter & Ames, 1988）[38]の点から説明できると考え，その考えを支持する研究結果を報告している。コーエンらの主張によると，「1＋1＝2」と「1＋1＝1」の事象が繰り返し呈示される場合，両事象の冒頭場面では，常に1個の物体が呈示されるため，1個場面に対し既知性が増すことになる。既知刺激を好んで注視する乳児の一般傾向を考慮すると，最終場面で2個現れる事象（1＋1＝2）よりも1個現れる事象（1＋1＝1）をより長く注視することが予測される。また引き算（2－1＝1と2－1＝2）の場合でも，冒頭場面で物体が常に2個あるため，2個場面に対して既知性が増す。その結果，最終場面で1個現れる事象（2－1＝1）よりも2個現れる事象（2－1＝2）をより長く注視することが予想される。コーエンらが強調したのは，途中で示される物体の追加（＋1）や差し引き（－1）を考慮しなくても，乳児はウインの結果のように振る舞うことができるのではないかということである。

こうした予測の検証のために，コーエンらは，「1＋1」と「2－1」の冒頭場面に対し，最終場面が「0, 1, 2, 3」になる四つの事象を順不同で乳児に呈示した。コーエンらの主張が正しければ，「1＋1＝1」と「2－1＝2」が最も長い注視反応が起こることが予想される。一方で，乳児が計算結果を予測できるならば，「1＋1＝2」と「2－1＝1」以外の全事象で注視時間の上昇が予想される。その結果，5カ月齢児は「1＋1＝1」と「2－1＝2」の場面を最も長く注視したが，「1＋1＝3」と「2－1＝3」でも注視時間が上昇したので，既知刺激への選好だけでは十分な説明ができなかった。この結果に対し，コーエンらは，最終の3個ある場面に対する注視時間の増加が，単純な刺激より複雑な刺激を選好する乳児の典型的反応（複雑刺激への選好：complexity preference）（Bower, 1966[8]；Fantz, 1961[25]）で説明できると考え，ウインの実験結果が，既知刺激と複雑刺激への選好だけで説明できると主張した。

コーエンらの実験とその主張は，理にかなったものであるが，事態はそれほど単純ではなかった。コーエンらの論文の直後に発表された小林ら

(Kobayashi, et al., 2004)[46]の研究では，モダリティの異なる刺激における数の足し合わせを検討する実験の中で，既知刺激と複雑刺激への選好を統制した状況でも乳児が計算結果を正しく予測できることを証明した。実験は期待違反法を用いて，以下の手順で行われた。まず物体が1個，画面上に登場し，しばらくするとスクリーンが現れてそれを覆い隠した。次に，スクリーンの背後から衝突音が1回もしくは2回呈示された。その後，スクリーンが取り除かれて，物体が2個現れた。この場合，「物1個＋音1回＝物2個」（期待通りの事象）と「物1個＋音2回＝物2個」（期待に反する事象）の二つの計算問題が乳児に呈示されたことになった。

　この実験の最大のポイントは，両事象とも冒頭場面で1個の物体が呈示された後に，最終場面で2個の物体が呈示されるため，両事象間で刺激に対する既知性が等しい上に，最終場面での刺激の複雑性も等価になっている点にある。したがって，乳児が両事象に対し差異的な反応を示したとしても，それは既知刺激と複雑刺激への選好の点からは説明できないことになる。その結果，5カ月齢児は，期待通りの事象（物1個＋音1回＝物2個）よりも期待に反する事象（物1個＋音2回＝物2個）の方をより長く注視することがわかった。また，最終場面が3個になる別の実験条件でも，期待通りの事象（物1個＋音2回＝物3個）よりも期待に反する事象（物1個＋音1回＝物3個）の方をより長く注視することが示された。

　これらの結果から，コーエンが問題にした要因（既知刺激と複雑刺激への選好）を統制した状況でも，乳児は計算結果を正しく予測できることが示唆された。また，乳児が異なるモダリティの刺激を数の点から足し合わせできることから，彼らが数を抽象的に認知していることも示唆され，モダリティ間の数的対応づけの研究による数の抽象性の証拠をさらに強める結果となった。なお，マクリンクとウイン（McCrink & Wynn, 2004)[53]は，9カ月齢児が「5＋5」や「10－5」といった大きな数の計算事象も正しく予測できることを示しており，計算が2や3などの小さい数に限定されるわけではないこともわかってきた。

6. 順序性の理解

　順序性（ordinality）とは，「3は2より大きい」「4は5より小さい」のような，基数に順序関係があることを示す重要な概念である。逆に言うと，基数には順序性が含まれていないので，基数弁別実験で乳児が2と3を弁別できたとしても，2と3の大小関係をわかっていることまでは意味しない。したがって，順序性は基数弁別とは異なるやり方で調べる必要がある。

　この順序性を乳児で最初に調べたクーパー（Cooper, 1984）[18]は，馴化-脱馴化法を用いて，10～16カ月齢児に，二値の上昇系列を呈示した（1個→2個，1個→2個，1個→2個）。これらの上昇系列に馴化後，テストでは，上昇系列（1個→2個），下降系列（2個→1個），同値系列（2個→2個）を呈示した。その結果，14～16カ月齢児は，下降系列と同値系列に脱馴化したが，10～12カ月齢児は同値系列にだけ脱馴化を示した。また下降系列（2個→1個）で馴化した場合にも，同様の結果が得られた。この結果から，クーパーは14カ月齢以降に順序性が獲得されると主張した。

　しかし，その後のブラノン（Brannon, 2002）[11]の研究では，二値の系列（1個→2個）ではなく，三値の系列（2個→4個→8個）を9カ月と11カ月齢児に呈示した際に，11カ月齢から順序性の証拠が得られることを発見した（Suanda et al., 2008[77]も参照）。これは，2個よりも3個の系列を呈示することで順序性に注意を向けやすくなった結果，より幼い時期から課題に成功したと考えられた。

　これらの結果から，基数や序数が5～6カ月齢から弁別可能なのに対し，順序性が11カ月齢から達成されることを考慮すると，それらの間に発達的段階が想定できることになる。ピアジェ（1952[62]，1954[63]）は，基数と序数の統合により順序性という数概念が獲得されると考えたが，その数カ月の間にどのような変遷を経て順序性が獲得されていくのかは，今後の研究テーマとして興味深い。

第3節 数の認知処理モデル

1. カウンティングとスービタイジング

　大人や子どもが数を知ろうとする場合，カウンティング（counting）かスービタイジング（subitizing）のどちらかの方略を用いると言われている。カウンティングとは，「いち，に，さん」と数えるおなじみのやり方であるが，厳密に定義すると，ある決まった順序関係をもつ数詞系列（安定した順序：stable order）を，外界の対象と一つずつ対応させ（1対1対応：one-to-one correspondence），最終的に対応させた数詞がその集合の数を表す（基数性：cardinality），一連の行為のことである（Gelman & Gallistel, 1978）[32]。英語圏での研究によると，幼児は2歳頃から数唱を始め，カウンティングで正確に数を同定できるようになるのは，3歳半以降と言われているので（Fuson, 1988）[30]，乳児がカウンティングできるとは考えにくい。

　一方，スービタイジングとは，物体数を一目で一時に見積もるやり方であり，大人や子どもでは4程度までの小さな数であればこの方法を利用できる（Kaufman, et al., 1949[42]；Starkey & Cooper, 1995[73]；解説として，大山，1978[61]；藤田，1984[29]も参照）。だが，スービタイジングは視覚刺激に限定された同時的な処理過程と考えられているので，上で述べたような，乳児が聴覚刺激の数を弁別するといった結果を説明できない。したがって，その他の方略やメカニズムを乳児に想定する必要がある。

2. ニューメロン・リスト仮説

　乳児はまだ数詞を獲得していないので，言語によらない方略としてゲルマンとガリステル（1978）[32]が考えたものが，「ニューメロン・リスト仮説」（numeron-list model）である。ゲルマンらはまず，順序関係のある心的表象

図 9-4 数の認知処理メカニズムに関する仮説の説明（概念図）

（ニューメロン）を乳児がもっていると想定した（たとえば，！，＠，＃，＄，％）。これらの順序関係がいつも安定しているならば，それらは数詞系列（1，2，3，……）と同様の機能をもつことが可能である。つまり，これらの表象（！＠＃）と外界の対象（■■■）を1対1対応させていき（■-！，■-＠，■-＃），最後に対応させた表象（＃）をその集合の数とすることができる。しかし，高度なシンボル機能をもったニューメロンの存在を証明することは難しく，推測の域を出ない。

3. オブジェクト・ファイル仮説

　オブジェクト・ファイル仮説（object file model）とは，物体の視覚認知に関するモデルである（Kahneman et al., 1992）[41]。この仮説によると，私たちがある物体を見る場合，色や大きさ，形状，場所などの複数の特徴情報から，その物体を心的に記述し，それらの情報を一つのファイルにまとめて表象する。このファイルのことを，比喩的に「オブジェクト・ファイル」（object file）と呼んでいる。

　この仮説に従うと，物体が3個ある場合，オブジェクト・ファイルを三つ立ち上げ，それらのファイルと外界の物体との1対1対応によって数を知る

ことができる。例としてウイン（1992a）[85]の計算実験を考えると，「1＋1」の事象では，オブジェクト・ファイルが2個立ち上がる（file 1, file 2）。次に，間違った計算として1個しか物体（■）が現れないとき，オブジェクト・ファイルと物体の対応性に不一致が生じ（file 1-■, file 2-？），乳児はその場面に違和感を感じるのかもしれない。このように，オブジェクト・ファイル仮説では，3個の物体を，「物体と物体と物体」と表象するので，数に関する表象や認知メカニズムをいっさい想定しないで，より一般的な視覚認知だけで乳児の実験結果を説明しようとするものである（Carey, 2001[15], 2009[16]；Mix et al., 2002[57]；Simon, 1997[66]）。

ただし，このオブジェクト・ファイル仮説は，視覚認知に限定的な処理過程であるため，聴覚刺激の弁別やモダリティ間マッチングなどの実験結果を説明できない。また同時に処理できる物体数には限界があり，3個までと言われているため，それ以上の大きな数に関する弁別は説明できない。

4. アキュミュレータ仮説

アキュミュレータ仮説とは，数をアナログ式の量的表象として表すモデルである（Meck & Church, 1983）[55]。たとえば，脳内に一定の間隔で神経パルスを発生させる部位があると仮定し，外界の物体を見るたびにそのパルスがアキュミュレータ（accumulator）と呼ばれる壺に貯まっていくとしよう。そうすると，1個と3個の物体を見た場合では，壺に貯まったパルス量は変わってくる。このパルス量の違いから乳児が数を認知すると考えるのが，このアキュミュレータ仮説である。この仮説に従うと，1は"-"，2は"—"，8は"————"のように表象され，数をデジタルではなく，アナログとして表象することになる。

こうしたアナログ表象の重要な特徴は，8や16などの大きな数に対応できることと，複数の感覚モダリティからの入力に対応できることである（Dehaene, 2003）[22]。そのため，聴覚刺激の弁別やモダリティ間マッチングなどの実験結果も説明できるが，数が大きくなると，アナログ表象の区別が曖昧になり（7："————"，8："————"），ある一定の差がないと，その区別が難しい。こうした特徴は，乳児が8個と12個の弁別を正確にできないとい

う実験結果（Xu & Spelke, 2000)[89]と一致する。

5. 統合モデル

　上記2～4の仮説をまとめると，3個の物体を表象する場合，ニューメロン・リストでは「#」，オブジェクト・ファイルでは「file 1, file 2, file 3」，アキュミュレータでは「――」と表象される。これらの仮説はすべて，数詞のような言語ラベルを想定しないという意味でノンヴァーバルな表象過程と言える。

　こうした議論の中で，現在，最も有力視されているのは，オブジェクト・ファイルもアキュミュレータもどちらも存在するという仮説で，2や3などの小さい数に対してはオブジェクト・ファイルが働き，4以上の大きな数になるとアキュミュレータが働くというものである（Carey, 2009[16]；Hyde & Spelke, 2011[39]）。こうした統合モデルを支持する例として，6カ月齢児が2と4の視覚刺激の弁別をできないことを挙げ，2と4が別々の認知過程（2→オブジェクト・ファイル，4→アキュミュレータ）で処理されるために，それらの比較ができないと主張した（Feigenson, 2005[26]；Xu, 2003[88]）。しかし，2と4の弁別に失敗する証拠が特定の条件でしか得られていないので，より詳細な検討により，この統合モデルを検証していく必要があるだろう。

第4節　数の認知発達と今後の展開

1. 乳児期から幼児期へ

　乳児期でのノンヴァーバルな数の認知から，カウンティングに基づくヴァーバルな数の認知がどのような発達段階を経て獲得されるかは，数の認知発達を知る上で重要な問題であるにもかかわらず，実際には研究数がまだ

少ないため，未解決の問題が多い。

ひとつの問題は，乳児期にすでに数の知識が豊富に存在するにもかかわらず，カウンティングの獲得に非常に時間がかかり，3歳後半まで達成されないことである。幼児は，1歳前後で初語を発し，2歳までには語彙を急速に増やすようになるが（第8章参照），数詞の獲得は比較的遅い（Wynn, 1990[84]，1992b[86]）。2歳児が「1, 2, 3, ……」と数唱できたとしても，数詞の意味を正しく理解できるのはもっと先である（Fuson, 1988）[30]。また数詞体系に言語間で違いが見られることから，数の認知発達が入力される言語に左右され，特に，複雑な数詞体系をもつ仏語を母語とする2歳児は，英語圏の幼児よりも数詞の理解が遅れることがわかっている（Hodent et al., 2005[35]；Houdé, 1997[36]）。こうした証拠から，乳児期から存在する数の認知過程と，言語に基づく数の表象化との統合は，非常に難しい作業だと言える。

現在，1～2歳児での研究は数が少ないものの，3～5歳児を対象とした研究では，乳児で報告された大きな数の弁別やモダリティ間マッチングなどの検証が行われ，アキュミュレータとオブジェクト・ファイルの統合モデルで，どの程度幼児の数の認知能力を説明できるかを研究している（Barth et al., 2005[6]；Lipton & Spelke, 2005[51], 2006[52]）。ここ数年，幼児での研究は，乳児の研究よりも数多く発表されるようになり（Barth et al., 2009[4]；Gilmore & Spelke, 2008[33]；Huang et al., 2010[37]），乳児期から幼児期までの数の認知発達の全貌が解明される日は近いように思われる。

2. 今後の展開

本章では，乳児が非常に幼い時期から数を認知できるということを中心に解説してきたが，これらの研究結果が示す重要な意義は，数の認知が言語と独立して発達する，すなわち領域固有（domain-specific）の認知過程を備える可能性を示す点である。ドゥアンヌ（Dehaene, 1997）[21] は，こうした領域固有の数の認知過程を，「数覚」（number sense）と呼んでおり，それが算数や数学の理解の基礎になっていると考えた（Butterworth, 1999[13] も参照）。またスペルキ（2000[68], 2003[69]）は，数の認知を，概念発達の基礎となる「核知識」（core knowledge）のひとつと考え，こうした領域固有の知識がその後

の学習を導いていくと主張した（Spelke & Kinzler, 2007[71]）も参照）。

　数専門の認知過程は，脳を対象とした認知神経科学の研究により，両側の下頭頂葉下部（inferior parietal cortex）に存在することがわかってきた。また，この部位の損傷により失算症（dyscalculia）と呼ばれる計算障害が起こることもわかっている（Dehaene et al., 1999[24]；Dehaene & Cohen, 1997[23]；Nieder, 2005[60]）。さらに，一般的な学習能力は正常なのに，算数だけがまったく学習できない発達性計算障害（developmental dyscalculia）を示す児童で，数覚に該当する脳部位が正常に発達しなかったことを示す研究も見られる（Ansari & Karmiloff-Smith, 2002[1]；Landerl et al., 2004[48]；Price et al., 2007[64]）。このように，数の認知発達の詳細なメカニズムは，現在，徐々に解明されつつある。

　また動物を研究対象とした比較認知科学の分野で，数の認知能力の進化を探る研究が数多く行われており，乳児で見られた能力が動物にも共有されていることがわかってきた（総説としてBoysen & Capaldi, 1993[10]）。たとえば，ウイン（1992a）[85]の計算実験をマーモセット科のワタボウシタマリンで実施し，赤ちゃんと同様の反応が得られることを示した研究（Uller et al., 2001）[81]や，ネズミが序数を手がかりに迷路課題を解決する研究（鈴木・小林，1998[78]；Suzuki & Kobayashi, 2000[79]）などが報告されてきた。動物が数を認知できることは，進化の過程で生存や繁殖にとって重要な能力であったことを示しており，こうした進化的基盤があるからこそ，人間もそれを引き継ぎ，個体発生の早い段階から数を認知できると考えられる（Hauser & Carey, 1998）[34]。

　動物と人間の違いはおそらく，言語を獲得する頃から大きくなる（Gelman & Butterworth, 2005）[31]。長期間の膨大な訓練で数字などのシンボルを学習できるチンパンジーも存在するが（Boysen & Berntson, 1989）[9]，高度な計算や数学を理解できる動物はまずいない。したがって，数と言語の統合が起こる幼児期で何が起こっているかを突き止めることは，人間の数の認知を考える上で極めて重要な問題であろう。

【引用文献】

1) Ansari, D., & Karmiloff-Smith, A. (2002). Atypical trajectories of number development : A neuroconstructivist perspective. *Trends in Cognitive Sciences*, **6**, 511-516.
2) Antell, S. E., & Keating, D. P. (1983). Perception of numerical invariance in neonates. *Child Development*, **54**, 695-701.
3) Baillargeon, R. (1987). Object permanence in 3.5- and 4.5-month-old infants. *Developmental Psychology*, **23**, 655-664.
4) Barth, H., Baron, A., Spelke, E. S., & Carey, S. (2009). Children's multiplicative transformations of discrete and continuous quantities. *Journal of Experimental Child Psychology*, **103**, 441-454.
5) Barth, H., Kanwisher, N., & Spelke, E. (2003). The construction of large number representations in adults. *Cognition*, **86**, 201-221.
6) Barth, H., La Mont, K., Lipton, J., & Spelke, E. S. (2005). Abstract number and arithmetic in young children. *Proceedings of the National Academy of Sciences*, **102** (39), 14117-14121.
7) Bijeljac-Babic, R., Bertoncini, J., & Mehler, J. (1993). How do 4-day-old infants categorize multisyllabic utterances? *Developmental Psychology*, **29**, 711-721.
8) Bower, T. G. R. (1966). Heterogeneous summation in human infants. *Animal Behaviour*, **14**, 395-398.
9) Boysen, S. T., & Berntson, G. G. (1989). Numerical competence in a chimpanzee (*Pan troglodytes*). *Journal of Comparative Psychology*, 103, 23-31.
10) Boysen, S. T., & Capaldi, E. J. (1993). *The development of numerical competence : Animal and human models*. Mahwah, NJ : Lawrence Erlbaum Associates.
11) Brannon, E. M. (2002). The development of ordinal numerical knowledge in infancy. *Cognition*, **83**, 223-240.
12) Brannon, E. M. (2003). Number knows no bounds. *Trends in Cognitive Sciences*, **7**, 279-281.
13) Butterworth, B. (1999). *The mathematical brain*. London : Macmillan. (バターワース, B. 藤井留美〈訳〉〈2001〉. なぜ数学が「得意な人」と「苦手な人」がいるのか 主婦の友社)
14) Canfield, R. L., & Smith, E. G. (1996). Number-based expectations and sequential enumeration by 5-month-old infants. *Developmental Psychology*, **32**, 269-279.
15) Carey, S. (2001). Cognitive foundations of arithmetic : Evolution and ontogenesis. *Mind and Language*, **16**, 37-55.
16) Carey, S. (2009). *The origin of concepts*. New York : Oxford University Press.
17) Cohen, L. B., & Marks, K. S. (2002). How infants process addition and subtraction events? *Developmental Science*, **5**, 186-212.
18) Cooper, R. G. (1984). Early number development : Discovering number space with addition and subtraction. In C. Sophian (Ed.), *Origins of cogni-*

tive skills. Hillsdale, NJ: Erlbaum. pp.157-192.
19) Dantzig, T. (1954). *Number: The language of science*. New York: Macmillan Publishers. (ダンツィク, T. 水谷淳〈訳〉〈2007〉. 数は科学の言葉　日経BP社)
20) Davis, H., & Perusse, R. (1988). Numerical competence in animals: Definitional issues, current evidence, and a new research agenda. *Behavioral and Brain Sciences*, **11**, 561-615.
21) Dehaene, S. (1997). *The Number Sense: How the mind creates mathematics*. Oxford: Oxford University Press. (スタニスラス, D. 長谷川眞理子・小林哲生〈訳〉〈2010〉. 数覚とは何か？──心が数を創り, 操る仕組み　早川書房)
22) Dehaene, S. (2003). The neural basis of the Weber-Fechner law: A logarithmic mental number line. *Trends in Cognitive Sciences*, **7**, 145-147.
23) Dehaene, S., & Cohen, L. (1997). Cerebral pathways for calculation: Double dissociation between rote verbal and quantitative knowledge of arithmetic. *Cortex*, **33**, 219-250.
24) Dehaene, S., Spelke, E., Pinel, P., Stanescu, R., & Tsivkin, S. (1999). Sources of mathematical thinking: Behavioral and brain-imaging evidence. *Science*, **284**, 970-974.
25) Fantz, R. L. (1961). The origin of form perception. *Scientific American*, **204**, 66-72.
26) Feigenson, L. (2005). A double-dissociation in infants' representations of object arrays. *Cognition*, **95**, B37-B48.
27) Féron, J., Gentaz, E., & Streri, A. (2006). Evidence of amodal representation of small numbers across visuo-tactile modalities in 5-month-old infants. *Cognitive Development*, **21**, 81-92.
28) Fisher-Thompson, D., & Peterson, J. A. (2004). Infant biases and familiarity-novelty preferences during a serial paired-comparison task. *Infancy*, **5**, 309-340.
29) 藤田尚文（1984）．知覚情報処理　大山正（編）実験心理学　東京大学出版会　pp.120-135.
30) Fuson, K. (1988). *Children's counting and concept of number*. New York: Springer-Verlag.
31) Gelman, R., & Butterworth, B. (2005). Number and language: How are they related? *Trends in Cognitive Science*, **9**, 6-10.
32) Gelman, R., & Gallistel, C. R. (1978). *The child's understanding of number*. Cambridge: Harvard University Press. (ゲルマン, R. ガリステル, C. R. 小林芳郎．中島実〈訳〉〈1989〉．数の発達心理学──子どもの数の理解　田研出版)
33) Gilmore, C. K., & Spelke, E. S. (2008). Children's understanding of the relationship between addition and subtraction. *Cognition*, **107**, 932-945.
34) Hauser, M. D., & Carey, S. (1998). Building a cognitive creature from a set of primitives: Evolutionary and developmental insights. In D. Cummins & C. Allen (Eds.), *The Evolution of Mind*. Oxford: Oxford University Press. pp.51-106.

35) Hodent, C., Bryant, P., & Houde, O. (2005). Language-specific effects on number computation in toddlers. *Developmental Science*, **8**, 420-423.
36) Houdé, O. (1997). Numerical development : From the infant to the child. Wynn's (1992) paradigm in 2- and 3-year-olds. *Cognitive Development*, **12**, 373-391.
37) Huang, Y. T., Spelke, E. S., & Snedeker, J. (2010). When is four far more than three? Children's generalization of newly acquired number words. *Psychological Science*, **21**, 600-606.
38) Hunter, M. A., & Ames, E. W. (1988). A multiple model of infant preferences for novel and familiar stimuli. In C. Rovee-Collier & L. P. Lipsitt et al. (Eds.), *Advances in infancy research Vol.5*. Norwood, NJ : Ablex. pp.69-95.
39) Hyde, D. C., & Spelke, E. S. (2011). Neural signatures of number processing in human infants : Evidence for two core systems underlying numerical cognition. *Developmental Science*, **14**, 360-371.
40) Izard, V., Sann, C., Spelke, E. S., & Streri, A. (2009). Newborn infants perceive abstract numbers. *Proceedings of the National Academy of Sciences*, **106** (25), 10382-10385.
41) Kahneman, D., Treisman, A., & Gibbs, B. J. (1992). The reviewing of object files : Object-specific integration of information. *Cognitive Psychology*, **24**, 175-219.
42) Kaufman, E. L., Lord, M. W., Reese, T. W., & Volkmann, J. (1949). The discrimination of visual number. *American Journal of Psychology*, **62**, 498-525.
43) Kemler-Nelson, D. G., Jusczyk, P. W., Mandel, D. R., Myers, J., Turk, A., & Gerken, L. (1995). The head-turn preference procedure for testing auditory perception. *Infant Behavior and Development*, **18**, 111-116.
44) 小林哲生 (2001). 赤ちゃんでも数がわかる――言語獲得以前の「数」の認知 科学, **71**, 749-755.
45) Kobayashi, T., Hiraki, K., & Hasegawa, T. (2005). Auditory-visual intermodal matching of small numerosities in 6-month-old infants. *Developmental Science*, **8**, 409-419.
46) Kobayashi, T., Hiraki, K., Mugitani, R., & Hasegawa, T. (2004). Baby arithmetic : One object plus one tone. *Cognition*, **91**, B23-B34.
47) Koechlin, E., Dehaene, S., & Mehler, J. (1997). Numerical transformation in five-month-old human infants. *Mathematical Cognition*, **3**, 89-104.
48) Landerl, K., Bevan, A., & Butterworth, B. (2004). Developmental dyscalculia and basic numerical capacities : A study of 8-9-year-old students. *Cognition*, **93**, 99-125.
49) Lipton, J. S., & Spelke, E. S. (2003). Origins of number sense : Large-number discrimination in human infants. *Psychological Science*, **14**, 396-401.
50) Lipton, J. S., & Spelke, E. S. (2004). Discrimination of large and small numerosities by human infants. *Infancy*, **5**, 271-290.
51) Lipton, J. S., & Spelke, E. S. (2005). Preschool children's mapping of num-

ber words to nonsymbolic numerosities. *Child Development*, **76**, 978-988.
52) Lipton, J. S., & Spelke, E. S. (2006). Preschool children master the logic of number word meaning. *Cognition*, **98**, B57-B66.
53) McCrink, K., & Wynn, K. (2004). Large-number addition and subtraction by 9-month-old infants. *Psychological Science*, **15**, 776-781.
54) McGarrigle, J., & Donaldson, M. (1974-1975). Conservation accidents. *Cognition*, **3**, 341-350.
55) Meck, W. H., & Church, R. M. (1983). A mode control model of counting and timing processes. *Journal of Experimental Psychology : Animal Behavior Processes*, **9**, 320-334.
56) Mehler, J., & Bever, T. G. (1967). Cognitive capacity of very young children. *Science*, **158**, 141-142.
57) Mix, K. S., Huttenlocher, J., & Levine, S. C. (2002). *Quantitative development in infancy and early childhood*. New York : Oxford University Press.
58) Mix, K. S., Levine, S. C., & Huttenlocher, J. (1997). Numerical abstraction in infants : Another look. *Developmental Psychology*, **33**, 423-428.
59) Moore, D., Benenson, J., Reznick, J. S., Peterson, M., & Kagan, J. (1987). Effect of auditory numerical information on infants' looking behavior : Contradictory evidence. *Developmental Psychology*, **23**, 665-670.
60) Nieder, A. (2005). Counting on neurons : The neurobiology of numerical competence. *Nature Reviews Neuroscience*, **6**, 177-190.
61) 大山正 (1978). ひと目で何個のものが見えるか 日経サイエンス, 9月号, 23-33.
62) Piaget, J. (1952). *The child's conception of number*. New York : Norton.
63) Piaget, J. (1954). *The construction of reality in the child*. New York : Basic Books.
64) Price, G. R., Holloway, I., Räsänen, P., Vesterinen, M., & Ansari, D. (2007). Impaired parietal magnitude processing in developmental dyscalculia. *Current Biology*, **17**, R1042-R1043.
65) Sharon, T., & Wynn, K. (1998). Individuation of actions from continuous motion. *Psychological Science*, **9**, 357-362.
66) Simon, T. J. (1997). Reconceptualizing the origins of number knowledge : A "non-numerical" account. *Cognitive Development*, **12**, 349-372.
67) Simon, T. J., Hespos, S. J., & Rochat, P. (1995). Do infants understand simple arithmetic? : A replication of Wynn (1992). *Cognitive Development*, **10**, 253-269.
68) Spelke, E. S. (2000). Core knowledge. *American Psychologist*, **55**, 1233-1243.
69) Spelke, E. S. (2003). What makes us smart? Core knowledge and natural language. In D. Gentner & S. Goldin-Meadow (Eds.), *Language in mind : Advance in the study of language and thought*. Cambridge : The MIT Press. pp.277-311.
70) Spelke, E. S., Breinlinger, K., Macomber, J., & Jacobson, K. (1992). Origins of knowledge. *Psychological Review*, **99**, 605-632.
71) Spelke, E. S., & Kinzler, K. D. (2007). Core knowledge. *Developmental Sci-*

ence, **10**, 89-96.
72) Starkey, P., & Cooper, R. G., Jr. (1980). Perception of numbers by human infants. *Science*, **210**, 1033-1035.
73) Starkey, P., & Cooper, R. G., Jr. (1995). The development of subitizing in young children. *British Journal of Developmental Psychology*, **13**, 399-420.
74) Starkey, P., Spelke, E. S., & Gelman, R. (1983). Detection of intermodal numerical correspondences by human infants. *Science*, **222**, 179-181.
75) Starkey, P., Spelke, E. S., & Gelman, R. (1990). Numerical abstraction by human infants. *Cognition*, **36**, 97-127.
76) Strauss, M. S., & Curtis, L. E. (1981). Infant perception of numerosity. *Child Development*, **52**, 1146-1152.
77) Suanda, S., Thompson, W., & Brannon, E. M. (2008). Changes in the ability to detect ordinal numerical relationships between 9 and 11 months of age. *Infancy*, **13**, 308-337.
78) 鈴木光太郎・小林哲生 (1998). 数を勘定するネズミ 遺伝, **52**, 67-71.
79) Suzuki, K., & Kobayashi, T. (2000). Numerical competence in rats (*Rattus norvegicus*): Davis & Bradford (1986) extended. *Journal of Comparative Psychology*, **114**, 73-85.
80) Uller, C., Carey, S., Huntley-Fenner, G., & Klatt, L. (1999). What representations might underlie infant numerical knowledge? *Cognitive Development*, **14**, 1-36.
81) Uller, C., Hauser, M., & Carey, S. (2001). Spontaneous representation of number in cotton-top tamarins (*Saguinus oedipus*). *Journal of Comparative Psychology*, **115**, 248-257.
82) Wiese, H. (2003). *Numbers, Language, and the human mind*. Cambridge: Cambridge University Press.
83) Wood, J. N., & Spelke, E. S. (2005). Infats' enumeration of actions: Numerical discrimination and its signature limits. *Developmental Science*, **8**, 173-181.
84) Wynn, K. (1990). Children's understanding of counting. *Cognition*, **36**, 155-193.
85) Wynn, K. (1992a). Addition and subtraction by human infants. *Nature*, **358**, 749-750.
86) Wynn, K. (1992b). Children's acquisition of the number words and the counting system. *Cognitive Psychology*, **24**, 220-251.
87) Wynn, K. (1996). Infants' individuation and enumeration of actions. *Psychological Science*, **7**, 164-169.
88) Xu, F. (2003). Numerosity discrimination in infants: Evidence for two systems of representations. *Cognition*, **89**, B15-B25.
89) Xu, F., & Spelke, E. S. (2000). Large number discrimination in 6-month-old infants. *Cognition*, **74**, B1-B11.
90) Xu, F., Spelke, E. S., & Goddard, S. (2005). Number sense in human infants. *Developmental Science*, **8**, 88-101.

牛谷智一 *Tomokazu Ushitani*

第10章 知覚・認知の種間比較

第1節 種間比較の意義

第2節 知覚的補完の比較研究
1. 知覚的補完とは何か？
2. 見本合わせ課題
3. プローブ試行と統制条件
4. ハトとの比較
5. go/no-go型継時弁別課題
6. 条件性位置弁別課題
7. 視覚探索
　　——反応時間を指標とする方法
8. 知覚的補完における訓練の効果
9. チンパンジー以外の動物を対象とした知覚的補完

第3節 発達研究との接点

第1節 種間比較の意義

　人間は時々の状況に応じてどのように振る舞うのか，その振る舞いの背景にある心的状態はどのようなものか，その心的状態を作り出すもととなる情報処理の仕組みはどうなっているのか。このような問いに多くの人が興味をもつだろう。しかし，人間の行動や認知をどれだけ調べても，それらの本質に迫ることはできない。なぜなら，人間の行動や認知の特性を記述するためには，「人間以外のもの」の行動や特性と比較することが欠かせないからである。これは，自分の行動や認知の特性を理解しようとするとき，自分の振る舞いが他人とどう違うのかを描き出すことで，初めて理解が深まることと似ている。「私は，短気である」と言うためには，「ほかの人は，私ほど短気ではない」ことが前提となる。ヒトという種の行動や認知の特性を理解する上で，ヒト以外の動物種の行動や認知の特性の理解は必要不可欠であることは疑いない。

　ヒト以外の動物とヒトを比較する心理学領域は，一般に「比較心理学」（comparative psychology）と呼ばれ，古くから多くの知見を提供し，医学，薬学，生理学の中でも重要な役割を果たしてきた。近年，「比較認知」（comparative cognition）または「比較認知科学」と呼ばれる比較的新しい研究領域が比較心理学から派生した。比較認知（科学）は，当該の認知機能や行動がどのように環境に適応し，進化してきたかを探る学問である（藤田，1998[10]；後藤・牛谷，2008[14]；牛谷・後藤，2008[41]；渡辺，1997[43]）。またその比較を通じて，ヒトの認知機能が動物とどのように違うのか，すなわちヒトの独自性は何か，その輪郭を描き出すことができるのである。

　本章では，認知の種間比較研究における諸方法を概観するため，比較認知のさまざまなトピックの中でも，「知覚的補完」と呼ばれる現象を取り上げる。動物の知覚に興味のある多くの研究者がこの問題に取り組んだため，さまざまな方法が採用された。したがって，この一つのテーマによって，知覚の比較研究に使われている多くの方法論を学ぶことができるからである。

第2節 知覚的補完の比較研究

1. 知覚的補完とは何か？

　3次元空間に暮らす上で，ヒトの視覚に課せられた重要な課題のひとつは，ある物体がほかの物体に一部遮蔽されているとき，その隠された部分を補って知覚することである。

　図10-1は，そのことを模式的に表したものである。我々が見たいと思う対象「OBJECT」は，この場合，枝のようなもので隠されて一部しか見えない（図10-1a）。その見えている部分だけを表示すると，図10-1bのようになるが，何が書かれているのかよくわからない。しかし，図10-1aでは，しっかりと「OBJECT」と書かれていることがわかる。隠れた部分を補って知覚しているためである。観察対象がほかの物体に隠されていることは，3次元空間上で生活しながら，網膜という2次元的な情報入力器官しか持ち合わせていない我々にとっては不可避で，隠された部分を補って知覚する能力は，長い進化の歴史の中で獲得された高度な能力のひとつである。この知覚的能力を「知覚的補完」（perceptual completion）もしくは「アモーダル補完」（amodal completion）と呼ぶ（「補完」の代わりに「補間」「完結化」とすることもある）。

図10-1　知覚的補完の例
a. OBJECTという文字列が枝のような図形によって一部隠されていることがわかる。
b. しかし，文字列の見えている部分は，非常に限定されており，見えている部分だけを取り出しても文字列は読めない。

この知覚的補完が長い進化の中で我々が獲得した能力であるかぎり，ほかの動物に共有されていることは想像に難くない。ヒト以外の動物がどのように隠れた部分を補完して知覚しているかは，興味深いことである。佐藤ら（Sato et al., 1997）[31] は，ヒトと最も近縁であるチンパンジーが，知覚的補完の能力を共有しているかを調べた。言語教示することもできなければ，言語報告を求めることもできない動物の認知的な能力を調べるには，一般に「オペラント条件づけ」（operant conditioning，または，「道具的条件づけ」instrumental conditioning）と呼ばれる方法が用いられる。

2. 見本合わせ課題

　動物の知覚を調べるためには，2種類以上の刺激を画面上に呈示し，オペラント条件づけを利用して，それらを区別する（弁別：discrimination）訓練が必要である。佐藤らはまず，「見本合わせ」（matching-to-sample）という方法で，1本につながった棒と，真ん中で途切れた棒の弁別をチンパンジーに訓練した（それぞれ，「1本棒」と「2本棒」と呼ぶことにする）。**図 10-2** は，論文に書かれた1試行の流れを図にしたものである。1回ごとの試行は，

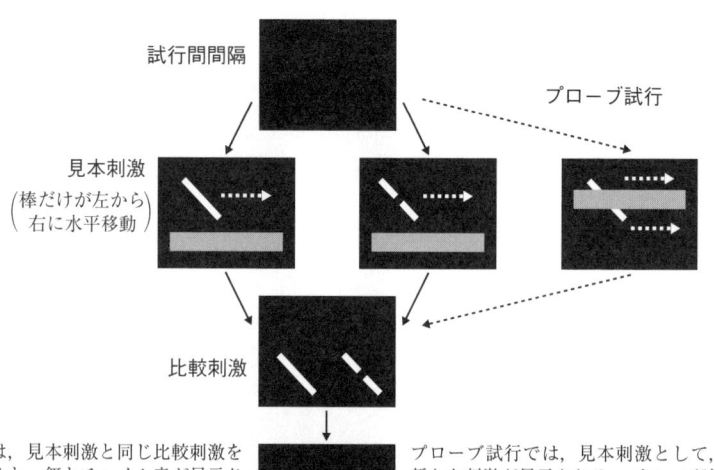

訓練では，見本刺激と同じ比較刺激を選択すると，餌とチャイム音が呈示された後，次の試行に進む。違う比較刺激を選択すると，ブザー音が呈示され，次の試行に進む。

プローブ試行では，見本刺激として，新たな刺激が呈示される。プローブ試行は，少数，訓練試行間にランダムに挿入され，比較刺激の選択にかかわらず餌が呈示される。

図 10-2　佐藤ら（1997）[31] の1試行の流れ　　　　（Sato et al., 1997[31] をもとに作成）

オペラント条件づけを利用する

　動物の視覚能力を調べる最近の実験では，タッチセンサーを装着したコンピュータモニター上に何らかの図形を呈示することが多い。タッチセンサーを使って動物がモニター上の図形に触れた記録をとるのだが，もちろん，動物は最初からこの図形を触ろうとするわけではない。しかし，実験室に動物を入れておけば，たまには，図形の呈示されたモニターの方に顔を向けることがあるだろう。そこですかさずその動物に餌を与える。こうした一連の手続きを繰り返すうちに，多くの動物は，モニターに図形が呈示されているとき，モニターの方を向く動作を安定して行うようになる。

モニターの図形（先行刺激）
↓
モニターに顔を向ける（自発的反応）
↓
餌（後続刺激）

というように，自発的反応により環境が変化する（この場合，餌が呈示される）ことで，その反応の生起頻度が変化することを，オペラント条件づけと呼ぶ。この先行刺激は，反応をいつ出すべきかの手がかりを与えるもので，「弁別刺激」(discriminative stimulus) と呼ばれる。後続刺激は，当該の自発反応の生起頻度を高めるとき，「強化刺激」(reinforcing stimulus) または「強化子」(reinforcer) と呼ばれ，生起頻度を高める操作を「強化」(reinforcement) という。そして，学習された自発的反応を「オペラント反応」(operant response) と呼ぶ。

　顔を向けるようになったところで，今度は，顔を向ける行動が生起しても，餌を出さないようにする。そうすると，モニターに顔を向けるだけではなく，あちこちうろついたり，いろいろなところを触ってみたりと，動物の行動のバリエーションが増える。そこで，より画面に近づいて，画面に呈示された刺激を見る行動が出現したところで，すかさず餌を呈示する。こうした一連の操作を繰り返すと，モニターに近づいて刺激を見る行動が安定して生じるようになる。このように，当該の行動に餌を出したり，出さなくしたりすることで，動物の行動を目標の行動へと導くことが可能になる。動物が実験に最初に参加するときは，このような訓練が必要なのである。

試行間間隔（Intertrial Interval：ITI）によって区切られている。試行間間隔（通常は，3～5秒程度）の後，画面に1本棒もしくは2本棒のうちどちらかが出現し，左から右に水平に移動する。最初に呈示されるこの刺激を，「見本刺激」もしくは単に「見本」（sample）と呼ぶ。見本が1秒間で約20 cm移動して消えると，すぐにその下に1本棒と2本棒が並べて呈示される。これらは，「比較刺激」（comparison）と呼ばれる。この比較刺激の中から，見本と同じもの（matchするもの）をチンパンジーが選ぶと，チャイム音が鳴って，リンゴ片などの餌が手元に落ち，チンパンジーはそれを食べることができる。一方，違う方を選ぶと，ブザー音が鳴り，餌が出ることなく，次の試行に進む。つまり，1本棒が見本だったときは，二つの比較刺激から1本棒を選ばないと餌が得られない。2本棒が見本のときは，2本棒が選ぶべき刺激である。あらかじめ呈示された刺激（ここでは，見本）に従って，動物は反応すべき刺激を変える必要がある。

　この見本合わせ課題のように，最初に出た刺激を条件刺激（conditional stimulus）として，弁別刺激への反応を変えることを「条件性弁別」（conditional discrimination）と呼ぶ。以下に詳しく説明するように，チンパンジーの知覚的補完をテストするには，1本棒と2本棒の条件性弁別が必須である。

3. プローブ試行と統制条件

　佐藤ら（1997）[31]は，チンパンジーの見本合わせ課題の正答率が2セッション連続で90％以上になるのを判断基準として，知覚的補完のテストに移行した。テストでの反応が何を意味するかは，訓練課題における反応をもとに考察される（そのため，訓練課題はベースライン〈baseline〉と呼ばれる）ので，チンパンジーが，テスト期間中のベースライン試行において高い正答率を維持していることが，実験の前提となる。テストに移行するための基準は，セッション構成や条件ごとの試行数，選択肢の数などによって大きく変動する。

　テストでは，図10-2の2段目右側に示したように，大きな長方形が棒の中央を隠蔽しているとき（棒の上下部分が同方向に動くので，「共動条件」と呼ぶ）に，これを1本と答えるか，2本と答えるかを調べている。もし，チ

ンパンジーが，大きな長方形の向こう側で棒が1本につながっていると補完して知覚しているならば，2本棒ではなく1本棒を選択する反応を見せるだろう。佐藤らは，通常の訓練試行（ベースライン試行）間に，この試行を少数だけランダムに挿入した。ここで注意すべき点は，比較刺激の選択場面で1本棒と2本棒のどちらを選ぼうとも餌を呈示したことである。もし，ここで1本棒を選んだときにだけ餌を呈示していたら，新しい刺激をどう認識しているかにかかわらず，チンパンジーは1本棒を選択して餌を獲得することそのものを学習してしまうことになる。このように，肝心のテストで新しい刺激を呈示したときには，新しい刺激をどのように認識しているかを調べるために，どちらの比較刺激の選択に対しても餌を呈示する（全強化）か，餌をまったく呈示しない（全消去）という方略をとる。あるいは，どちらを選択したかにかかわらず，一定の確率で餌を呈示する，というやり方もある。

　なお，このような試行は，あまり多数導入することはできない。導入された新しい刺激については，どんな反応をしても結果が変化しないことを，動物は即座に学習してしまうおそれがあるからである。また，このような試行だけを集中的に調べることもできない。なぜなら，ベースライン試行の成績が維持されるとは限らないからである。見本について1本棒か2本棒かを答える行動が維持されなければ，新しい刺激を導入する意味はなくなってしまう。そこで，新しい刺激が呈示される試行は，通常の訓練試行の間に少数だけ，しかも，不規則に挿入するしかないのである。このような試行を，「プローブ試行」と呼ぶ。プローブ（probe）という単語は，英語で「探りを入れる」という意味であり，まさにプローブ試行によって，動物がどのように新たな刺激を認識しているか探りを入れることができるのである。佐藤ら（1997）[31]の実験では，1セッション100～128試行中，10～20試行のプローブ試行がランダムに挿入されている。

　このようなプローブ22試行の結果，20試行（91％）でチンパンジーは1本棒を選択した（図10-3の左端の黒い棒グラフ）。つまり，「隠されて」見えない棒の中央を補完して知覚していたのだ，と推測できる。ただし，この実験条件（experimental conditioin）だけでは，実験は不完全である。なぜなら，チンパンジーは，新しく導入された刺激に対して，1本棒か2本棒か選択することができず，たまたま1本棒を選ぶと決めただけかもしれない。そ

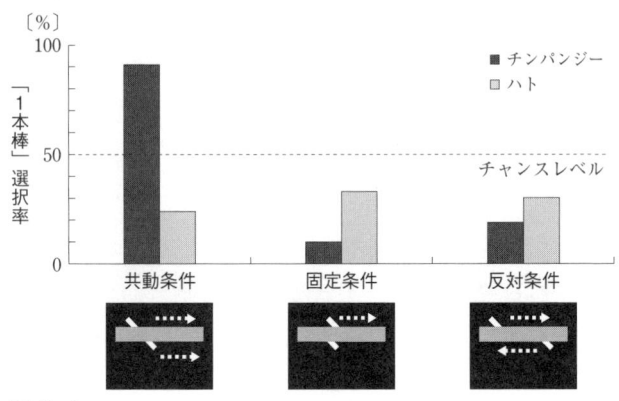

図10-3
佐藤ら(1997)[31]と牛谷ら(2001)[40]の実験におけるテスト3条件の刺激と結果
結果は，各テスト条件において，比較刺激のうち1本棒に反応した割合（ハトは3個体の平均値）。
(〈Sato et al., 1997[31]，黒の棒グラフ〉と〈Ushitani et al., 2001[40]，グレーの棒グラフ〉をもとに作成)

の可能性を消すためには，「統制条件」(control condition) が必要となる。つまり，この場合，新しく導入された共動条件の図形同様に，大きな長方形が棒の中央にきているものの，先とは異なり2本に分断されて見える刺激をプローブ試行に導入し，チンパンジーが今度は2本棒を選択することを確認すればいい。

図10-3に示したように，佐藤ら(1997)[31]は，棒の上部分が動くが，下部分は固定された「固定条件」と，棒の上部分は左から右に動くが，下部分は右から左に動く「反対条件」を統制条件として導入した。結果，チンパンジーは，これらの条件のプローブ試行では「2本棒」を選択している。この統制条件（固定条件と反対条件）の結果と実験条件（共動条件）の結果をあわせて，チンパンジーが隠れた部分を補完して知覚していることを初めて示すことができるのである。

このように，言語を使わなくとも，チンパンジーがどのように外界を知覚しているか，どのように世界を見ているか，巧妙な訓練とテストによって明らかにすることができる。なお，以上の結果は，別の方法で再検討され，チンパンジーが知覚的補完をしていることが再確認されている（Tomonaga & Imura, 2010[37]；Ushitani et al., 2010[42]）。

動物の認知を調べる実験の実施に伴う注意点

　実際に実験を実施するに際しては，いくつかの注意が必要である。第一に，訓練でどのような刺激を用いるかは，テストで用いる刺激を考慮した上で，決定しなければならない。訓練で使う刺激は，テストで使うものとできるだけ似ていなければならないからである。佐藤ら（1997）[31]の実験を例に説明しよう。テストで急に，棒の中央を隠す大きな長方形が出てきたら，その効果ばかりが結果に反映されてしまうであろう。テストで調べようとする点だけが訓練と異なっているようにするためには，大きな長方形は，訓練のときから棒の上，または下に呈示しておく配慮が必要である（**図10-2**では，模式的に，棒の下に大きな長方形が呈示された場面を描いてある）。

　第二に，通常，見本合わせ課題では，比較刺激として呈示した刺激の位置を頻繁に交代させる。佐藤ら（1997）[31]の実験では，1本棒と2本棒の二つが比較刺激として左右に並べて呈示されたが，実際，彼らは，各見本刺激に対して，1本棒と2本棒が左右に同じ回数だけ出るようにしている（この操作を「カウンターバランス〈counterbalance〉をとる」という）。テスト刺激が訓練刺激と大きく違う場合，刺激選好（見本にかかわらず，どちらか一方の比較刺激に好んで反応する）や位置選好（見本にかかわらず，どちらか一方の位置に出た比較刺激に好んで反応する）を示すことがある。もし，比較刺激の1本棒が右に出る確率（2本棒が左に出る確率）が高く，チンパンジーがたまたま右を選ぶ傾向が高かったとすれば，チンパンジーが補完して知覚していることを示しているのか，それとも単なる右に出た刺激に反応し続けたことを示しているのか，区別ができなくなってしまう。もちろん，テストだけでなく訓練時も，それぞれの見本刺激について，比較刺激の1本棒と2本棒が左右に呈示される確率を等しくしておかなければならない。

　第三に，見本合わせ課題の解釈について，注意しなければならない。この実験によって，動物に訓練されたのは，見本が1本棒のとき1本棒，見本が2本棒のとき2本棒を，おのおの比較刺激から選択することであって，この訓練だけで「先行呈示された刺激と同じものを後続刺激から選ぶ」ことが即座に学習されたわけではない。任意の見本に対して，「同じもの」を選ぶことができるのは，まさに見本と正解の比較刺激の間の関係を理解したことにほかならないが，このような「関係」についての学習は，動物では簡単には成立しない（たとえば，Carter & Werner, 1978[3] 参照）。ここで示したテスト結果に続けて，たとえば，中央を隠された三角形を見本として，チンパンジーが完全な三角形と

> 中央の欠けた三角形のうちどちらを選ぶかをテストするためには，新たな訓練が必要である。

4. ハトとの比較

　鳥類の知覚的補完は，どうだろうか？　牛谷ら（Ushitani et al., 2001）[40] は，チンパンジーに用いたやり方にならって，ヒトから進化的に遠縁のハトが隠れた部分を知覚的に補完するかどうかを調べている。

　ハトを対象に知覚的補完を調べる理由には，二つある。第一に，ハトは，その視力（たとえば，Hodos et al., 1976[16]），色覚（たとえば，Jitsumori, 1976[18]；Wright, 1972[45]；Wright & Cumming, 1971[46]），時間解像力（たとえば，Hendricks, 1966[15]）といった基本的な視覚能力や，視覚の解剖学的・神経科学的構造（たとえば，Donovan, 1978[7]；Husband & Shimizu, 2001[17]）について，研究の蓄積があり，ヒトとの知覚的な差異や共通点の原因となる視覚の基本能力や解剖学的構造の違いを特定できるという希望がある。第二に，ハトは，ラットと並んで，多くの心理学的研究に用いられてきた経緯があり，どのような手続きでハトを訓練すれば，ハトの視覚の性質を明らかにできるのか，実験計画を立てやすいからである。これら第一，第二の理由は，ハトが実験に利用しやすいゆえに，伝統的に心理学領域の研究に頻繁に用いられてきたことによる副産物である。

　より本質的な理由は，ハトを含めたトリは，系統発生的にヒトから遠縁であり，異なる淘汰圧のもと異なる進化的な履歴をたどったため，異なる神経機構を有し，それゆえ異なる視覚機能を進化させてきた（放散）であろうと考えられることにある。高速で飛ぶトリが，ヒトとまったく同様の視覚システムであるとは考え難い。その一方で，進化的には遠く隔たっていても，同じ淘汰圧が働き，それが十分な回数の世代交代の間に継続すれば，再び同じ能力をもつように至ることもあるはずである（収斂）。

　たとえば，我々とトリの共通先祖である魚類は，ロドプシンを除いて赤，緑，青緑，青に対応する4種類の視物質を有していた。トリは，この4種類の視物質を現在も維持している。しかし，霊長類を除く哺乳類の多くは，赤

と青の2種類の視物質しか維持していない。視物質が2種類しかないと，2種類の波長の混ざった光と，ある1種類の波長だけの光を区別できない場合があるため，十分に色味を認識できない。これは，哺乳類の先祖が夜行性であり，色の細かな識別能力が不要になったためであると考えられる。哺乳類の中でも，昼行性に戻った霊長類では，赤の視物質を作り出す遺伝子が進化の過程で重複し，再び緑に相当する視物質を生み出し，3色型になったことがわかっている（七田，2001）[33]。霊長類は，トリ同様の豊かに色のついた世界に生きているのである。これは昼行性に転じ，色覚が採食などで有利に働いたため，収斂が起こったのであろうと思われる（渡辺，1997）[43]。そこで筆者ら（Ushitani et al., 2001）[40] は，知覚的補完に関して，ヒトとハトとの間で進化的な「放散」が見られるか，それとも「収斂」が見られるかを調べようと試みた。

　基本的な手続きは，チンパンジーと同じであったが，実施上の違いはいくつかある。チンパンジーでは，2m立方程度の大きなブースの壁にタッチセンサー付きの21インチモニターを埋め込み，そこに刺激を呈示したが，ハトの場合は，35cm立方程度の箱にハトが入り，箱にあけた窓からタッチセンサー付き15インチモニターにアクセスできるようにしている。チンパンジーは指でモニターにアクセスしたが，ハトにはくちばしでモニター上の刺激に反応させた。

　ハトの手続きでは，ハトが見本を観察していることを確認するために，比較刺激を呈示する前に見本に対して反応することを要求した。つまり，「見本呈示 → 見本への反応 → 比較刺激の呈示 → 比較刺激への反応」という流れになる。このように，条件性弁別課題における，弁別刺激呈示のための条件刺激への反応は，観察反応（observing response）と呼ばれる。

　ハトの訓練には，矯正手続き（correction procedure）を導入している。矯正手続きでは，間違った後に正解するまで同じ試行を繰り返す。ハトは特に，比較刺激のうち1本棒を選び続けたり，左に出現した刺激ばかりを選び続けたりするなど，刺激選好や位置選好に陥ることが多い。仮に左の刺激ばかりを選び続けると，カウンターバランスをとっているので，平均して2回に1回は餌をもらえることになってしまう。それが矯正手続きを採用すると，右の比較刺激が正解のときに左を選択してしまったハトは，右の正解を選ぶま

で同じ試行がずっと繰り返されることになる。左の比較刺激を選択することでたまたま餌を獲得することを学習してしまったハトは、このようにして、右の比較刺激を選択しても餌が得られることを学習することができる。ただし、矯正試行（間違った後に矯正手続きで繰り返された試行のこと）の成績は、学習完成基準の算出に使ったり、データ分析の対象にしたりすることは、通常ない。

　刺激は、チンパンジーのものに比べて小さなものを使用した。チンパンジーでは、1本棒は、長さ12.6 cm、幅0.7 cmであったのに対して、ハトでは、長さ0.9 cm、幅0.1 cmであった。これは、ハトの体のサイズに合わせたためであり、大きさの異なる多くの種を調べる比較研究では、刺激サイズを種ごとに合わせることを念頭におくべきである。ただし、体の大きさを考慮に入れたからといって、当該の刺激がその動物にとってどのような大きさに見えているかということまで統制できるわけではない。体のサイズが同じでも、眼球の大きさが違うこともありうる。眼球の大きさが違えば、網膜の広さ、ひいては光受容器の数も違う。同じ眼球の大きさでも、光受容器の密度が異なる可能性もある。したがって、刺激サイズを種間で調整することに過度にこだわる必要はないし、こだわったところで問題が解決するわけではない。むしろ、当該の刺激がいつでも、誰の手によっても再現・検証できるよう、刺激の大きさや明るさ、呈示用の機材の情報などを正しく記録し、論文に記述することが大切である。

　報酬としては、チンパンジーの実験ではリンゴやブドウ片が使われるが、ハトの実験では、トウモロコシやマイロといった種子の混合飼料や小さなペレットが使われることが多い。実験は1日1セッション、80試行（矯正試行を除く）実施し、そのうち、1本棒と2本棒が同回数、ランダムな順番で見本刺激として呈示された。比較刺激の左右位置は、チンパンジーと同じように見本刺激ごとにカウンターバランスをとっている。また、テストは、共動条件・固定条件・反対条件の3条件のプローブ試行でどの比較刺激をハトが選択するかが調べられた。プローブは、各テスト条件が6回ずつ、合計18試行がランダムにベースライン80試行の間に挿入され、どちらの比較刺激を選択しても、必ず報酬が呈示された（全強化）。テストは、10セッション実施した。

図10-3のグレーの棒グラフは，テストにおける各刺激への反応率の3個体平均値である。どのテスト条件も，1本棒を選択した割合は，50%以下であった。しかも，共動条件の1本棒選択率は，固定・反対条件よりもさらに低かった。このことは，ハトが物体の隠れた一部分を補完して1本棒を知覚している証拠は得られなかったことを示している。

5. go/no-go 型継時弁別課題

　前項で示した実験は，ハトが知覚的に補完することに否定的な結果を示しているが，このような結果が示されたのは，これが最初ではない。セレラ (Cerella, 1980)[4]は，画面に呈示された三角形と三角形以外の弁別をハトに訓練した。試行が始まると，1辺1.1cmの正三角形または，それ以外の図形（円形・ひし形・星形など，三角形とほぼ同じ大きさの図形）が1.5秒間，画面に呈示された。正三角形が呈示されたときには，画面を1回つつくと，50%の確率で餌が与えられた。三角形以外の図形では，つついても餌が与えられず，すぐに試行間間隔に移行した。三角形とそれ以外の図形が同数ずつ，1日に合計438試行行われた。なお，反応すべき刺激を正刺激（S+），反応を控えるべき刺激を負刺激（S−）と呼ぶ。

　この訓練を開始して1週間も経たないうちに，ハトは安定して，三角形ではつつき，三角形以外ではつつかないようになった。つまり，これでハトに「三角形かどうか」を答えさせる手段を得たことになる。このように，複数の刺激を1度に一つずつ呈示して，あるものには反応して，別のものには反応しないといった具合に，1種類の反応の「反応する／しない」だけを指標として弁別を行わせることを，go/no-go型継時弁別課題，あるいは，単純にgo/no-go課題と呼ぶ。

　go/no-go課題では，複数の刺激の弁別が可能か，あるいは可能ならばどのぐらいの試行数で獲得されるか，訓練そのものの過程を調べることもある。しかし，知覚・認知課題では，通常，弁別を訓練した後にさらにさまざまな刺激を導入して，それらに対して反応するか・しないかのテストを目的にすることが多い。セレラ（1980）[4]も，「三角形かどうか」の弁別をハトに訓練したあと，さまざまなテスト刺激を呈示して，それらが「三角形かどうか」

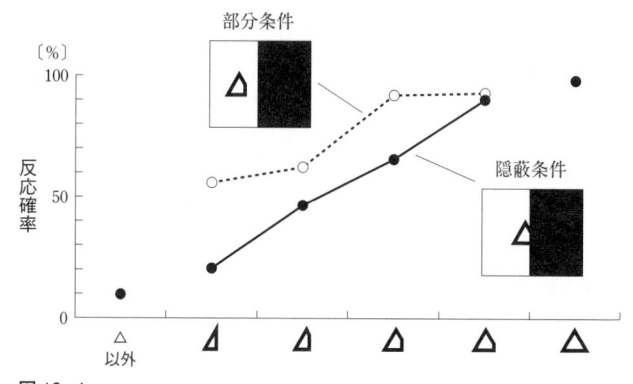

図 10-4
セレラ (1980)[4] の実験における，部分条件と隠蔽条件の刺激と各条件のテスト結果（3個体平均）

（Cerella, 1980[4] における個体ごとのデータをもとに作成）

をハトに答えさせている。具体的には，**図 10-4** の「隠蔽条件」のように，三角形が大きな黒い長方形に一部隠されたような刺激を24試行，「部分条件」のように，「隠蔽条件」で見えている部分が，黒い長方形から離れた刺激を24試行，プローブ試行としてそれぞれランダムに438試行の間に挿入した。なお，これらテスト2条件では，つついても餌が与えられなかった。10日間このテストを実施し，どのぐらいの割合で反応したかが算出された。ヒトにとって**図 10-4** の隠蔽条件の三角形は，一部が隠された三角形のように見える。これは，別の図形に隠蔽された部分を知覚的に補完しているからである。一方で，見えている部分は同じでも，隠している図形（黒い長方形）から離した部分条件では，補完処理は働かず，三角形のように見えない。もしハトがヒトと同じように補完をするならば，「三角形かどうか」を答えることができるようになったハトは，隠蔽条件では画面をつつき，部分条件では画面をつつかないだろう。

　図 10-4 の折れ線グラフは，刺激ごとの反応確率（1試行につき1回反応すればいいので，各条件240試行中何試行反応したかの割合）の3個体平均を示したものである。ハトの反応確率は，隠蔽条件よりも部分条件において多かった。このことは，筆者らの実験と同様，ハトが知覚的補完をしていないことを示している。

　隠蔽条件でも部分条件でも，三角形の見えている部分が大きいほど，反応

確率が高くなっている。このことから，おそらくハトは，見えている部分がどれほど三角形に似ているか，という基準で反応していたと考えられる。そして，大きな黒い長方形から，三角形に似た部分が離れていることも重要な点だったようだ。セレラ（1980）[4]によれば，実験に用いた刺激は，3次元でも2次元でも，いずれに解釈しても弁別できる刺激であり，より単純な解釈として2次元的な解釈をハトは採択したのだろうと考察している。確かに，アモーダル補完は，2次元上の刺激に3次元で奥行きを知覚することを内包している。あとで紹介する藤田と牛谷（Fujita & Ushitani, 2005）[13]の実験からもわかるように，ヒトの場合は，2次元の図であっても，自動的に，あるいは不可避に，3次元的な解釈を採択する傾向がある。これについては明確な種差であると断言できよう。

go/no-go課題のさらなる方法については，訓練後に弁別を維持させながらプローブ試行でテストする方法以外に，変動間隔スケジュール（VIスケジュール）などで特定の刺激に高頻度で反応することを訓練した後，完全に餌が与えられないセッションでどのぐらい反応が維持されるかを測る方法もある。このタイプのgo/no-go課題を利用した視知覚研究については，ハトがどのような情報を手がかりに複数の動画を弁別しているかについて調べた実森ら（Jitsumori et al., 1999）[19]の研究を参照してほしい。

6. 条件性位置弁別課題

go/no-go課題には批判もある。セクラーら（Sekuler et al., 1996）[32]は，第一に，セレラ（1980）[4]のようなgo/no-go課題では，ある刺激に対して被験体が反応しなかったとき，それが"S−"と似ていると判断されたのか，それともいずれの訓練刺激とも似ていないと判断されたのか，この二つを切り分けることができないと批判している。第二に，テストで初めて登場する新奇刺激でありながら，明らかに訓練刺激と同じように分類できるものを呈示し，テストの有効性を確認する必要があるとも論じている。

セクラーらは，図10-5のような完全な円と一部欠けた円の弁別を訓練した。中央に7.5×7.5 cmの正方形のスクリーンがあり，両脇に直径2 cmの円形のキーがある装置で，中央のスクリーンに長方形が呈示された。これと同

時に，長方形の周囲の8カ所のいずれかに完全な円か一部欠けた円が呈示された。ハトがスクリーンを12回つつくと，左のキーが黄色に，右のキーが青色に点灯する。スクリーンの刺激が完全な円のときには左のキーをつつくと，正答として餌が呈示され，右をつつくと10秒間のタイムアウトになった。逆に，一部欠けた円のときには，右のキーが正答となった。4羽中2羽は，正解が逆になっており，完全な円に対しては右，欠けた円に対しては左を正答とした。この課題は，先行して呈示される刺激（条件刺激）の種類によって，左右（弁別刺激）への反応を変える必要があるので，先に紹介した見本合わせ課題と同じように，条件性弁別課題の一種である。ただし弁別刺激が位置なので，「条件性位置弁別課題」(conditional position discrimination task) と特に呼ばれている。この実験では，位置に対して色が固定されているため，ハトは「完全な円は黄色」といった具合に，色を手がかりにしても反応することができ，条件性色弁別課題とも言えるが，「位置弁別」「色弁別」という課題の名前にかかわらず，この実験の主眼は完全な円と欠けた円という条件刺激の弁別であることに注意してほしい。

訓練後のテストで，セクラーら（1996）[32] は 図10-5 のグラフの下に示し

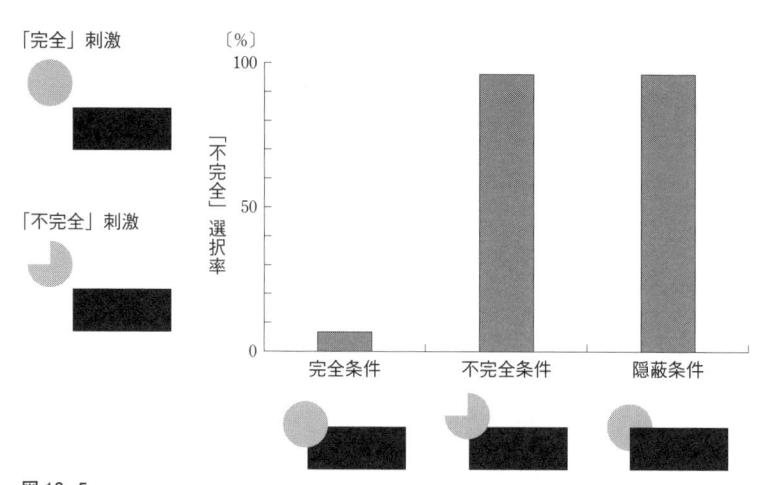

図 10-5
セクラーら（1996）[32] の実験における，2種類の訓練刺激（グラフの左側），および3種類のテスト刺激（グラフの下）とそれぞれの「不完全刺激」と判断された割合
刺激は一例で，円刺激と欠けた円刺激は，長方形の上下左右，斜めの計8カ所のいずれかにランダムに出現した。　　　　　　　　　　（Sekuler et al., 1996[32]）をもとに作成

たような刺激を呈示している。すなわち，完全条件と不完全条件では，それぞれ完全な円と一部欠けた円が長方形の上に一部重なるように呈示されている。これらは，テストで初めて呈示される新奇な刺激でありながら，完全な円か欠けた円かが明瞭な刺激であり，テストの有効性を確認するために使われる。一方の隠蔽条件では，円の一部は長方形に隠された状態で呈示されている。この場合，知覚的に補完しなければ，見えている部分は欠けた円と同じなので，欠けた円に対応するキーに反応することになるはずだ。他方もしハトが補完できるならば，長方形の背後に完全な円を知覚することになり，完全な円に対応するキーに反応するはずである。また，セレラ（1980）[4]の実験とは違い，隠蔽条件の図形が完全な円でも欠けた円でもない別の刺激として知覚されている場合には，反応はなくなってしまうのではなく，各キーに対して約50％の頻度でハトは反応するだろう。これらのテストは，各条件4試行ずつ合計12試行，通常の訓練（ベースライン）の52試行中に混ぜて呈示された。完全条件と不完全条件は正解があるので，正答すれば強化し，誤答にはタイムアウトを与えたが，隠蔽条件ではハトがどちらのキーに反応しても強化もタイムアウトも与えなかった。

図10-5に示した結果は，テスト4セッション中の，欠けた円に対応するキーに反応した割合である。完全条件では低く，不完全条件では高くなっており，長方形に円が重なっている新奇条件であっても正しく反応できていることがわかる。つまり，テストは有効であると言える。一方，隠蔽条件では，欠けた円に反応した割合が多くなった。これは，ハトが，一部隠された円を補完せず，欠けた円のように知覚していることを示唆している。またしても，ハトが知覚的補完した証拠は示されなかった。

7. 視覚探索　　　　　反応時間を指標とする方法

藤田と牛谷（2005）[13]は，さらに別の方法を用いてハトにおける知覚的補完を調べている。一般に，ランダムに散らばった複数の刺激から特定の刺激を探し出す課題を視覚探索（visual search）と呼ぶ。視覚探索においては，探し出すべき特定の刺激を標的，またはターゲット（target）と呼び，その他の刺激は，妨害刺激（distractor）と呼ぶ。あらかじめ呈示される見本に対し

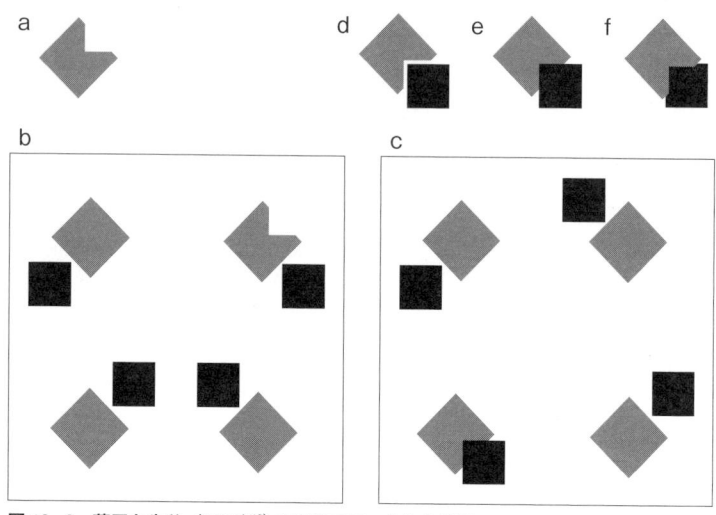

図 10-6　藤田と牛谷（2005）[13] の実験で用いられた刺激

a. ターゲットである一部の欠けたひし形。
b. 訓練場面の例。右上の欠けありひし形に反応すると報酬が与えられた。
c. テストの実験条件。左下に欠けたひし形があるが，ヒトでは自動的に補完が起こることで反応時間が長くなる。
d〜f. テストの実験条件と統制条件におけるターゲットの例。dやfでは補完が起こらないが，eでは補完が起こる。

（Fujita & Ushitani, 2005[13] をもとに作成）

て，どれを選ぶか，が問題となる見本合わせ課題とは違い，視覚探索課題では，同時に呈示される複数の刺激から，あらかじめ決められたルールに従って，刺激を選ぶことになる。あらかじめ決められた特定の刺激を選ぶ場合もあるが，複数の中で一つだけ異なるものを選ばせる場合もある。いずれにせよ，選ぶべきものは決まっているので，訓練ではその選ぶべきものを探索し反応することを十分に学習させ，テストでは「何を選ぶか」ではなく，選択までの時間（反応時間：reaction time）を複数の状況下で比較することに主眼がおかれる。藤田と牛谷の課題は，図 10-6 の a のような，一部が欠けたひし形をターゲット，欠けていないひし形を妨害刺激として探索することであった。

図 10-6 で b の中から欠けたひし形を探索するのは簡単だ。しかし，c のようにひし形の欠けた部分に別の正方形がくっつくと，ヒトの反応時間は長くなることが知られている（Rauschenberger & Yantis, 2001[28]；Rensink & Enns, 1998[30]）。これは，欠けた部分に別の図形があるという単純な理由では

ないのは，d，e，f を比較することによって証明できる。d では，欠けた部分に正方形があるが，輪郭が接していない。f では，欠けた部分が正方形の「手前」にある。これら二つのパターンでは，いずれも補完は起こらない。c で欠けたひし形を見つけるのに反応時間が長くなるのは，e のように欠けた部分に正方形が接することにより，欠けた部分を補完して，正方形の背後に完全なひし形があると知覚してしまうからである。

　先述の牛谷ら（2001）[40] の実験のような選択場面，つまり「何を選ぶか」という状況下では，ハトはどうしても部分的な特徴に基づいて判断する傾向があるのかもしれない。しかし，今回の視覚探索を用いた課題では，ハトに選択の余地はない。特定の刺激への反応時間を指標とすることで，選択行動には表れにくい認知過程の影響を，より自然な形で引き出すことができるかもしれない。

　藤田と牛谷（2005）[13] は，まず，三つの完全なひし形と一つの欠けたひし形を並べ，欠けたひし形を選択することをハトに訓練した。試行が始まると，画面中央に四角形が呈示され，これに反応すると，画面にひし形が四つ呈示される（場所によって反応時間が異ならないように，最初に出る四角形に対して観察反応を要求することは重要である）。欠けたひし形を選択すると餌が3秒間だけ呈示され，ハトは食物を得ることができた。完全なひし形を選ぶと，10秒間のタイムアウトとなる。テスト時には，欠けたひし形の欠けた部分に正方形が接して呈示されることになるが，この調べたい点だけが訓練と異なっているようにするため（p.231 囲み「動物の認知を調べる実験の実施に伴う注意点」参照），訓練時からすべてのひし形の横に正方形が呈示されるようにした。80％以上の正答率になった時点で訓練を終了し，テストに移行する。テストでは，図10-6 の c のように，欠けた部分に正方形がピッタリと接しているものがターゲットとなる試行が挿入された。また，統制条件として，欠けた部分に接することなく近い位置に正方形が置かれた図形（d）を探索する条件，欠けた部分が正方形の手前にある図形（f）を探索する条件を，それぞれ同数挿入した。

　ヒトを実験参加者としてテストした結果，先行研究（Rensink & Enns, 1998[30]；Rauschenberger & Yantis, 2001[28]）で示されたように，補完が生起する条件（c）では反応時間が長くなることが示された。一方，ハトを被験体

とするテストの結果，条件間の差はほとんどなかった。ヒトは自動的に知覚的補完をしてしまうため，ターゲットである欠けたひし形を探す上では不利となり，反応時間が長くなる。逆にハトは，補完することなく，見えたままの情報を使うため，この場面では有利に速く課題を達成することができたと言えよう。

8. 知覚的補完における訓練の効果

このようにハトの知覚的補完の研究は，否定的な結果を示したものが多いが，ディピエトロら (DiPietro et al., 2002)[6] は，知覚的補完に訓練の効果があるという報告をしている。

ディピエトロら (2002)[6] は，アーチ型・樽型・サイコロ型・くさび型の4種類の図形の条件性位置弁別をハトに訓練した。この4種類の図形は，ジオン (Biederman, 1987)[2] と呼ばれるものから選ばれており，さらにそれぞれ陰 (shade) がついているため，立体的に見える。図10-7aは，サイコロ型を例として再現したものである。刺激の横（上下左右）にはレンガ壁模様もあわせて呈示されていた。これらの刺激の呈示される中央のスクリーンの四隅には，円形のキーがあり，それぞれ，アーチ型・樽型・サイコロ型・くさび型に対応している。ハトが中央の刺激に5〜50回の観察反応をすると，四隅のキーが光り，ハトが正しいキーに反応すると餌が与えられた。

訓練は，1セッションは，4（ジオン）×4（レンガ壁の位置：上下左右）×10＝160試行で，この訓練が完成した後，ディピエトロらは図10-7b〜eのようなレンガ壁模様がジオンと"重なる"4種類の条件をプローブ試行でテストした。bの「隠蔽条件」は，ジオンはレンガ壁に一部隠されている。cの「分離条件」は，隠蔽条件の見える部分だけをレンガ壁から離しておいたもので，セレラ (1980)[4] の「部分条件」と似ている。dの「切り取り条件」は，レンガ壁とジオンが重なっているが，ジオンの周囲のレンガ壁を「切り取った」ように見せている。eの「手前条件」は，隠蔽条件とはジオンとレンガ壁の位置が逆で，レンガ壁がジオンに一部隠されたものである。合計で4（ジオン）×4（レンガ壁の位置）×4（刺激条件）＝64刺激のテストがあり，このうち32試行を1セッション中に挿入している。テストは20セッション行っ

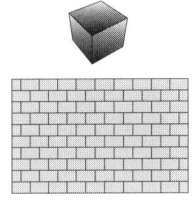

図 10-7
ディピエトロら（2002）[6]の実験における，訓練条件aとテスト条件b〜eの刺激例
レンガ壁模様の位置は，ジオンの上下左右，4条件あった。ジオンの形状は，ここではサイコロ型のみを描いたが，実際にはこれ以外に3種類のジオンが条件刺激として用いられた。　　　　　　　　　　　　　　　（DiPietro et al., 2002[6] をもとに作成）

たので，各刺激について10回ずつテストしたことになる。

　これらプローブ試行では，正答か否かにかかわらずどのキーに反応しても餌が呈示された（全強化）。ハトが隠れた部分を知覚的に補完するならば，隠蔽条件でも，各ジオンに対して正しいキーを選択できるはずである。一方の分離条件は，訓練のどのジオンにも似ていないので，成績が落ちることが予想される。しかしハトでもし補完が生じないならば，隠蔽条件での成績も落ちることになるだろう。切り取り条件・手前条件は，いわば統制条件で，いずれも正しいキーに反応できると予測される。

　図 10-8 のグレーの棒グラフは，最初のテストの結果を示している。隠蔽条件の正答率は，テスト時の訓練条件より低く，ハトが補完しないことを示している。分離条件・切り取り条件では，訓練条件ほどではないものの成績は落ちなかった。さらに奇妙なことに，手前条件でも成績が悪かった（この事実は，Ushitani et al., 2001[40] の実験2でも示されている）。この課題では，レンガ壁部分をジオンから分離し，無視することが必要だが，ハトにはそれが困難であることが推察される。

　ディピエトロらは，続けて手前条件でも訓練を行った。すると，図 10-8 の白の棒グラフに示すように，隠蔽条件でも正答率が向上したのである。彼

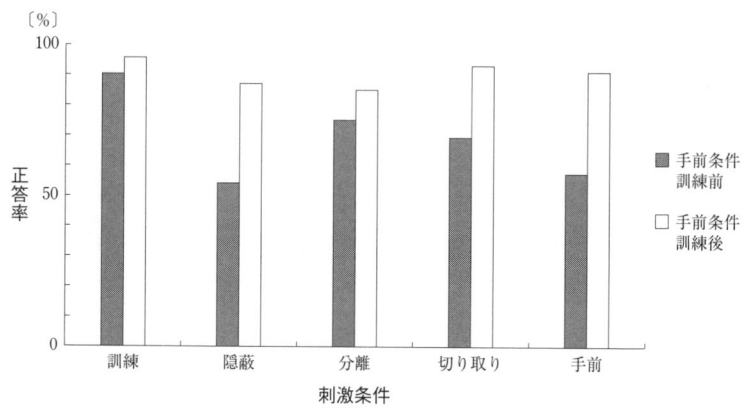

図 10-8 ディピエトロら（2002）[6] の実験結果
縦軸は，各条件において，各ジオンに対応する正しいキーに反応した割合（4個体平均）。
（DiPietro et al., 2002[6] をもとに作成）

らによれば，手前条件での訓練によって，ジオンをレンガ壁という背景から3次元的に分離することに成功した可能性を挙げている（Lazareva et al., 2007[22] も参照）。しかし，もっと簡単な説明もできる。レンガ壁の「手前」であろうが「向こう」であろうが，レンガ壁と重なっている部分は無視し，白い背景上に出た局所的な手がかりだけを使って弁別することを学習したのかもしれない。このことは，①手前条件での訓練は，もともと背景から分離されている分離条件・切り取り条件での成績も向上させていること，②図10-8 には示していないが，この後の別のジオンや背景を導入したテストでは，やはり隠蔽条件・手前条件での困難が示されたこと，から支持されるだろう。

ハトの知覚的補完は，これまで紹介した以外にもさまざまなものがある。オーストとフーバー（Aust & Huber, 2006）[1]，清水（Shimizu, 1998）[34]，牛谷と藤田（Ushitani & Fujita, 2005）[39]，渡辺と古屋（Watanabe & Furuya, 1997）[44] の研究は，いずれもハトや餌の写真といった，ハトにとって意味のある画像を用いたが，知覚的補完に関する証拠は得られなかった。一方，長坂ら（Nagasaka et al., 2007）[24] は，ある種の経験によって知覚的補完が促進される可能性を指摘しているが，少なくとも特殊な訓練なしにハトが知覚的補完の証拠を示すのは，非常に希有であるようだ。ただし，長坂とワッサーマン（Nagasaka & Wasserman, 2008）[26] の研究は，条件設定に検討の余地を

残すものの，特殊な訓練を経ずに，動画を使うことでハトにおける知覚的補完の可能性を示している。

藤田と牛谷（2005）[13]と牛谷と藤田（2005）[39]は，ハトが知覚的補完に困難を示す理由として，①トリは飛ぶことで，脳を小さく軽くする必要があり，処理リソースから余分な機能を省くため，②動き，かつ自ら隠れる動物を採餌しないため，③高速情報処理の必要性から，部分的な特徴の処理を優先したため，といった可能性を挙げている（牛谷，2006[38]も参照）。これらの可能性が正しいかは，生態学的環境の異なるより広範な種との比較が不可欠だが，いずれにせよ，知覚的補完に見られる大なり小なりの種差は，単なる偶然ではなく，それぞれの生態学的な適応の結果として生まれた多様性の表れであることは疑いない。

9. チンパンジー以外の動物を対象とした知覚的補完

チンパンジーやハト以外の動物が，隠れた部分を知覚的に補完するだろうか？ 霊長類では，アカゲザル（Fujita, 2001）[11]，ギニアヒヒ（Deruelle et al., 2000）[5]；Fagot et al., 2006[8]），リスザル（長坂・長田，2000）[25]，フサオマキザル（Fujita & Giersch, 2005）[12]の研究がある。さらにヒトから遠縁にあたる動物では，カニッツァら（Kanizsa et al., 1993）[20]がマウス（ハツカネズミ）を，ソヴラーノとビザッツァ（Sovrano & Bisazza, 2008）[35]が魚類のハイランドカープ（英名：Redtail splitfin）を調べた。

ハト以外の鳥類では，ジュウシマツを用いた高橋と岡ノ谷（高橋・岡ノ谷，2000）[36]，ニワトリを用いたフォークマン（Forkman, 1998）[9]，リーら（Lea et al., 1996）[23]，中村ら（Nakamura et al., 2010）[27]，レゴリンとバローティガラ（Regolin & Vallortigara, 1995）[29]の研究があるので，参照されたい。

第3節 発達研究との接点

　チンパンジーにおける知覚的補完を調べた佐藤ら（1997）[31]と乳児における知覚的補完を調べたケルマンとスペルキ（Kellman & Spelke, 1983）[21]は，前者は条件性弁別課題，後者は馴化−脱馴化法を用いており，課題はまったく異なるが，同じ構造をしている。ケルマンとスペルキ（1983）[21]は，4カ月齢のヒト乳児に佐藤らの用いた「共動条件」または「固定条件」のような刺激（図10-3）を呈示し，馴化させた。テストでは，佐藤らの用いた1本棒と2本棒のような刺激を交互に呈示した。「固定条件」に馴化した乳児は，テストにおいて選好を示さなかったが，「共動条件」に馴化した乳児は，2本棒に対する強い選好を示した。このことは，「共動条件」を観察した乳児が，1本棒を知覚していたこと，つまり，乳児が知覚的に隠れた部分を補完していたことを示唆している。

　佐藤ら（1997）[31]の手続きは，1本棒と2本棒の弁別を訓練することで，見本刺激が1本棒か2本棒かを答えるボタンをチンパンジーに与えたのと同じだ。ケルマンとスペルキ（1983）[21]の手続きもまた，1本棒と2本棒をテストで呈示することで，馴化段階で見た刺激が1本棒か2本棒かを乳児に答えさせているのと同じである（ただし，佐藤らの研究では被験者内比較，ケルマンとスペルキの研究では被験者間比較である）。これは，言語教示や言語報告ができない乳児や若年齢の幼児を対象とした発達研究と，やはり同じように言語教示できないヒト以外の動物を対象とした比較研究とは，方法を互いに翻訳して利用することができる可能性を示すよい例である。つまり，実験条件や統制条件の刺激や手続きを計画するとき，比較研究は発達研究を，発達研究は比較研究を参考にすることができると言えるだろう。比較研究と発達研究は，今後ますます相互交流し，互いの領域の発展のために資することが期待される。

【引用文献】

1) Aust, U., & Huber, L. (2006). Does the use of natural stimuli facilitate amodal completion in pigeons? *Perception*, **35**, 333–349.
2) Biederman, I. (1987). Recognition-by-components：A theory of human image understanding. *Psychological Review*, **94**, 115–147.
3) Carter, D. E., & Werner, T. J. (1978). Complex learning and information processing by pigeons：A critical analysis. *Journal of the Experimental Analysis of Behavior*, **29**, 565–601.
4) Cerella, J. (1980). The pigeon's analysis of pictures. *Pattern Recognition*, **12**, 1–6.
5) Deruelle, C., Barbet, I., Dépy, D., & Fagot, J. (2000). Perception of partly occluded figures by baboons (*Papio papio*). *Perception*, **29**, 1483–1497.
6) DiPietro, N. T., Wasserman, E. A., & Young, M. E. (2002). Effects of occlusion on pigeons' visual object recognition. *Perception*, **31**, 1299–1312.
7) Donovan, W. J. (1978). Structure and function of the pigeon visual system. *Physiological Psychology*, **6**, 403–437.
8) Fagot, J., Barbet, I., Parron, C., & Deruelle, C. (2006). Amodal completion by baboons (*Papio papio*)：Contribution of background depth cues. *Primates*, **47**, 145–150.
9) Forkman, B. (1998). Hens use occlusion to judge depth in a two-dimensional picture. *Perception*, **27**, 861–867.
10) 藤田和生 (1998). 比較認知科学への招待──「こころ」の進化学　ナカニシヤ出版
11) Fujita, K. (2001). Perceptual completion in rhesus monkeys (*Macaca mulatta*) and pigeons (*Columba livia*). *Perception and Psychophysics*, **63**, 115–125.
12) Fujita, K., & Giersch, A. (2005). What perceptual rules do capuchin monkeys (*Cebus Apella*) follow in completing partly occluded figures? *Journal of Experimental Psychology*：*Animal Behavior Processes*, **31**, 387–398.
13) Fujita, K., & Ushitani, T. (2005). Better living by not completing：A wonderful peculiarity of pigeon vision? *Behavioural Processes*, **69**, 59–66.
14) 後藤和宏・牛谷智一 (2008). 動物心理学における「比較」論争の整理と展望　動物心理学研究, **58**, 77–85.
15) Hendricks, J. (1966). Flicker thresholds as determined by a modified conditioned suppression procedure. *Journal of the Experimental Analysis of Behavior*, **9**, 501–506.
16) Hodos, W., Leibowitz, R. W., & Bonbright, J. C., Jr. (1976). Near-field visual acuity of pigeons：Effects of head location and stimulus luminance. *Journal of the Experimental Analysis of Behavior*, **25**, 129–141.
17) Husband, S., & Shimizu, T. (2001). Evolution of the avian visual system. In R. G. Cook (Ed.), *Avian visual cognition* [On-line]. Available：www.pigeon.psy.tufts.edu/avc/husband/
18) Jitsumori, M. (1976). Anomaloscope experiment for a study of color mixture in the pigeon. *Japanese Psychological Research*, **18**, 126–135.

19) Jitsumori, M., Natori, M., & Okuyama, K. (1999). Recognition of moving video images of conspecifics by pigeons : Effects of individuals, static and dynamic motion cues, and movement. *Animal Learning and Behavior*, **27**, 303-315.
20) Kanizsa, G., Renzi, P., Conte, S., Compostela, C., & Guerani, L. (1993). Amodal completion in mouse vision. *Perception*, **22**, 713-721.
21) Kellman, P. J., & Spelke, E. S. (1983). Perception of partly occluded objects in infancy. *Cognitive Psychology*, **15**, 483-524.
22) Lazareva, O. F., Wasserman, E. A., & Biederman, I. (2007). Pigeons' recognition of partially occluded objects depends on specific training experience. *Perception*, **36**, 33-48.
23) Lea, S. E. G., Slater, A. M., & Ryan, C. M. E. (1996). Perception of object unity in chicks : A comparison with the human infant. *Infant Behavior and Development*, **19**, 501-504.
24) Nagasaka, Y., Lazareva, O. F., & Wasserman, E. A. (2007). Prior experience affects amodal completion in pigeons. *Perception and Psychophysics*, **69**, 596-605.
25) 長坂泰勇・長田佳久 (2000). 動物における主観的輪郭, 非感性的補完および透明視の知覚　動物心理学研究, **50**, 61-73.
26) Nagasaka, Y., & Wasserman, E. A. (2008). Amodal completion of moving objects by pigeons. *Perception*, **37**, 557-570.
27) Nakamura, N., Watanabe, S., Betsuyaku, T., & Fujita, K. (2010). Do bantams (Gallus gallus domesticus) experience amodal completion? An analysis of visual search performance. *Journal of Comparative Psychology*, **124**, 331-335.
28) Rauschenberger, R., & Yantis, S. (2001). Masking unveils pre-amodal completion representation in visual search. *Nature*, **410**, 369-372.
29) Regolin, L., & Vallortigara, G. (1995). Perception of partly occluded objects by young chicks. *Perception and Psychophysics*, **57**, 971-976.
30) Rensink, R. A., & Enns, J. T. (1998). Early completion of occluded objects. *Vision Research*, **38**, 2489-2505.
31) Sato, A., Kanazawa, S., & Fujita, K. (1997). Perception of object unity in a chimpanzee (*Pan troglodytes*). *Japanese Psychological Research*, **39**, 191-199.
32) Sekuler, A. B., Lee, J. A., & Shettleworth, S. J. (1996). Pigeons do not complete partly occluded figures. *Perception*, **25**, 1109-1120.
33) 七田芳則 (2001). 光受容の進化　日本動物学会関東支部 (編) 生き物はどのように世界を見ているか　学会出版センター
34) Shimizu, T. (1998). Conspecific recognition in pigeons (*Columba livia*) using dynamic video images. *Behaviour*, **135**, 43-53.
35) Sovrano, V. A., & Bisazza, A. (2008). Recognition of partly occluded objects by fish. *Animal Cognition*, **11**, 161-166.
36) 高橋美樹・岡ノ谷一夫 (2000). ジュウシマツにおける視覚的"補完"――生態学的アプローチ　動物心理学研究, **50**, 300.
37) Tomonaga, M., & Imura, T. (2010). Pacman in the sky with shadows : The

effect of cast shadows on the perceptual completion of occluded figures by chimpanzees and humans. *Behavioral and Brain Functions*, **6**, 38.（Available online：doi：10.1186/1744-9081-6-38）
38) 牛谷智一（2006）．Comparative perception の新たな展開 —— 視覚体制化をめぐって　*Vision*, **18**, 135-142.
39) Ushitani, T., & Fujita, K.（2005）．Pigeons do not perceptually complete partly occluded photos of food：An ecological approach to the "pigeon problem". *Behavioural Processes*, **69**, 67-78.
40) Ushitani, T., Fujita, K., & Yamanaka, R.（2001）．Do pigeons（*Columba livia*）perceive object unity? *Animal Cognition*, **4**, 153-161.
41) 牛谷智一・後藤和宏（2008）．動物心理学における進化論的アプローチは可能か？——後藤・牛谷（2008）への意見論文に対する回答　動物心理学研究, **58**, 103-109.
42) Ushitani, T., Imura, T., & Tomonaga, M.（2010）．Object-based attention in chimpanzees（*Pan troglodytes*）. *Vision Research*, **50**, 577-584.
43) 渡辺茂（1997）．ハトがわかればヒトがみえる —— 比較認知科学への招待　共立出版
44) Watanabe, S., & Furuya, I.（1997）．Video display for study of avian visual cognition：From psychophysics to sign language. *International Journal of Comparative Psychology*, **10**, 111-127.
45) Wright, A. A.（1972）．Psychometric and psychophysical hue discrimination function for the pigeon. *Vision Research*, **12**, 1447-1464.
46) Wright, A. A., & Cumming, W. W.（1971）．Color-naming functions of the pigeon. *Journal of the Experimental Analysis of Behavior*, **15**, 7-17.

人名索引

ア行

アスリン（Aslin, R. N.） 38
アグリオティ（Aglioti, S.） 107
アサルノ（Asarnow, R. F.） 86
アスリン（Aslin, R. N.） 63
アトキンソン（Atkinson, J.） 12, 35, 79
アドラー（Adler, S. A.） 81
アボット（Abbott, D. H.） 159
アリオト（Alioto, A.） 63
アルタベリー（Arterberry, M. E.） 95, 96, 107, 127
アンサリ（Ansari, D.） 216
アンスティス（Anstis, S. M.） 18
イアロッシ（Iarocci, G.） 84
今井むつみ 176, 179, 181, 182
伊村知子 49
イン（Yin, R. K.） 123
イングラム（Ingram, J. C.） 146
ヴァレンザ（Valenza, E.） 80, 113
ウィマー（Wimmer, H.） 22
ウィルソン（Wilson, H. R.） 42
ウイン（Wynn, K.） 199, 206, 207, 209
ウィンスロー（Winslow, J. T.） 161
ヴェセラ（Vecera, S. P.） 80
ヴェルナー（Werner, T. J.） 231
ウォーカー（Walker, A. S.） 128
ウォーターズ（Waters, S. E.） 99, 100, 101, 102, 107
ウォード（Ward, L. M.） 78
ウォルフ（Wolfe, J.） 88
牛谷智一 230, 237, 240
ウッドラフ（Woodruff, G.） 21
ウラー（Uller, C.） 216
オースト（Aust, U.） 244
大塚由美子 47, 129, 131
岡ノ谷一夫 245
小椋たみ子 176, 177, 178
長田佳久 245
オトゥール（O'Toole, A. J.） 128
オプレシオ（Orprecio, J.） 81
オリオーダン（O'Riordan, M. A.） 87

カ行

カーター（Carter, D. E.） 231
カーター（Carter, C. S.） 85
カーネマン（Kahneman, D.） 212
カヴァゼク（Kavšek, M. J.） 104
カヴァナー（Cavanagh, P.） 18
カウフマン（Kaufman, E. L.） 211
カウフマン（Kaufmann, F.） 38
梶川祥世 69
金沢創 45
カニッツァ（Kanizsa, G.） 245
カミロフ=スミス（Karmiloff-Smith, A.） 216
カミング（Cumming, W. W.） 232
カラテキン（Karatekin, C.） 86
ガリステル（Gallistel, C. R.） 196, 211
カレイ（Carey, S.） 124, 214, 216
キャロル（Carroll, K. A.） 155
キャンフィールド（Canfield, R. L.） 201
キンズラー（Kinzler, K. D.） 216
クイン（Quinn, P. C.） 81, 119
クーパー（Cooper, R. G., Jr.） 197, 210
クーパー（Cooper, R. P.） 63
クラージュ（Courage, M. L.） 84, 86
クライナー（Kleiner, K.） 114
クライン（Klein, R. M.） 87
グラハム（Graham, S. A.） 185
グランラド（Granrud, C.） 106
グリーンウェイ（Greenaway, R.） 88
クロヘシー（Clohessy, A. B.） 79
ケヴェルヌ（Keverne, E. B.） 142
ゲラド（Gelade, G.） 76
ケリー（Kelly, D. J.） 119
ケルマン（Kellman, P. J.） 246
ゲルマン（Gelman, R.） 196, 211, 216

250

ゲントナー（Gentner, D.） 172, 174, 186
コーエン（Cohen, L. B.） 208
コーエン（Cohen, Y.） 75
小林哲生 204, 208, 216
ゴリンコフ（Golinkoff, R. M.） 63, 185
ゴレン（Goren, C.） 113
コロンボ（Colombo, J.） 81

サ行

サケット（Sackett, G.） 148
佐藤明 226, 230
サフラン（Saffran, J. R.） 63, 66, 67
ザヘッド（Zahed, S. R.） 151
サラパテク（Salapatek, P.） 113
ザルツマン（Saltzman, W.） 159
サンチェス（Sánchez, M. M.） 161
シ（Shi, R.） 63
シーズ（Sheese, B. E.） 80
シェア（Shea, S. L.） 38
志澤康弘 148, 150
実森正子 232, 237
清水透 244
シミョン（Simion, F.） 80, 113, 114, 116, 118, 125
ジャンセン（Jensen, G. D.） 148
シュウ（Xu, F.） 200
ジュシック（Jusczyk, P. W.） 66
シュワイリ（Shuwairi, S. M.） 99, 100, 102, 104, 107
ジョニデス（Jonides, J.） 75, 77
ジョン・ロック（John Lock） 62
ジョンソン（Johnson, M. H.） 79, 80, 112, 113
白井述 42
シレトネ（Sireteanu, R.） 81
スオミ（Suomi, S. J.） 148
鈴木光太郎 216
スターキー（Starkey, P.） 197, 202
ステイジャー（Stager, C. L.） 69
スペルキ（Spelke, E. S.） 196, 200, 205, 215, 216, 246
スペンサー＝ブース（Spencer-Booth, Y.） 145

スペンス（Spence, M. J.） 62
スミス（Smith, E. G.） 201
スレーター（Slater, A.） 125
ゼア（Zehr, J. L.） 158
セイ（Seay, B.） 152
セクラー（Sekuler, A. B.） 237, 238
セレラ（Cerella, J.） 235, 236
ソヴラーノ（Sovrano, V. A.） 245

タ行

ターディフ（Tardif, T.） 175
ダイアモンド（Diamond, R.） 124
高橋美樹 245
タナカ（Tanaka, J. W.） 123
ダンツィグ（Dantzig, T.） 195
ダンネミラー（Dannemiller, J. L.） 38
チェン（Qian, N.） 45
チャーチ（Church, R. M.） 213
鶴原亜紀 99, 102, 103, 104, 107
ティーズ（Tees, R. C.） 64
ティーセン（Thiessen, E. D.） 63
ディピエトロ（DiPietro, N. T.） 242, 243
テウエス（Theeuwes, J.） 77
デーヴィス（Davis, H.） 195
デキャスパー（DeCasper, A. J.） 62
デショーネン（de Schonen, S.） 120
デットリング（Dettling, A. C.） 162
デネット（Dennett, D. C.） 21
デハーン（Dehaene, S.） 201, 216
デハン（de Haan, M.） 130
テラー（Teller, D. Y.） 8
デルエル（Deruelle, C.） 245
ドゥアンヌ（Dehaene, S.） 215, 216
トゥラティ（Turati, C.） 113, 117
ドナルドソン（Donaldson, M.） 196
ドノヴァン（Donovan, W. J.） 232
トレイスマン（Treisman, A. M.） 76
トレハブ（Trehub, S. E.） 64

ナ行

長坂泰勇 244, 245
中道正之 148, 149
中村哲之 245

251

ナカヤマ（Nakayama, K.）　77, 82
仲渡江美　132
ナネツ（Náñez, J. E.）　34, 95, 107
ニューマン（Numan, M.）　142
ヌネス（Nunes, S.）　160
根ケ山光一　147
ネルソン（Nelson, C. A.）　127

ハ行

バー＝ヘイム（Bar-Haim, Y. Z. T.）　119
バークソン（Berkson, G.）　154
ハーシュ＝パセック（Hirsh-Pasek, K.）　185
バーチ（Birch, E. E.）　46, 97, 100
バーテンサール（Bertenthal, B. I.）　32, 38
パーナー（Perner, J.）　22
バーリック（Bahrick, L. E.）　129
ハーロウ（Harlow, H. F.）　142, 152, 153
バイエル＝ベルグスマ（Weijer-Bergsma, E.）　88
ハインド（Hinde, R. A.）　145
ハインライン（Hainline, L.）　113
バウアー（Bower, T. G. R.）　95, 107
ハウザー（Hauser, M. D.）　216
パスカリス（Pascalis, O.）　120, 123
バターワース（Butterworth, B.）　216
バット（Bhatt, R. S.）　81, 99, 100, 101, 102, 107, 124
ハッペ（Happé, F.）　25, 84
林安紀子　69
針生悦子　176
バルディ（Bardi, M.）　160
バルト（Barth, H.）　215
バローティガラ（Vallortigara, G.）　245
バロン＝コーエン（Baron-Cohen, S.）　23
バンクス（Banks, M.）　114
ハンゼン（Hansen, E. W.）　150
バントン（Banton, T.）　32
ハンマーシュミット（Hammerschmidt, K.）　148

ピアジェ（Piaget, J.）　196
ビーダマン（Biederman, I.）　242
ビエルジャック＝バビック（Bijeljac-Babic, R.）　199
ビザッツァ（Bisazza, A.）　245
日比優子　83
ファゴット（Fagot, J.）　245
ファローニ（Farroni, T.）　117, 118, 127
ファンツ（Fantz, R. L.）　3, 97
フィールド（Field, T.）　126
フィッシャー（Fischer, J.）　148
フィファー（Fifer, W. P.）　62
ブース（Booth, A.）　172
フーバー（Huber, L.）　244
フェロン（Féron, J.）　204, 205
フォークマン（Forkman, B.）　245
フォルク（Folk, C. L.）　77
藤田和生　141, 237, 240, 245
フソン（Fuson, K.）　211, 215
ブッシュネル（Bushnell, I. W. R.）　113, 120
プライス（Pryce, C. R.）　154, 157
ブラッドベリ（Bradbury, A.）　38
ブラディック（Braddick, O. J.）　35
ブランドン（Brandone, A. C.）　188
フリードランド（Freedland, R. L.）　38
フリス（Frith, U.）　84
ブルッグマン（Bruggeman, H.）　107
古屋泉　244
プレイステッド（Plaisted, K.）　88
プレマック（Premack, D.）　21
ヘイゼル（Hazell, P. L.）　86
ベイラージャン（Baillargeon, R.）　205
ベーヴァ（Bever, T. G.）　196
ベセラ（Bezerra, B. M.）　159
ペラッセ（Perusse, R.）　195
ベルティン（Bertin, E.）　100, 102, 124
ヘルド（Held, R.）　97, 98, 100
ベンティン（Bentin, S.）　130
ヘンドリックス（Hendricks, J.）　232
ボウルビィ（Bowlby, J.）　140

252

ボーンスタイン（Bornstein, M. H.）127, 172
ポズナー（Posner, M. I.）75
ホドス（Hodos, W.）232
ポラン＝デュボワ（Poulin-Dubois, D.）185
ホリヒ（Hollich, G. J.）185
ボロディツキー（Boroditsky, L.）174, 186
本庄重雄　147

マ行

マークス（Marks, K. S.）208
マークマン（Markman, E. M.）176
マウラー（Maurer, D.）19, 112, 113
マエストリピエリ（Maestripieri, D.）142, 155, 156, 158, 160, 161
マクギャリグル（McGarrigle, J.）196
マクリンク（McCrink, K.）209
マグワイア（Maguire, M. J.）179, 180, 181, 184, 185
正高信男　150
馬塚れい子　69
松沢哲郎　142
マッチカッシア（Macchi Cassia, V.）115
マルコビッチ（Maljkovic, V.）77, 82
マンペ（Mampe, B.）62
ミュレーン（Mullane, J. C.）87
ミレフスキ（Milewski, A. E.）113
ムーニー（Mooney, C. M.）118
麦谷綾子　64, 69
メイ（Maye, J.）65
メイスン（Mason, D. J.）86
メイスン（Mason, W. A.）154
メーラー（Mehler, J.）196
メック（Meck, W. H.）213
メルツォフ（Meltzoff, A. N.）26
モートン（Morton, J.）112, 113

ヤ行

山口真美　49
ヤング（Young, R. E.）112
ヤンティス（Yantis, S.）77
吉田敦也　148, 149
ヨナス（Yonas, A.）49, 95, 96, 99, 104, 105, 106, 107

ラ行

ライト（Wright, A. A.）232
ライト（Wright, R. D.）78
ラインハート（Rinehart, N.）86
ラザラヴェ（Lazareva, O. F.）243
ランダウ（Landau, B.）176
リス（Rieth, C.）81
リチャード（Richards, J. E.）84, 86
リプトン（Lipton, J. S.）200, 215
ルードマン（Ludemann, P. M.）127
レイトン（Layton, D.）128
レーダー（Roder, B. J.）122
レオ（Leo, I.）118, 125
レゴリン（Regolin, L.）245
レペチ（Repetti, R. L.）140
ロイド＝フォックス（Lloyd-Fox, S.）131
ロヴェ＝コリアー（Rovee-Collier, C.）81
ロシオン（Rossion, B.）130
ロシャット（Rochat, P.）128

ワ行

ワーカー（Werker, J. F.）64, 69
渡辺茂　141, 244
ワックスマン（Waxman, S. R.）172, 176, 184
ワッサーマン（Wasserman, E. A.）244
ワッタン＝ベル（Wattam-Bell, J.）36, 39, 41

253

事項索引

ア行

アキュミュレータ仮説　213
アタッチメント（attachment：愛着）　140
アモーダル補完（amodal completion）　225
安定した順序（stable order）　211
威嚇行動　152
怒り表情　128
一語発話段階　177
1対1対応（one-to-one correspondence）　203, 211
一過性の（transient）視覚誘発電位　36
意図的な注意　80, 84
意図動詞　186
イベントリレーティッドデザイン　61
意味的要素　185
陰影（shading）　100, 102, 103, 104
因果的事象　204
インファントコントロール（infant control）　16, 115, 116, 120, 121
韻律特徴　62
ウェーバー比　201
運動からの構造復元（structure from motion）　95, 96
運動検出器　42
運動性奥行き手がかり　94, 95, 107
運動透明視　45
エイムズの窓　105
笑顔表情　127
エストラジオール-17β　157
オキシトシン　157
驚き　127
オブジェクト・ファイル仮説（object file model）　212
オペラント条件づけ（operant conditioning）　226, 227
音韻　62
　　――知覚　63
　　――の出現頻度分布　65
　　――配列規則　68
音節数　199
音節の遷移確率　66, 67

カ行

絵画的（奥行き）手がかり　94, 99, 100, 102, 103, 104, 106, 107
外側膝状体　114
概念的知識　188
概念発達　172
カウンターバランス（counterbalance）　231, 233
カウンティング（counting）　211
顔模式図形　112
核知識（core knowledge）　215
隔離実験　152, 153
重なり（interposition）　99, 100
数概念　196
数の抽象性（number abstraction）　202
数の等価性判断　203
下頭頂葉下部（inferior parietal cortex）　216
構えの切り替え　87
慣化（familiarization）　59, 121
感覚モダリティ　200
感覚様相間（モダリティ間）選好注視法（intermodal preferential looking paradigm：IPLP）　179
慣化手続き　121
眼球運動測定装置　9, 81
関係相対性（relational relativity）　174
関係名詞　186
観察反応（observing response）　233, 241
基数（cardinal number）　194
基数性（cardinality）　211
期待違反法（violation of expectation paradigm）　204
既知刺激への選好（familiarity preference）　122, 208
機能語　63
機能的磁気共鳴断層撮影（functional magnetic resonance imaging：fMRI）　61
肌理の勾配　94, 99

254

虐待　155
吸啜行動　55
吸啜反射　150
強化（reinforcement）　227
強弱のストレスパターン　66
強制選択選好注視法（forced-choice preferential looking method）　8
矯正手続き（correction procedure）　233
共同注意機構（Shared Attention Mechanism）　23
協同繁殖　144, 157
恐怖表情　127
局所情報　84
拒絶行動　145, 160
近赤外分光法（Near Infrared Spectroscopy：NIRS）　20, 60, 131
空間的な注意機能　85
具体的概念　174
具体名詞　186
グルーミング　160
形状類似バイアス　176
形容詞　172
経路動詞　186
言語学的知識　188
言語学的手がかり　185
言語入力　175
言語発達　172
語意学習　63, 68, 184
語彙獲得　170
語彙サイズ　172, 173
語彙チェックリスト法　175
語彙の構成　172
語彙発達　68
行為動詞　186
高振幅吸啜法（high-amplitude sucking procedure）　199
拘束行動　144
幸福表情　127
効率的探索（efficient search）　76, 81, 82, 86
心の理論（theory of mind）　21
心の理論機構（Theory of Mind Mechanism）　24
誤信念課題（false belief task）　23
固有名詞　177, 186

語用論的機能　178
コルチゾール　158, 162
コンスペック（CONSPEC）　114

サ行

最小運動法（mimimum motion method）　18
サッカード潜時（saccade latency）　81
サッカード反応　201
サッチャー錯視　124, 125
里子実験　155
左右半球差　61
サリーとアンの課題　23
酸化ヘモグロビン（Oxy-Hb）　131
視運動性眼振（optokinetic nystagmus：OKN）　18, 32, 35, 38
視覚経験　122
視覚探索（visual search）　75, 76, 77, 81, 239
視覚誘発電位（VEP）　32, 36, 38
刺激系列課題　80
試行間間隔（Intertrial Interval：ITI）　227
試行間促進（intertrial facilitation）効果　77, 82
志向性検出器（Intentionality Detector）　23
指示対象（referent）　195
事象関連電位　60
視線　118
視線検出器（Eye Direction Detector）　23
自然分割仮説（natural partition hypothesis）　174
失算症（dyscalculia）　216
実験条件（experimental conditioin）　229
膝状体視覚経路（geniculostriate pathway）　114
自発発話　175
事物全体制約　176
事物名詞　177
自閉症スペクトラム障害（autism spectrum disorder：ASD）　84
社会性　140
社会的隔離　141
社会行動　161

255

社会的選択テスト（social preference test） 148
社会的手がかり 185
社会的文脈 185
遮蔽 46
周辺手がかり法 75, 80, 85
収斂 232, 233
述部（predicate） 174
馴化（法） 78, 96, 101, 103, 120, 126
馴化-脱馴化法（habituation-dishabituation method） 13, 54, 81, 150, 197, 246
馴化手続き 120, 125
順序性（ordinality） 195, 210
上丘 114
条件刺激（conditional stimulus） 228, 233, 238
条件性位置弁別課題（conditional position discrimination task） 238
条件性弁別（conditional discrimination） 228, 233, 238, 246
条件づけ振り向き法 58
上側頭溝（STS） 20
常同行動 152
初期言語発達インベントリー（JCDIs） 177
初語 68
叙述的概念 174
序数（ordinal number） 194, 201
初歩的計算 206
処理容量 200
新奇選好（novelty preference） 13, 121
人種効果 122
身体的な暴行 155
心的動詞 186
遂行制御が関わる注意（executive attention）機能 80
随伴性 81
数覚（number sense） 215
数詞 203
数唱 211
数的対応づけ 204
数的手がかり 197
数的表象 203
スービタイジング（subitizing） 211

スクランブル顔 116, 117
ストレス 157, 162
ストレス反応 161
スマーティー課題 23
正刺激（S＋） 235
接近印象 42
接近行動 147
セロトニン代謝産物 160
線遠近法 94, 99
全強化 229
選好注視（preferential looking）（法） 2, 78, 81, 98, 112, 113, 116, 118, 119, 120, 122, 127, 128, 148
選好定位反応 114
先行手がかり（pre cueing）課題 75, 76, 79, 85
選好振り向き法（head-turn preference procedure） 57, 67, 200
選好法 57
全消去 229
選択的注意（selective attention） 74, 77
剪断運動（shear motion） 38, 39
前統語段階 177
早期表出語 170, 171
相対運動（relative motion） 42
総ヘモグロビン（Total-Hb） 131
促進効果 74, 75
速度勾配 42, 43
外枠効果 112
存在動詞 177

タ行

大域情報 84
第一次視覚野（V1） 37
対成人音声 63
第二次視覚野（V2） 37
対乳児音声 63
多語発話 177
単眼奥行き手がかり 94
単眼視 99, 106
単語抽出 63, 67
探索関数 76
遅延非見本合わせ課題 161
知覚的手がかり 188
知覚的目立ちやすさ 185

知覚的補完（perceptual completion）224, 225
注意欠陥多動性障害（attention deficit hyperactivity disorder：ADHD）84
注意の解除　80
注意の側方性　86
注意の手がかり　185
注意の捕捉（attentional capture）　77
注視行動　55
抽象名詞　186
中心視野　114
中心手がかり法　75, 85
中立表情　126
超低出生体重児　88
追跡凝視反応　113
対側眼（耳側視野）　114
定型発達(typically developing：TD)　84
定常型（steady-state）視覚誘発電位　36
適応　245
テストステロン　158
道具的条件づけ(instrumental conditioning)　226
道具動詞　186
統合モデル　214
統語段階　176, 177
動作動詞　177
動詞　172
　　──学習　179, 180, 184
　　──般用　180
　　──優位　175, 176, 177
統制条件（control condition）　229
同側眼（鼻側視野）　114
倒立効果　124
閉じた語類　172
トップダウン（top-down）制御　74, 75, 77, 80, 82

ナ行

内的表象　196
内容語　63
日誌法　175
日本語マッカーサー乳幼児言語発達質問紙（JCDIs）　170
ニューメロン　212
ニューメロン・リスト仮説（numeron-list model）　211
認知的制約　176
ネガポジ反転　117
脳機能計測　59
脳磁図（Magnetoencephalography：MEG）61
脳電図（脳波：ERP）　130
脳波計測　60
脳梁　161

ハ行

バイリンガル　69
発達性計算障害（developmental dyscalculia）　216
母親顔の認識　120
半球間機能差　131
反応時間（reaction time）　240
比較刺激（comparison）　228, 233
比較心理学（comparative psychology）224
比較認知(comparative cognition)　224
比較認知科学　216
非効率的探索(inefficient search)　77, 86
皮質下制御　33, 35
皮質下メカニズム　114
皮質制御　33
左側頭部　61
非母子音対　64
表出語彙数　173
標的／ターゲット（target）　239
表面輪郭（surface contour）　102, 103
不可能図形　99
複雑刺激への選好（complexity preference）　208
輻輳　94
腹側位接触　144
負刺激（S−）　235
復帰の抑制(inhibition of return)　75, 85
プレイバック実験　148
プローブ試行　226, 229
プロゲステロン　157
プロソディ　185
ブロックデザイン　61
プロラクチン　157
分化（segregation）　39

257

文法　185
変動間隔スケジュール（VI スケジュール）　237
弁別刺激（discriminative stimulus）　227, 228, 233, 238
妨害刺激（distractor）　239
防御反応　32, 95
放散　232, 233
紡錘状回（Fusiform gyrus）　20
母語獲得　62
母子（養育者-子）関係　140
保存課題（conservation task）　196
保存の原理　21
ポップアウト（pop-out）　76, 81, 83
ボトムアップ（bottom-up）制御　74, 75, 77, 80, 82, 84, 86
哺乳類　141
ホルモン　157

マ行

マーモセット　142, 146, 151, 159, 162
マカクザル　142
マキシ課題　22
マッカーサー乳幼児言語発達質問紙(CDIs)　170
見本（sample）　227, 228, 233
　──合わせ（matching-to-sample）　226, 238
　──刺激　227
ムーニー顔画像（Mooney face）　118
無視（ネグレクト）　155
名義数　195
名詞　172
名詞-カテゴリの結合（noun-category linkage）　176
名詞優位　174, 176, 177
メタ知識　188
面積量　198
網膜視蓋（retinotectal）経路　114
網膜像差（binocular disparity）　46
モーダル補完　14
モダリティ　128
モダリティ間（感覚様相間）選好注視法（intermodal preferential looking paradigm：IPLP）　202

モビール法　81
模倣　26, 126

ヤ行

養育行動　142, 157
予期的な注視　80
抑制効果　74
抑制的なネットワーク　42

ラ行

リーチング　99, 104, 105, 106, 107
リップスマッキング　147
領域固有　215
両眼視　106
両眼視差（binocular disparity）　94, 97, 100, 106
両眼（奥行き）手がかり　94, 106
両眼立体視　46
類制約　176
霊長類　140, 141, 143
連合過程（associative process）　186
ロッキング　154

欧文

Dmax（最大距離閾）　39
Emergentist Coalition Model（ECM：創発連立モデル）　185
fixed duration presentation procedure　115
go/no-go 型継時弁別課題　235
MMN（Miss Match Negativity：ミスマッチ陰性電位）　60
N 170　130
N 290　130
novelty preference　120
numerosity　195
numerousness　195
P 400　130
SICI 連続体（SICI continuum）　185
SN 比　40, 41
Top heavy　116, 117, 118
T 字接合（T-junction）　99, 100
Vmax（最大速度閾）　39, 40
Vmin（最小速度閾）　38
Y 字接合（Y-junction）　99, 100

執筆者紹介

山口　真美（やまぐち　まさみ）　【第 1 章】
編著者紹介参照

金沢　創（かなざわ　そう）　【第 1 章】【第 2 章】
編著者紹介参照

麦谷　綾子（むぎたに　りょうこ）【第 3 章】
2004 年　東京大学大学院総合文化研究科広域システム科学専攻博士課程修了
現　在　日本電信電話株式会社 NTT コミュニケーション科学基礎研究所人間情報研究部研究主任，博士（学術）
著訳書　『児童心理学の進歩 vol.49』（分担執筆）金子書房 2011，フィリップ・ロシャ『乳児の世界』（分担翻訳）ミネルヴァ書房 2004

日比　優子（ひび　ゆうこ）　【第 4 章】
2004 年　東京大学大学院人文社会系研究科基礎文化研究専攻博士課程単位取得退学
現　在　静岡英和学院大学人間社会学部講師，博士（心理学）

鶴原　亜紀（つるはら　あき）　【第 5 章】
2006 年　東京工業大学大学院総合理工学研究科博士課程修了
現　在　中央大学研究開発機構助教，博士（学術）
著訳書　『知覚・認知の発達心理学入門』（分担執筆）北大路書房 2008

大塚　由美子（おおつか　ゆみこ）【第 6 章】
2007 年　中央大学大学院文学研究科心理学専攻博士後期課程修了
現　在　The University of New South Wales ARC Postdoctoral Fellow
著訳書　『心の科学』（分担執筆）ナカニシヤ出版 2010，『知覚・認知の発達心理学入門』（分担執筆）北大路書房 2008, *Focus on Child Psychology Research*（分担執筆）Nova Science 2006

齋藤　慈子（さいとう　あつこ）　【第 7 章】
2005 年　東京大学大学院総合文化研究科広域科学専攻博士課程修了
現　在　東京大学大学院総合文化研究科助教，博士（学術）
著訳書　ニール・R. カールソン『第 3 版カールソン神経科学テキスト』（分担翻訳）丸善 2010，『飼い猫のココロがわかる猫の心理』（監修）西東社 2010

小椋　たみ子（おぐら　たみこ）　【第 8 章】
1974 年　京都大学大学院文学研究科心理学専攻博士課程単位取得退学
現　在　帝塚山大学現代生活学部教授，神戸大学名誉教授，博士（文学）
著訳書　『言語聴覚士のための基礎知識　音声学・言語学』（分担執筆）医学書院 2009，『新・子どもたちの言語獲得』（分担執筆）大修館書店 2008，『言語心理学』（分担執筆）朝倉書店 2006

小林　哲生（こばやし　てっせい）【第9章】
2004 年　東京大学大学院総合文化研究科広域科学専攻博士課程修了
現　在　日本電信電話株式会社 NTT コミュニケーション科学基礎研究所協創情報研究部研究主任，博士（学術）
著訳書　スタニスラス・ドゥアンヌ『数覚とは何か？』（共訳）早川書房 2010，『0〜3さい　はじめての「ことば」』小学館 2008，『モバイル社会の現状と行方』（共著）NTT 出版 2007

牛谷　智一（うしたに　ともかず）【第10章】
2005 年　京都大学大学院文学研究科行動文化学専攻博士課程修了
現　在　千葉大学文学部准教授，博士（文学）

監修者紹介

大山　正（おおやま　ただす）
1928 年　東京都に生まれる
1956 年　東京大学大学院特別研究生修了
現　在　元東京大学教授，元日本大学教授，文学博士

編著者紹介

山口　真美（やまぐち　まさみ）
1964 年　神奈川県に生まれる
1987 年　お茶の水女子大学大学院人間文化研究科人間発達学専攻博士課程単位取得退学
現　在　中央大学文学部教授，博士（人文科学）
著訳書　『赤ちゃんの視覚と心の発達』（共著）東京大学出版会 2008，『赤ちゃんは世界をどう見ているのか』平凡社新書 2006，『視覚世界の謎に迫る』講談社ブルーバックス 2005，ほか

金沢　創（かなざわ　そう）
1966 年　兵庫県に生まれる
1996 年　京都大学大学院理学研究科霊長類学専攻博士後期課程単位取得退学
現　在　日本女子大学人間社会学部心理学科准教授，理学博士（霊長類学）
著訳書　『赤ちゃんの視覚と心の発達』（共著）東京大学出版会 2008，『妄想力』光文社 2006，ほか

心理学研究法　4
発　達

2011 年 8 月 20 日　第 1 刷発行

編著者	山口　真美
	金沢　創
発行者	柴田　敏樹
印刷者	日岐　浩和
発行所	株式会社　誠信書房

〒112-0012　東京都文京区大塚 3-20-6
電話　03(3946)5666
http://www.seishinshobo.co.jp/

中央印刷　協栄製本　　落丁・乱丁本はお取り替えいたします
検印省略　　無断で本書の一部または全部の複写・複製を禁じます
Ⓒ Masami K. Yamaguchi & So Kanazawa, 2011　　Printed in Japan
ISBN978-4-414-30184-7　C3311

アイデンティティとライフサイクル

ISBN978-4-414-41444-8

E.H. エリクソン著　西平 直・中島 由恵訳

本書は三つの論文からなっている。原書初版は1959年に出版され、1973年に『自我同一性——アイデンティティとライフサイクル』という邦題で、出版された。しかし今回、「アイデンティティ」と「ライフサイクル」というエリクソン初発の論点を自らの言葉で語ったテクストとして、全面的に訳文を改めて新訳として世に問うこととなった。

目　次
第一論文　自我の発達と歴史的変化
　集団アイデンティティと自我アイデンティティ / 自我の病理学と歴史的変化 / 他
第二論文　健康なパーソナリティの成長と危機
　健康と成長について / 基本的信頼 対 基本的不信 / 自律 対 恥と疑い / 勤勉 対 劣等感 / 成人期の三つの段階 / 他
第三論文　自我アイデンティティの問題
　伝記的研究 G・B・S（七十歳）が語るジョージ・バーナード・ショー（二十歳）/ 発生論的な研究——同一化とアイデンティティ / 病理誌的な研究——アイデンティティ拡散の臨床像 / 他

A5判上製　定価（本体3500円＋税）

アタッチメント障害とその治療
理論から実践へ

ISBN978-4-414-30300-1

カール・ハインツ・ブリッシュ著
数井みゆき・遠藤利彦・北川 恵監訳

1950年代後半にジョン・ボウルビィが提唱し、エインズワースやメインらによって発展をみた「アタッチメント理論」。本書の著者であるブリッシュは、ドイツはウルム（現在はミュンヘン）の大学病院で、このアタッチメント理論をベースに、研究とクリニックでの精神分析を展開している。従来、理論が先行しているとされていたアタッチメント理論であるが、ブリッシュはその弱点である応用、そしてケースの提出を本書にて果たした。アタッチメントを中心とした介入の可能性、教育やグループ・セラピーにおける応用の可能性を提示する一冊。

目　次
第1章　アタッチメント理論と基礎概念
第2章　アタッチメント障害
第3章　アタッチメント・セラピー
第4章　臨床実践からの治療例
第5章　さらなる応用に向けて

A5判上製　定価（本体4200円＋税）

自閉症という体験
失われた感覚をもつ人びと

ISBN978-4-414-30418-3

D. ウィリアムズ著　川手鷹彦訳

本書は自伝ではない。みずから自閉症者である著者がその内的世界を独特の文章で描写している。発達障害のなかでも理解されにくい自閉症者の感覚について「自閉症」の体験という言葉で語っている。

目　次
第 1 章　起源
第 2 章　私は誰？
第 3 章　「社会性」の本質
第 4 章　何もないものみな
第 5 章　感覚の成り立ち
第 6 章　共振について
第 7 章　答える機会を自らに与えること
第 8 章　「賢さ」を得ること
第 9 章　「亡霊を見ること」
第10章　戦争か成長か
第11章　戯言と理念
第12章　進歩なのか
害13章　文化交流を越えて
第14章　多様性
第15章　心霊能力者？
第16章　なぜ誰も話さないのか
第17章　想像

四六判上製　定価(本体2300円＋税)

アスペルガー症候群への解決志向アプローチ
利用者の自己決定を援助する

ISBN978-4-414-30624-8

E.V. ブリス／G. エドモンズ著
桐田弘江・石川 元訳

"変わり種だが使える" セラピストとその利用者（アスペルガー症候群当事者）が共同で執筆した極めてユニークな書である。問題点ではなく解決することに焦点を絞る解決志向アプローチで，両者に負担を強いる従来のやり方を180度転換する。自閉を抱えた人々にも有効な精神療法であり，「治療教育」（アスペルガー）の利用者最優先型ともいえる最新の思想にもとづく。さらに，実践のための資料として，面接評価シートや解決志向ワークブックも収録されている。

目　次
1　はじめに
2　解決志向アプローチ──理念と技法
3　自閉の特性と解決志向セラピー
4　すべてを繋げて考える
5　日常生活での解決志向アプローチ
6　七人の事例と親睦会

A5判並製　定価(本体2800円＋税)

知覚を測る
実験データで語る視覚心理学
ISBN978-4-414-30177-9

大山 正著

本書は，主観的側面が強い感覚・知覚を，いかにして客観的に捉え，さらに量的に表現するかの問題を取扱う。著者が協力者とともに実施した多くの実験研究を例に，具体的に解説し論じていく。日本心理学会第72回大会での国際賞特別賞受賞記念講演に基づいている。

目　次
1　知覚の測定法
2　色の知覚の測定
3　形の知覚の測定
4　空間知覚の測定
5　運動知覚の測定
6　知覚−認知過程の測定
7　結語

A5判上製　定価(本体2600円+税)

心理学の新しいかたち 第6巻
発達心理学の新しいかたち
ISBN978-4-414-30157-1

遠藤利彦編著

本書は，テーマ・領域別に最前線の論考を集め，理論にもとづいて実践を志向するプラクシスの学として，発達心理学の再定位に挑んだものである。

目　次
序論
　1　発達心理学の新しいかたちを探る
第Ⅰ部　生まれと育ち——再考
　2　遺伝環境問題の新しいかたち
　3　比較発達研究の新しいかたち
第Ⅱ部　心の始原と発達
　4　乳幼児認知研究の新しいかたち—注視時間法における課題と今後の展開
　5　語彙獲得研究の新しいかたち
　6　"心の理解"研究の新しいかたち
第Ⅲ部　プラクシスの学としての発達心理学
　7　「母子関係」を越えた親子・家族関係研究
　8　障害児発達研究の新しいかたち
第Ⅳ部　生涯発達における連続性と不連続性
　9　老年期の語り，意味，自己　(野村晴夫)
　10　ライフコース研究の新しいかたち

A5判並製　定価(本体3600円+税)